価値共創とマーケティング論

村松潤一［編著］
Muramatsu Junichi

同文舘出版

執筆者紹介（章編成順，◎は編集責任者）

◎村松 潤一（岐阜聖徳学園大学経済情報学部教授）
　　　　　　第1章，9章，10章，12章，14章

　藤岡 芳郎（大阪産業大学経営学部教授）
　　　　　　第2章

　村上 真理（九州国際大学現代ビジネス学部教授）
　　　　　　第3章

　大藪　亮（岡山理科大学経営学部教授）
　　　　　　第4章，12章，14章

　張　　婧（金沢大学人間社会研究域経済学経営学系講師）
　　　　　　第5章，12章，14章

　渡辺 裕一（川崎医療福祉大学医療福祉マネジメント学部教授）
　　　　　　第6章

　今村 一真（茨城大学人文社会学部教授）
　　　　　　第7章

　山口 隆久（岡山理科大学経営学部教授）
　　　　　　第8章

　坂田 裕輔（近畿大学産業理工学部教授）
　　　　　　第8章

　垰本 一雄（元安田女子大学現代ビジネス学部教授）
　　　　　　第11章

　清野　聡（安田女子大学現代ビジネス学部教授）
　　　　　　第13章

まえがき

　マーケティング研究は，今日，大きな転換期を迎えている。周知のように，マーケティングは，その研究対象を市場取引において研究がなされてきた。しかし，最近，多くの関心が集まる価値共創という新しい考え方は，そうしたマーケティング研究を根本的に見直すことを要求している。なぜなら，価値は事前に企業によって創り出されるのではなく，むしろ，市場取引後，すなわち，交換後に企業と顧客によって共創されるとしたからである。この意味において，マーケティング研究はパラダイムシフトを迫られている。北米の4Psを軸とした伝統的なマーケティング研究は，交換前および交換時をその射程に入れてきたのであり，今後は，交換後に焦点を当てていく必要がある。

　そして，こうした価値共創の考え方の基盤となったものが，Vargo and Lusch [2004] によって提唱されたサービス・ドミナント・ロジック（S-Dロジック）である。端的にいえば，S-Dロジックは，モノとサービスの共通項であるプロセスに注目するものである。伝統的にこれまでのマーケティングは，モノに焦点を置いてきたが，このS-Dロジックの考え方は，マーケティング研究の新たな方向性を示しており，今日，世界的な議論へと発展してきている。そして，その背景には，わが国をはじめとする，これまでの伝統的なマーケティングの幅広い受容と普及があるのはいうまでもない。

　一方，こうした，いわばモノをサービスに寄せて考えるS-Dロジックに対して，サービスにモノを引き込むサービス・ロジック（Sロジック）という考え方を示したのがGrönroos [2006] である。もともと北欧学派は，プロセスとしてサービスを捉えることにおいて先行しており，行為としてのマーケティングを考えるなら，マーケティング理論および実践と結び付け易い。これまで価値共創といえば，S-Dロジックの視点から論じられることが多かったが，こうした北欧学派の考え方にも目を向ける必要がある。

本書の目的は，第一に価値共創の概念化を試み，新たなマーケティング領域を示すことにあるが，その際には，サービス概念をはじめとする北欧学派の主張を十分に取り込んでおり，この点において大きな特徴がある。

　さて，今日の経済社会においてサービスが注目されるようになって，かなりの時間が経過している。しかし，サービスを中心とした経済社会に相応しいマーケティング理論および実践が的確に示されたかといえば，甚だ疑わしいものがある。相変わらず，モノを中心とした思考あるいは発想から抜け出せないままであり，わが国は特にそうである。多くの場合，サービスは「無形のモノ」として取り上げられ，あくまでもモノに付帯する存在として扱われてきた。それは，モノをサービスに寄せる考え方に通じている。しかし，今日，問われているのは，サービスの視点からすべてを考えるということであり，それは，サービスの世界にモノを引き込んで考えることに他ならない。北米で生まれた伝統的なマーケティング研究は，マーケティング行為の主体を大規模消費財製造業に置いたものであり，少なくとも企業と消費者あるいは顧客との関係は，その一部でしかない。そして，そこでの両者は離れた位置関係にあり，モノの介在をもとに企業と消費者あるいは顧客をつなぎ合わせるものとしてマーケティングが理論化され実践されてきた。しかし，サービスを中心とした経済社会にあっては，むしろ，企業と消費者あるいは顧客をはじめからサービス関係として捉えることが重要なのであり，すでにつながった関係においては，相互作用を伴うプロセスそのものが大きな意味を持つ。そして，その後，必要に応じてモノとの関係が論じられることになる。

　そこで第Ⅰ部では，これまでのマーケティング諸理論を企業と消費者あるいは顧客との関係という視点から取り上げ，さらに，S-Dロジックを踏まえながらも主としてSロジックに基づいた価値共創の概念化を図るとともに，伝統的なマーケティングと対比する形で新たなマーケティング領域を明らかにする。

　ところで，価値共創は，消費者あるいは顧客との直接的な相互関係において行われるのであり，そうした考え方を企業全体が共有することで，価値共創はより一層深まったものとなる。その意味で，価値共創は全社マーケティングと

して理解される必要がある。全社マーケティングは，これまでのマーケティング研究において幾度となく議論されてきた概念である。マネジリアル・マーケティング，戦略的マーケティングがまさにそうであり，市場志向研究においても，マーケティングは組織全体の問題として扱われる。ただし，この全社マーケティングという古くて新しい考え方は，これまでのところ，あくまでも理念の提示に留まっており，その理論化・実践化に至っていないのも事実である。しかし，先に述べたように，価値共創は，企業と消費者あるいは顧客におけるサービス関係のもとで，両者による直接的な相互作用によって行われるのであり，そこでの企業行為こそがマーケティングである。それゆえに，マーケティング行為は，同時適応的かつ個別的なものとなる。この点こそが，4Psを軸とした伝統的なマーケティング，あるいはサービスを「無形のモノ」として捉えようとしてきたマーケティングと根本的に異なっている。そして，このようにみてくると，組織ありきの事前的なマーケティングではなく，マーケティング行為が組織，すなわち，企業の仕組みを規定していくことになり，そこに論理的妥当性を認めざるを得ない。端的にいえば，それは，消費者あるいは顧客との価値共創を起点として企業システムが構築されるとするものである。そして，そのもとで，マーケティング研究，理論，実践は新たに体系化されることになる。

　本書の第二の目的は，価値共創型企業システムをモデル化するとともに新しいマーケティング研究の課題を明らかにすることにあるが，そのねらいは上述した通りである。

　もちろん，現実の企業は，すでに様々な産業に属し，また，それぞれの業態をもって成立しており，新たに価値共創のマーケティングを展開する場合は，そのことが前提となる。しかし，それでもなお，価値共創型企業システムをモデル化することには大きな意義がある。なぜなら，それこそが全社マーケティングの究極の姿だからであり，企業と消費者あるいは顧客とのサービス関係のもとでの価値共創を起点とした企業システムは，これまでのマーケティングと企業システムの関係を逆転し，マーケティングという行為から企業システムを捉えるものだからである。そして，そうした考え方に立つには，規範となるべ

きものが明確に提示されることが不可欠である。

　第Ⅱ部では，価値共創型企業システムのモデル化が試みられたあと，様々な産業，業態における価値共創型企業システムの事例が取り上げられ，モデルの有効性，価値共創に取り組む際の論点等が積極的に議論されている。

　いずれにせよ，価値共創という新たな考え方は，今後のマーケティング研究，理論，実践に大きな影響を与えていく。本書は，マーケティングの視点から価値共創を取り上げ，多面的な議論を通じて両者の関係を明らかにした。読者の忌憚のない意見を待つばかりである。

　最後になったが，本書の出版にあたっては，同文舘出版の取締役編集局長の市川良之氏に大変お世話になった。心より感謝申し上げたいと思う。

　2015年1月

村　松　潤　一

目　　次

まえがき

第Ⅰ部　価値共創マーケティングの論理

第1章　マーケティング・マネジメントとマーケティング研究 ── 4

　第1節　はじめに……………………………………………………………4
　第2節　マーケティング・マネジメントとマネジリアル・マーケティング…6
　　1.　マーケティング・マネジメントの体系化　*6*
　　2.　マーケティングの社会性と概念の拡張　*9*
　第3節　戦略的マーケティングと市場志向研究…………………………11
　　1.　戦略的マーケティングの台頭　*11*
　　2.　市場志向研究の進展　*15*
　第4節　おわりに…………………………………………………………17

第2章　サービス・マーケティング ── 19
　　　　　―北米型と北欧学派―

　第1節　はじめに…………………………………………………………19
　第2節　北米におけるサービス・マーケティング研究…………………20
　　1.　サービス特性へ注目した初期の研究　*20*
　　2.　サービス品質の研究　*21*
　　3.　サービス・プロフィット・チェーンの今日までの研究　*24*
　　4.　北米型サービス・マーケティングの整理　*25*
　第3節　北欧におけるサービス・マーケティング研究…………………26
　　1.　北欧学派の背景と独自の視点での考察　*26*

2. インターナル・マーケティング　　27
　　3. 北欧学派のマーケティング部門の位置づけ　　30
　　4. 北欧学派のサービス・マーケティングの整理　　32
　第4節　サービス研究の北米型と北欧学派の比較………………………32
　第5節　おわりに………………………………………………………………34

第3章　関係性マーケティングの論点と本質 ── 36

　第1節　はじめに………………………………………………………………36
　第2節　理論の概要と，初期段階の主要研究………………………………37
　　1. 台頭の背景　　38
　　2. 飼育された市場モデルの登場　　39
　　3. リレーショナルな交換への注目　　40
　　4. 関係性の段階的発展　　42
　　5. KMVモデルにおける信頼とコミットメント　　43
　第3節　リレーションシップにおける各論……………………………………45
　　1. つかみどころのなさと，定義の難しさ　　45
　　2. リレーションシップ形成のための協働性　　46
　　3. リレーションシップ維持のメカニズム　　48
　第4節　応用・実践面についての検証………………………………………50
　　1. 顧客生涯価値をめぐる論点　　50
　　2. CRMをめぐる論点　　51
　第5節　おわりに………………………………………………………………53

第4章　サービス・ドミナント・ロジックと価値共創 ── 54

　第1節　はじめに………………………………………………………………54
　第2節　サービス・ドミナント・ロジックの世界観…………………………55
　　1. サービス・ドミナント・ロジックの基盤　　55
　　2. サービス交換　　56
　　3. 価値共創　　57
　　4. 資源統合　　59
　　5. 文脈価値　　59

第3節　サービス・ドミナント・ロジックを巡る議論 …………………60
　　　　1．精緻化に関する研究　*60*
　　　　2．企業・顧客間における価値共創に関する研究　*63*
　　第4節　ディスカッション ………………………………………………65
　　第5節　おわりに …………………………………………………………68

第5章　サービス・ロジックとマーケティング研究 ―――― 70

　　第1節　はじめに …………………………………………………………70
　　第2節　サービスとグッズの捉え方 ……………………………………71
　　　　1．サービスの捉え方　*71*
　　　　2．グッズの捉え方　*73*
　　　　3．消費概念の拡張　*74*
　　　　4．グッズ・ロジックとサービス・ロジックの対比　*74*
　　第3節　価値創造と価値共創 ……………………………………………77
　　　　1．価値創造の意味　*77*
　　　　2．相互作用　*78*
　　　　3．価値共創　*80*
　　　　4．価値創造プロセスにおける3つの価値領域　*82*
　　第4節　考　察 ……………………………………………………………84
　　　　1．価値共創概念の精緻化―グッズの取り込み　*84*
　　　　2．マーケティングに対するインプリケーション　*85*
　　第5節　おわりに …………………………………………………………86

第6章　消費者行動論と購買・消費行動 ――――――――― 87

　　第1節　はじめに …………………………………………………………87
　　第2節　消費者の購買行動と消費行動 …………………………………88
　　　　1．購買行動と消費行動　*88*
　　　　2．消費者行動研究における消費プロセスの焦点　*90*
　　第3節　消費者行動研究の主要パラダイムと消費時点の注目 ………92
　　　　1．行動修正アプローチと情報処理アプローチ　*92*

2. 解釈アプローチ　*93*

第4節　消費経験における「価値」………………………………94
　　1. 価値の3次元　*95*
　　2. 価値の類型化　*96*

第5節　解釈アプローチからCCT，価値共創へ……………………97

第6節　おわりに………………………………………………………99

第7章　経営学領域における価値共創研究 ──── 101
　　── Prahalad and Ramaswamy の所論と PSS 研究 ──

第1節　はじめに………………………………………………………101

第2節　Prahalad and Ramaswamy の示す価値共創……………102
　　1. 共創概念の起源　*102*
　　2. Prahalad and Ramaswamy の研究の特徴　*105*

第3節　PSS 研究の展開………………………………………………107
　　1. PSS 研究の起源と経緯　*107*
　　2. 近年の PSS 研究の特徴　*108*

第4節　考　察…………………………………………………………109
　　1. コア・コンピタンス概念拡張の限界　*109*
　　2. 手薄な市場性の評価　*112*

第5節　おわりに………………………………………………………114

第8章　経済学における企業，市場，消費者 ──── 116

第1節　はじめに………………………………………………………116

第2節　企業と消費者の関係…………………………………………117
　　1. 市場の捉え方　*117*
　　2. 情報の経済学　*120*

第3節　市場，およびその調整メカニズム…………………………121
　　1. レモンの原理　*122*
　　2. 「情報の非対称性」への対策　*125*

第4節　おわりに………………………………………………………128

第9章　価値共創の論理とマーケティング研究との接続 ── 129

第1節　はじめに………………………………………………………129
第2節　サービス・ドミナント・ロジックとサービス・ロジックの価値共創…130
　1．サービス・ドミナント・ロジックにおける価値共創　*130*
　2．サービス・ロジックにおける価値共創　*132*
第3節　価値共創の概念化……………………………………………135
　1．価値創造者としての顧客　*135*
　2．価値共創の仕組み　*137*
　3．価値共創の意義　*139*
第4節　新しいマーケティング領域…………………………………141
　1．生産プロセスとこれまでのマーケティング　*141*
　2．消費プロセスと新しいマーケティング　*142*
　3．新しいマーケティングの研究課題と分析対象　*146*
第5節　おわりに………………………………………………………148

第Ⅱ部　価値共創と企業システム

第10章　価値共創型企業システムとマーケティング研究 ── 154

第1節　はじめに………………………………………………………154
第2節　価値所与マーケティングと志向論…………………………155
第3節　価値共創マーケティングと起点論…………………………157
　1．志向論の到達点と限界　*157*
　2．起点論の考え方と価値共創マーケティング　*159*
第4節　価値共創型企業システム……………………………………160
　1．起点論と価値共創　*160*
　2．価値共創型企業システムのモデル　*161*
　3．価値共創型企業システムの研究課題と調査・分析対象　*169*
第5節　おわりに………………………………………………………170

第11章　価値共創型企業システムの源流 ─────── 171
　　　　　―総合商社―

　第1節　はじめに ………………………………………………………171
　第2節　文献レビューと分析の枠組み ………………………………172
　　　1. 総合商社とは　*172*
　　　2. 文献レビュー　*173*
　　　3. 先行研究の問題点および分析の枠組み　*182*
　第3節　価値共創の企業システムとしての総合商社 ………………183
　　　1. 三井物産による清国綿糸輸出ビジネスの創造（明治中期）　*184*
　　　2. A社による製品の輸入品代替・新規ビジネスの創造（昭和高度経済成長期）　*185*
　　　3. 三菱商事による中国の医療材料流通効率化ビジネスの創造（現在）　*186*
　第4節　発見事実と考察 ………………………………………………188
　　　1. 発見事実　*188*
　　　2. 考　察　*188*
　第5節　おわりに ………………………………………………………189

第12章　サービス業・小売業の価値共創と企業システム ─── 190

　第1節　はじめに ………………………………………………………190
　第2節　理論的枠組みと課題設定 ……………………………………191
　第3節　価値共創マーケティング活動 ………………………………193
　　　1. 顧客接点による消費プロセスへの入り込み　*193*
　　　2. コミュニケーション　*195*
　　　3. 直接的な相互作用による共創　*197*
　　　4. 文脈価値　*198*
　第4節　価値共創と企業システム ……………………………………199
　　　1. 価値共創と内部統合　*199*
　　　2. 価値共創と外部統合　*200*
　　　3. 価値共創と企業文化　*202*
　　　4. 価値共創と企業成果　*203*
　第5節　おわりに ………………………………………………………203

第 13 章　製造業の価値共創とマーケティング ─────── 205

第 1 節　はじめに ………………………………………………………… 205
第 2 節　価値共創概念を製造業へ適用する際の課題 …………………… 207
　　1.　価値共創の定義と構成要素―先行研究レビュー―　*207*
　　2.　製造業への適用における課題の具体化　*209*
第 3 節　製造業のサービス化における具体的事例の批判的検討 ……… 211
　　1.　製造業における変化の概要　*211*
　　2.　事例研究　*212*
　　3.　事例研究からのインプリケーション　*215*
第 4 節　製造業における価値共創の適用 ………………………………… 217
　　1.　製品使用段階における価値共創概念適用に向けた課題解決手段　*217*
　　2.　製造業における価値共創概念適用の試案　*218*
第 5 節　おわりに ………………………………………………………… 220

第 14 章　サービス業による価値共創型企業システムの構築 ── 221
　　　　　　―島村楽器を事例として―

第 1 節　はじめに ………………………………………………………… 221
第 2 節　研究枠組みと課題の設定 ………………………………………… 222
　　1.　研究枠組み　*223*
　　2.　研究課題　*223*
第 3 節　事例研究 …………………………………………………………… 224
　　1.　島村楽器の概要と調査方法　*224*
　　2.　経緯と動因　*226*
　　3.　メカニズム　*228*
　　4.　企業文化　*233*
　　5.　成　　果　*234*
第 4 節　考　　察 …………………………………………………………… 235
　　1.　経営理念と企業文化　*235*
　　2.　価値共創型企業システムと成果　*235*
　　3.　垂直的顧客関係と水平的顧客関係　*236*
第 5 節　おわりに ………………………………………………………… 236

参考文献一覧……………………………………………………… 239

あとがき………………………………………………………… 253

索　　引………………………………………………………… 255

価値共創とマーケティング論

第Ⅰ部

価値共創マーケティングの論理

　第Ⅰ部では，これまでのマーケティング研究の主な流れを順を追って取り上げ，それぞれを端的に特徴づける。そして，いずれもが，より良い交換を意図したマーケティング理論および実践であったことを明らかにする。また，合わせて，新しい価値共創の考え方を理論化していくための鍵となる概念を探り出すことにする。

　まず，**第1章**の「マーケティング・マネジメントとマーケティング研究」では，伝統的なマーケティング・マネジメントを4Psマーケティングとして位置づけ，当然ながらも，それは，市場での取引（交換）に向けた理論と実践を目指した体系であったことを明らかにする。また，同時に，消費者あるいは顧客は，適応のための努力対象であったこと，そして，管理・操作の対象は，4Ps全体およびそれぞれにあったことを述べる。

　第2章の「サービス・マーケティング―北米型と北欧学派―」では，北米型のサービス・マーケティングが，有形財を念頭に置いたマーケティングおよびマーケティング・マネジメントと対峙する形で取り扱われてきたのに対して，北欧学派のサービス・マーケティングは，当初より，プロセスとしてサービスを捉えており，そこには，今日の価値共創論議に通じるものがあることを明らかにする。

　第3章の「関係性マーケティングの論点と本質」では，ここでいう関係性が短期的な市場取引の繰り返しに基づいた，いわば，結果としての長期性に過ぎないことを，まず，明らかにする。さらに，顧客関係性管理（CRM），顧客

生涯価値（LTV）といった考え方が，顧客を管理・操作対象ではなく，努力対象として捉えるマーケティングあるいはマーケティング・マネジメントと果たして整合的であるかについて検討する。

そして，以下に続く2つの章は，本書が主題とする価値共創の議論と直接関連する。すなわち，S-DロジックとSロジックである。

まず，**第4章の「サービス・ドミナント・ロジックと価値共創」**では，今日の価値共創に関する世界的な論議の出発点となったVargo and LuschのS-Dロジックを取り上げ，そこで示された価値共創概念をマーケティング研究との接点という視点から見直す。また，その後の彼らの研究動向を合わせて考えるなら，彼らの関心は，マーケティング研究というより，むしろ，交換の一般論構築に向かっていることを明らかにする。

そして，**第5章の「サービス・ロジックとマーケティング研究」**では，GrönroosのSロジックについて，その詳細を議論する。いうまでもなく，Sロジックは，北欧学派のサービス・マーケティングに依拠するものであり，プロセスとしてサービスを捉えることから，Sロジックの中軸にあるものは直接的な相互作用であり，ここにマーケティング行為との接点を見出せる。さらに，消費概念を拡張することで，マーケティング研究との接続を可能なものとしている。

さて，当然ながら，価値共創の議論は，マーケティングの周辺領域における研究とも関わっている。そして，繰り返すまでもなく，消費者はマーケティング・マネジメントにおいて努力対象とされる。そして，その消費者自体を研究対象としてきたのが，消費者行動論である。

そこでまず，**第6章の「消費者行動論と購買・消費行動」**では，これまでの消費者行動論の主たる関心が，消費者の購買行動に置かれてきたことを述べる。すなわち，それは，購買前と購買時，言い換えれば，まさに交換（取引）までの消費者行動である。また，マーケティング研究との関わりを持つことが消費者行動研究に不可欠というわけではないことも明らかにされる。

続く，**第7章の「経営学領域における価値共創研究―Prahalad and Ramaswamyの所論とPSS研究―」**では，経営学者がいう価値共創と，今日

のマーケティング研究で議論されている価値共創が，決して，同じものではないことを明らかにする。また，製品を軸としながらも，サービスをどのように取り込むかを扱うPSS研究についても，同じような視点から，その概要が明らかにされる。

そして，**第8章**の「**経済学における企業，市場，消費者**」では，これまでのマーケティング研究や経営学が暗黙の前提に置いてきたのが経済学の考え方であり，それは，市場を媒介とした企業と消費者の対峙モデルに典型的に現れている。特に，交換後に消費者が負う問題が排除さていることをレモン市場における議論を通じて明らかにする。

以上を踏まえ，第Ⅰ部の最終章となる**第9章**の「**価値共創の論理とマーケティング研究との接続**」では，本書における価値共創の考え方が示され，マーケティング研究との接続が図られる。そこではまず，顧客が価値創造者として位置づけられる。そのもとで，価値共創は，交換（市場取引）後の顧客の消費プロセスで企業と顧客が新たな価値を共創することとして捉えられる。そして，そこでの企業による共創への取り組みこそがマーケティング行為であるとされる。いうまでもなく，この新たな領域は，これまでのマーケティング研究では取り扱ってこなかったものであり，多様に展開されるべきマーケティング研究・実践をもって，価値共創とマーケティングの関係が新しく提示される。

（編者）

第 1 章

マーケティング・マネジメントとマーケティング研究

第 1 節　はじめに

　これまでマーケティング研究の中心にあったのは，いうまでもなくマーケティング・マネジメントであり，それは，時空を超え，マーケティングおよび関連領域における研究に多大な影響を与えてきた。例えば，product, price, promotion, place（channel）からなるマーケティング・ミックスあるいはマーケティングの 4Ps は，そのままマーケティング・マネジメントの体系を成すものであり，また，多くの研究者によって議論され，実務家によって実践されてきた。しかし，現時点で，振り返ってみるならば，こうしたマーケティング・マネジメントに関する研究あるいは実践にも，見落としてきた論点および再検討すべき議論が少なからず存在している。

　そこで本章では，一連の研究を改めてレビューし，問題点を指摘しつつ，本書の主題である価値共創とマーケティング研究の接続を図るための基盤となる論点の抽出を試みる。取り上げる範囲は，マーケティング・マネジメント，同時期に提示されたマネジリアル・マーケティング，そして，それと同じ意図を持った戦略的マーケティング，さらに，そうした考え方の実証研究に挑んだ市場志向研究である。また，この間には，マーケティングの社会性に関する議論

が活発に行われた時期があり，それらはマーケティングの本質や研究の在り方を規定するものであったことから，適宜，レビューの俎上に載せる。

　端的にいうならば，マーケティング・マネジメントはミドル・マネジメントが担い，マネジリアル・マーケティングはトップ・マネジメントが遂行するものである。また，戦略的マーケティングは，企業レベルおよび事業レベルのマーケティングを指すものであり，その意味でトップ・マネジメントが行うマーケティングである。そして，市場志向は，マーケティング研究が早い時期から主張してきたマーケティング志向あるいは消費者志向という理念を理論と実践に落とし込もうとするものである。それらの研究のなかには，市場に対する組織的反応を議論するものがあるが，それは，いわば全社マーケティングの考え方に行き着く。すなわち，市場志向研究は，もともとはマーケティング・マネジメント，そして，マネジリアル・マーケティングに由来している。

　一方，マーケティングと社会との関わりに関する議論，すなわち，ソーシャル・マーケティングには大きく2つの流れがあった。1つは，これまでのマーケティングに社会的次元を加えようとするものであり，いま1つは，その適用範囲を社会性の高い非営利組織にまで拡げるものである。そして，これらの考え方は1960年代，70年代の社会的・経済的状況のなかで行われたマーケティング批判を背景に生まれたといえる。

　いずれにせよ，マーケティングをマネジメントの視点から捉えていく研究の本質は，企業と顧客の関係をどのように考えるかの問題といえるのであり，価値共創とマーケティング研究の関係を見ていく上で極めて重要な論点を提供する。

第2節　マーケティング・マネジメントとマネジリアル・マーケティング

1. マーケティング・マネジメントの体系化

　今日的なマーケティング・マネジメントの体系化は，1950年代に始まった。1953年，アメリカ・マーケティング協会（AMA）の会長講演で，Bordenが，はじめてマーケティング・ミックスなる概念を提唱し，統制可能なマーケティング諸手段の組み合わせの重要性を指摘した（Waterschoot and Bulte [1992]）。そして，経済学的アプローチによってマーケティング・ミックスの最適解を求めるための論文がVerdoorn [1956]によって発表され，続いて，Howard [1957]が，*Marketing Management: Analysis and Decision* を著した。また，1958年には，Oxenfeldt [1958]が，市場戦略は2つの部分からなるとして，市場標的の確定，マーケティング・ミックスの構成，をあげ，マーケティング・ミックス概念はさらに広く知られるようになった。

　周知のように，マーケティング・ミックスは，マーケティング・マネジメントにおける中心的課題であり，さらに，Howardが示したマーケティング・マネジメントの考え方は，マーケティング・マネジメントの体系化に多大な影響を与えた。彼によれば，マーケティング・マネジメントの本質は，統制可能要素であるマーケティング諸手段による統制不可能要素である経営環境への創造的適応にあるという（Howard [1957] p.4, 邦訳5頁）。ただし，ここで留意したいのは，マーケティング・マネジメントの主体をミドル・マネジメントであるマーケティング・マネジャーにおいている点である。

　そして，McCarthy [1960] は，Howardが掲げた統制可能要素（製品，マーケティング経路，価格，広告，人的販売，立地）を集約し，先に述べたような4Psにまとめた。さらに，統制不可能要素の1つである需要に埋没していた消費者を，マーケティング努力の焦点として浮き彫りにした。すなわち，消費者

は統制不可能要素そのものであり,決して,管理・操作の対象ではなく,マーケティング・マネジメントが管理・操作するのは4Psなのである。それは,マーケティングの本質を規定するものであり,価値共創をマーケティング行為として捉える際の重要な論拠となる。

このように,Howard, McCarthyのマーケティング・マネジメントは,いずれもマーケティング・マネジャーが行うミドル・マネジメントとしてのマーケティングであり,それは,Kotler [1967] に引き継がれ,今日に至っている。ただし,Kotlerは,トップ・マネジメントとしてのマーケティングに対する理解を持っていたものの,彼の関心の中心はあくまでもミドル・マネジメントに置かれていた。

一方,当初よりトップ・マネジメントとしてのマーケティング,すなわち,マネジリアル・マーケティングを強く意識していたのが,Kelly and Lazerである。彼らが編著となった全82編からなる論文集 *Managerial Marketing: Perspectives and Viewpoints* では,次のようなことが述べられている。「マーケティング研究におけるマネジリアル・アプローチは,3つの要素によって特徴づけられている。すなわち,問題解決および意思決定の強調,マネジリアル的焦点,そして,学際的アプローチである。……ダイナミックなアメリカ経済にあって,……今日,マーケティングに対してマネジリアル・アプローチを取ることは極めて適切なことといえる。……もし,アメリカのビジネスが,生産可能な多くの財およびサービスを販売することであるなら,マーケティングに中心を置いた経営(marketing focus)は,トップ・マネジメントによって必然的に採用される」(Kelly and Lazer eds. [1958] preface)。

その後,編者の1人であるKelly [1965] は,企業経営の中心的機能を担うものとしてマーケティングを位置づけ,マーケティングによる経営諸機能の統合を念頭に置きつつ,トップ・マネジメントとしてのマーケティングを論じた。なお,Howardは,1973年に著した前述書の第3版において,マネジメントとしてのマーケティングの階層性についてはじめて自らの見解を示している。すなわち,マーケティング意思決定には,社長,マーケティング・マネジャー,ブランド・マネジャーの3階層があるというのであり,それは,そのま

ま，トップ・マネジメント，ミドル・マネジメント，そして，ロワー・マネジメントのマーケティングに相当すると考えることができる。

このように，マーケティング・マネジメントとマネジリアル・マーケティングは，誰がマーケティングを行うかという意味で，それらのマネジメント主体は明確に異なるものである。そして，こうした理解は，マーケティングが本格的に導入され始めた当時の日本の研究者にもあった。

例えば，荒川 [1960] は，戦後のマーケティング研究は，①単なるセリングと異なり，それをも含めて関連ある諸種の企業諸活動の総合としての，そしてたんなる実施とは異なった問題解決，意思決定，計画としての総合的なマーケティング管理，②単に企業におけるマーケティング関連諸活動の総合的管理のみならず企業の全活動がマーケティングの見地から，計画・組織・発動・統制されるところのいわば経営管理全般へのマーケティング的接近，③社会的な過程や制度としてではなく，もっぱら企業の，特に経営者の活動として捉えられたマーケティング，として特徴づけられるとした（28頁）。これらを考えるなら，①はマーケティング・マネジメント，②はマネジリアル・マーケティングを指しているのはいうまでもない。また，久保村 [1965] も「企業経営におけるマーケティングに関しては，トップ・マネジメントが行うマーケティング志向理念による諸問題の調整ないし決定と，それに基づくマーケティング部門における業務遂行の2分野がある」（31頁）と述べている。

要するに，日米ともにマネジメントの視点に立ったマーケティング研究の初期においては，マーケティング・マネジメントとマネジリアル・マーケティングは概念上の区分がなされていた。しかし，その後のマーケティング研究においては，ミドル・マネジメントとしてのマーケティング・マネジメント研究が隆盛を極めることになり，トップ・マネジメントとしてのマネジリアル・マーケティング研究は，当初のように理念を提示するに留まり，大きく進展することはなかった。残念なことは，独自のマーケティング研究を自認してきた日本の研究者が，この問題に限れば，米国のマーケティング研究者と軌を一にし，今日に至っていることである。そして，Kotler のミドル・マネジメントとしてのマーケティング・マネジメントが，わが国のマーケティング研究と実践に

おいて幅広く受け入れられてきたのは，誰もが良く知るところである。

2. マーケティングの社会性と概念の拡張

　マーケティング・マネジメントにしてもマネジリアル・マーケティングにしても，行為としてのマーケティングが，その努力の対象とすべきものは消費者である。その意味で，消費者はマーケティング努力の焦点であるといえる。そして，マーケティングがこれまで市場取引を研究対象としてきた以上，マーケティング努力がそうした消費者の「購買」に向けられていたのも当然のこととといえる。

　しかし，その後，市場取引に焦点を当ててきたマーケティング研究にとって，その本質に関わる問題提起が Journal of Marketing 誌上でなされることになった（Vol.33, No.1, 1969）。冒頭，編集者の Kelly は，伝統的なマーケティングに対して，社会関係（societal relationships）という新たな領域があるとして次のように述べた。すなわち，Lazer [1969] が述べる社会的プロセス（a social process）や社会的規制の制度（an institution of social control）としてのマーケティング，そして，Kotler and Levy [1969] が主張する社会的（social）な活動組織のマーケティングの2つは，変化するマーケティング概念に新たな見識を与えるものであり，また，新たに広がるマーケティング領域を示唆するものだとした（Kelly [1969] p.1）。

　そこで，社会関係という視点から，これら2つの新しいマーケティングについて考えるなら，まず，Lazer の場合は，時間軸を拡張することを意味している。すなわち，市場取引における消費者の購買は経済行為であるが，実は，購買後において消費者は消費・使用という社会行為を行う。コンシューマリズムの隆盛，公害問題の発生，企業の社会的責任論の台頭といった当時の社会的背景からすれば，むしろ，消費・使用段階で，消費者および非消費者を含む社会全体にマイナス影響を与えないことがマーケティング，さらには企業に求められていた。しかし，市場取引のみに焦点を当ててきたマーケティング・マネジメントあるいはマネジリアル・マーケティングにとって，この問題はその理論

的・実践的範疇を超えるものであった。そこで，こうした事態に対応するための考え方を示したのが Lazer であり，それは，購買後の消費・使用段階にまで気を配ったマーケティングを行うというものであった。

一方，Kotler and Levy はどうか。彼らによれば，営利組織としての企業だけでなく，警察，博物館，学校といった社会的な非営利組織にもマーケティングが適用できるという。それは，マーケティング行為の主体を営利組織から非営利組織にまで空間的に拡張することを意味している。しかし，これまでマーケティングが対象としてきたのは，あくまでも営利活動としての市場取引であり，そうした概念拡張に対しては，当然のことのように，マーケティングを市場取引に限定して捉えるべきだとの異議が唱えられた（Luck [1969]）。とはいえ，その後の経緯をみるなら，Kotler and Levy による概念拡張論は容認されたと理解することができる。

このように，時間軸を購買という経済行為から消費・使用という社会行為へ，また，行為主体を営利組織という経済主体から非営利組織という社会主体へと空間的に拡張することで，マーケティングは概念の拡張を図り，社会関係を持つことになったといえる。

しかし，本書の主題であり，後章において詳述される価値共創という視点からみるなら，前者は，確かに消費・使用段階に注目するものの，それは，消費・使用段階にも配慮した伝統的マーケティングの展開を促すだけであり，その最終ゴールは，あくまでもより良い市場取引の実現そのものにあった。例えば，消費・使用段階で消費者，非消費者を含む社会に負荷を与えない製品づくりを目指すことで，市場での評価を高め，より多くの市場取引を促進させるというものであった。また，後者は，その後，マーケティングを市場取引に関わる理論から交換を軸とした社会的，一般的な理論へと導いていったが，そのことは，AMA のマーケティング定義に如実に表れている。すでに述べたように，マーケティング・マネジメントおよびマネジリアル・マーケティングは，1950 年代後半から 1960 年代にかけて提示されたが，1948 年の定義を踏襲した 1960 年の定義は，その行為主体を企業においたマネジメントあるいはマネジリアルな視点に立つものだった。このことは，むしろ，当時のマーケティン

グ・マネジメントおよびマネジリアル・マーケティングの考え方それ自体が，1948年の定義の影響を受けていたと考えられる。そして，1985年には，4Psを念頭においたマネジメントの視点ながらも，交換概念を軸とした社会的，一般的な概念としてマーケティングは定義された。これはまさしく，1970年代のマーケティング概念拡張論議を反映したものといえる。そして，AMAによるマーケティング定義は，その後，2004年に一転して，企業によるマネジメントあるいはマネジリアルな視点からの定義となったが，2007年には「マーケティングとは，顧客，依頼人，パートナー，そして，社会全体にとって価値のある提供物を創造し，伝達し，配達し，交換するための活動であり，一連の制度，プロセスである」[1]とし，再び社会的，一般的な交換概念に基づいた定義となり，今日に至っている。

第3節　戦略的マーケティングと市場志向研究

1. 戦略的マーケティングの台頭

　以上みてきたように，1960年代から70年代にかけて，マーケティング研究は社会関係という新たな視点を得たが，1970年代に起こった二度にわたる石油危機は，経済，社会を大混乱させ，企業経営に極めて大きな影響を与えることとなった。それまでの成長経済は，一気に停滞し，世界経済は低成長の時代へと突入した。1960年代まで，大企業を中心として積極的に進められてきた経営多角化は，低成長あるいはマイナス成長にあって，大きな方向転換を迫られた。すなわち，この時代にあっては，限られた経営資源をいかにして有効利用するかに経営の主眼が置かれるようになったのである。そして，この最適資源配分は，最適事業ミックスをいかにして構築するかという経営課題に他ならず，経営を多角化した大企業は，その解決のための戦略論理および手法を求めるようになった。

そこで生み出されたのが，PPM（Product Portfolio Management: 製品ポートフォリオ・マネジメント）という戦略手法であり，それは，市場シェアと市場成長率の高低からマトリクスを組み，そこに事業あるいは製品をプロットすることで，望ましいキャッシュ・フローを見出そうとするものである。大企業はこぞって PPM を採用し，最適資源配分の考え方に基づいた最適事業ミックスを構築することで喫緊の経営課題に対処していった。また，この時期に注目されたプロジェクト研究に PIMS（Profit Impact of Market Strategy）がある。これは，1975 年に設立された会員企業による非営利組織 SPI（Strategic Planning Institute）によって管理運営されたもので，企業から提供されたデータを統計処理し，収益に与える市場戦略とは何かの論理を明らかにした。そして，事業の ROI を決定する要因として，最も重要なものは市場シェアであるとの認識なされた。

PPM はいわゆる経験効果に依拠するものであり，そこには，市場シェアの大小がコストの高低を決めるという前提があった。また，PIMS は，市場シェアの大小が収益の多寡を決めるということを明らかにした。その結果，この時代の企業は，すべからく市場獲得戦略に向かったのであり，それは，低成長経済と相まって企業間競争をますます激化させていった。

しかし，1980 年代になると，経済停滞からの脱却を図るべく新たな経済政策が米国においてとられるようになった。いわゆる規制緩和政策である。それは，様々な政府規制を緩和することで，自由な企業活動を再び呼び戻し，経済を活性化させようとするものである。そして，そうした新たな状況のなかで企業経営に課せられたのは，これまでにない新しい事業機会を探索することであり，その役割はマーケティングが担うことになる。例えば，Buzzell [1982], Webster, Jr. [1988] は，1980 年代をマーケティング・コンセプトの復活の時代と位置づけ，彼らを含む多くの研究者は，この新たな時代に対応すべく新しいマーケティング体系を戦略的マーケティングとして提示した。

こうした流れのなかで最初になされたのは，伝統的マーケティングの限界を指摘することであった。Wind and Robertson [1983] は，これまでの伝統的なマーケティングには次のような限界があるとした。すなわち，①分析単位が

個々の製品・ブランドにあること，②他部門とは孤立していること，③シナジーの検討が希薄であること，④短期志向であること，⑤競争分析がなされていないこと，⑥国際志向が欠けていること，⑦統合された戦略的フレームワークがないこと，の7つである（pp.13-16）。彼らの指摘は，これまでのマーケティングが，いわゆるマーケティング・マネジメントに留まっていたことを意味すると同時に，新しいマーケティングを体系化するための方向性を示すものでもある。つまり，それを解釈するなら，長期的視点に立ち，シナジーを考慮し，視野を海外にまで拡げ，また，競争に対する配慮を行いつつ，分析単位を製品・ブランドからあげること，さらに，他の経営諸機能との関係を明らかにしながら，統合的な戦略的フレームワークを作れということになる。

　そして，Assael [1985]，Cady and Buzzell [1986] といった戦略的マーケティング論者に共通するのは，製品レベルから事業レベル，さらには企業レベルまで，マーケティングが扱う戦略レベルを引き上げ，企業レベル，事業レベルのマーケティングを戦略的マーケティングと呼ぶということである。そのことは企業経営の中心にマーケティングを置くということを意味しており，いわばマネジリアル・マーケティングの考え方に通じている。

　それでは，戦略的マーケティングとマーケティング・マネジメントはどのように違うのか。Cady and Buzzell [1986] は，事業レベルの戦略的マーケティングを念頭に置き，両者の違いについて述べている（pp.8-10）。そのうちのいくつかを挙げれば，まず，マーケティング・マネジメントの分析単位は製品・ブランドにあり，マネジメントレベルが低いことから，対象とすべき市場は所与のものとされるが，戦略的マーケティングの場合は，分析単位が製品ラインあるいは戦略的事業単位にあり，また，市場は選択すべきものとして扱われる。また，前者は，マネジメントの計画期間は短期であるが，後者の場合は相対的に長期となる。そして何よりも，マーケティング・マネジメントにとってマーケティングは多くの機能のうちの1つに過ぎないが，戦略的マーケティングにあっては，事業計画の中心としてマーケティングが位置づけられる。

　また，Assael [1985] によれば，企業レベルの戦略的マーケティングが為すべきことは，①企業成長に対する青写真の提供，②全体的な製品ミックス開発の

先導，③各事業単位に対する資源配分，であるという（p.92）。そこからは，市場創造を通じた企業成長を担い，企業全体としての最適な製品ミックスを考え，そのもとで資源を配分するマーケティングを中心とした企業の姿がみえてくる。そして，マーケティングを企業による製品を媒介とする対市場活動の総称として厳密に捉えるなら，企業および事業レベルの戦略を扱う戦略的マーケティング，そして，それと連動した製品レベルの戦略を扱うマーケティング・マネジメントの関係は，次のように説明することができる。

　例えば，ある食品メーカーが，健康を促進する方法の提供を企業の使命として掲げ，その達成を図るためにいくつか事業を立ち上げたとしよう。いうまでもなく，ここでいう企業使命の決定や事業の込み合わせは重要な戦略問題であり，まさに企業レベルの戦略といえる。そして，そのうちの１つの事業では，目的に沿うよういくつかの製品が立ち上げられる。この事業戦略では，全体として，どのような製品群を構築していくかが重要な課題となる。そして，ここまでが戦略的マーケティングの範囲となる。次に，マーケティング・マネジメントとして，個別の製品戦略が立てられる。そこでは，いわゆる4Psに関する組み合わせが課題となる。つまり，製品に対する価格，プロモーション，チャネルがマーケティング・ミックスの問題として決定される。

　このように，戦略的マーケティングはマーケティング・マネジメントと密接な関係にあり，製品を軸とした垂直的な関係をそこにみることができる。すなわち，戦略的マーケティングとマーケティング・マネジメントは，代替関係ではなく，補完関係にあるといえる。

　ところで，マーケティング・マネジメントは，Howardによって体系化がなされ，McCartyによって洗練化され，Kotlerによって広められたが，その意味からすれば，Kotlerはマーケティング・マネジメント論者そのものである。しかし，彼は，最初から全社的にマーケティングを捉えるという考え方も示していた。具体的にいえば，マーケティング権限が及ぶ範囲という視点から，マーケティングの形態には，①伝統的マーケティング領域のみに及ぶもの，②他の経営諸機能部門のうち，顧客と関係の深い部門にまで及ぶもの，③他の経営諸機能部門の全部に及ぶもの，の３つがあるとしたが（Kotler [1967] p.9，邦訳

13頁),このうち,①はマーケティング・マネジメント,③はマネジリアル・マーケティングあるいは戦略的マーケティングを指しているのはいうまでもない。しかしながら,重版を続けるテキストでは,③については言及し続けるものの,頁のほとんどを割いて一貫して彼が述べてきたのは,マーケティング・マネジメントであり,それゆえ,1980年代以降の戦略的マーケティング論議にはまったく以て加わっていない。

　一方,マーケティング研究者にとって,理念として掲げられたマネジリアル・マーケティング,その理論的体系化の方向性が示された戦略的マーケティング,言い換えれば,企業全体としてマーケティングを捉え,その実体化を図ることは,極めて関心の高い研究課題であることに変わりない。そして,1990年代になると,これまでみてきたマネジメントとしてのマーケティング研究に市場志向研究という新しい動きが現れた。

2. 市場志向研究の進展

　前述したように,戦略的マーケティング論者は,1980年代をマーケティング・コンセプトの復活の時代であるとした。マーケティング・コンセプトは,マネジメントの視点から捉えるマーケティング研究にとって極めて重要な考え方であり,Stanton [1981] によれば,それは,顧客志向,利益ある販売,すべてのマーケティング活動の統合からなる (p.15)。ここでは,「顧客志向」と「すべてのマーケティング活動の統合」について考えたい。顧客志向は,これまでマーケティングが述べてきたマーケティング志向や消費者志向と同義であり,本項で取り上げる市場志向も,市場をどのように捉えるかを別にすれば基本的に同じと考えて良い。一方,すべてのマーケティング活動の統合は,いわゆる4Psの統合を意味している。しかし,マネジメントとしてのマーケティングは,トップ・マネジメントとしてのマネジリアル・マーケティングおよび戦略的マーケティング,そして,ミドル・マネジメントとしてのマーケティング・マネジメントに区分され,ここで「統合」という点からみるなら,前者はマーケティング視点から他の経営諸機能を統合することを意味し,後者は4Ps

の統合を指している。そして，両者の関係を明確にするために前者をマーケティング理念と呼ぶことがある。そうであれば，そこからは4Psを統合するマーケティング・マネジメントとマーケティング・コンセプト，経営諸機能を統合する戦略的マーケティングとマーケティング理念という整合的な関係を見出すことができる。

　さて，市場志向研究は，大きく2つの流れがある。1つは，Narver and Slater [1990] の研究であり，彼らは，市場志向を顧客志向，競争志向，機能間調整の3つからなるものとした。そして，機能間調整の問題に注目するなら，それは，マーケティングによる他の経営諸機能の統合を意味するものであり，先に区分したマーケティング理念の考え方にあたる。一方，市場志向を具体的に測定する研究として，Kohli and Jaworski [1993] の研究があげられる。彼らは，市場志向を顧客ニーズに関する市場情報の生成・普及および組織的反応として捉え，その程度は，トップ・マネジメント，部門間，組織システムの関わり合いの内容によって決まり，市場からの情報生成，組織内での普及，市場への反応から成る行動の結果，事業成果がもたらされるとした。そして，いうまでもなく，こうした組織的対応はマーケティングを中心としたマネジメントを前提とする考えそのものであり，マーケティング理念の実体化を意図するものである。

　すなわち，市場志向研究は，これまでマーケティング志向あるいは消費者志向という形での理念表明に留まってきたマーケティング研究を進展させ，また，マーケティング実践を導くものといえる。ただし，Narver and Slater と Kohli and Jaworski には，市場に対する考え方の違いがあるのも事実である。というのは，前者の市場概念には，顧客と競争企業が含まれているが，後者には顧客しか含まれていないからである。市場をどのように捉えるかについては，Kotler and Keller [2008] に頼るまでもなく，売り手と買い手，企業と顧客を含むものとして市場を理解するのは経済学であり，マーケティング研究では，買い手，すなわち消費者あるいは顧客の集合として市場は概念化されている（pp.8-9）。それゆえ，マネジメントとしてのマーケティングが市場への創造的適応を図るという場合は，まさに管理・操作できない，言い換えるなら，マ

ーケティング努力の焦点である消費者あるいは顧客に企業が主体的に適応することを意味しており，このように企業と顧客の関係を捉えることは，マーケティング研究にとって極めて重要なことである。

第4節　おわりに

　以上，マネジメントの視点に立ったマーケティング研究を振り返ってきたが，そこからは，価値共創とマーケティング研究の接続を考える際の論点を導き出すことができる。

　第一に，消費者あるいは顧客は，管理・操作の対象ではなく，あくまでもマーケティング努力の対象である。このことは，価値共創における企業と顧客の役割を明確に規定することになる。

　しかしながら，第二に，マーケティングの本意は，市場創造と統合にこそあるのであり，価値共創も新たな市場の創造に繋がるものでなくてはならず，何を統合するかについて明らかにする必要がある。そして，その場合，マーケティング行為は企業の総意として行われることになる。

　そして，第三に，マーケティングの研究対象は，市場取引から，社会的，一般的な交換に拡大されてきたが，そのことが，価値共創とマーケティング研究の接続を考えた場合，どのような影響をもたらすかを十分に検討しなくてはならない。価値共創は，交換（取引）後の企業と消費者の世界を舞台とするものであり，これまでのマーケティング研究において扱われてこなかった領域である。それは，多分に社会性を持っているが，マーケティングの社会性を再考する新たな機会を与えることとなる。

　いずれにせよ，価値共創の概念は，これまでのマーケティング研究の在り方を大きく変える可能性を持つものであり，その適切なる接続によってマーケティング研究は新たな時代を迎えることとなる。

(注)
1) 原文は次の通りである。Marketing is the activity, set of institutions, and processes for creating, communicating, delivering, and exchanging offerings that have value for customers, clients, partners, and society at large. (Approved July 2013) 〈https://www.ama.org/AboutAMA/Pages/Definition-of-Marketing.aspx〉, (アクセス：2014 年 7 月 30 日).

(村松潤一)

第2章

サービス・マーケティング
―北米型と北欧学派―

第1節　はじめに

　サービス・マーケティングに関する研究は，大きく北米型の研究と北欧における北欧学派（ノルディック・スクール）の研究の2大潮流に分けられる。初期の北米型のサービス・マーケティングは，マーケティング・マネジメントが扱った有形財（グッズ）に対峙する無形財に焦点が当てられた。しかし，北欧学派のサービス・マーケティングの主流は，当初よりプロセスに焦点を置いて発展してきた。北米型のサービス・マーケティングは，その後，北欧学派との交流を経てプロセスとしてサービスを捉えるようになった経緯がある。本章では，北米でマーケティング・マネジメントの視点で発展したサービス・マーケティング研究を，北米型と呼ぶことにする。

　本章の目的は，伝統的なマーケティング・マネジメントの例外的な扱いとして登場してきたサービスに関する研究が約半世紀を経て，マーケティングの主流になってきた流れを概観することである。そこで，第2節で北米型研究，第3節で北欧学派の先行研究について考察する。そして，第4節でこれら2つの大きなサービスに関する研究について整理検討する。最後に残された課題と今

後の展望について述べる。

第2節　北米におけるサービス・マーケティング研究

1. サービス特性へ注目した初期の研究

　20世紀初めから北米は，消費財製造業が発展した。北米のマーケティングは，豊富な国内の消費市場を背景にして，1980年初期の頃まで有形財のグッズの視点で考察されてきた。そして，マーケティング研究は，企業の管理対象な要素としてマーケティング・ミックスの概念を提示した。特に，McCarthy [1960] によって「product」「price」「promotion」「place」から構成される4Psとして理論や実践で定着するようになった。このマーケティング・ミックスの考え方は，今日でも主流であり幅広く用いられて理論と実践に大きな貢献をしている。

　しかし，北米市場では1980年代頃からサービス産業化が進展し消費財と合わせてサービスに実務家や研究者が関心を払うようになってきた。このように，北米では，マーケティング論からサービスに関する研究が発展した経緯から，サービス・マーケティングと表現されることが一般的である。北米研究の本流の中でのサービスについて関心を示す初期の研究は，グッズとサービシィーズの違いについて焦点を当てた点が大きな特徴である。

　初期の代表的な研究者によるサービスの定義としてRathmell [1966] は，市場で売買される無形の生産物としている。また，Judd [1964] は，企業および企業家によってなされる市場取引であり，その取引の対象においては有形財の所有権の移転が除かれるとしている。このように，初期の定義は，有形財と比較することでサービスの物理的な特性に着目している。これらの視点はサービス特性を整理することでグッズとの例外を把握して，できる限り4Psモデルの上に要素還元型の研究を構築しようと意図している。この研究姿勢は今も継

承されている。

　サービス特性は主に無形性，同時性（不可分性），異質性（変動性），消滅性の4つの概念に分類できる（Fisk et al. [2004]）。この中でマーケティング研究に大きなインパクトを与えるようになったのが，同時性（不可分性）である。これまで，製造業は，顧客と離れていることを前提として理論構築してきた。しかし，同時性は一緒にいることからスタートする。このことから，サービス研究は視点を切り替える必要があった。

　北米型研究は1980年代に入り関係性マーケティングなどの研究と交流を深めることで北欧学派との融合も行われた。その中から関心を持ったのが，サービス品質の研究やサービス・プロフィット・チェーンなどにつながる顧客満足の研究である。後者の流れは，今の日本のマーケティング研究にも大きな影響を与えている。しかし，北米型研究でもShostack [1977] は，モノ・マーケティングに付随的な下位分野としてのサービス研究から独立したサービス特有のマーケティング研究が必要であることを主張している。

　Fisk et al. [1993] は，1980年代初期は「発見とリスクテイク」の時期だった。サービスに関心を持ち始めた若手研究者が，理論的な蓄積のない状態において手探りで研究を始め，新しい分野に危険性を抱えながらもチャレンジしなければならなかったことを提示している。

2. サービス品質の研究

　北米においてサービス・マーケティングが本格的に議論されるようになったのは，1980年代に入ってからである。サービス産業が増大したことと北欧学派との交流が始まったことが原因だと考えられる（Fisk et al. [1993]）。サービスにはグッズとは違う性質があることから有形財を対象とした先行研究では適応できない。すなわち，製造業があらかじめ消費者と離れて生産した商品を流通させるという考え方はできない。これはサービスの同時性や消滅性の特性上，事前に企業が企画した品質の商品を生産できないからである。そこで，企業は顧客と一緒に相互作用する社員が提供するサービス品質に注目するように

なった。相互作用する社員の質によってサービス品質にばらつきが生じる。したがって，事前に企業が提供する品質を顧客と離れた製造現場で生産するようなグッズの時に用いられる品質管理の考え方では適応できないことになる。

例えば，顧客がレストランに入って品質を知覚するときに，グッズや設備などだけではレストラン全体の品質は確定できない。そこで，接客を担う多様な社員の行動だけでなく，食事を楽しむ会話や一緒に居合わせた他の顧客の言動なども品質に影響を与える。このように考えるとグッズを中心に焦点を当てて考察した理論では十分でないことがわかる。したがって，急速に発展するサービス経済化が後押しをして独自にサービス品質について理論化する必要性があった。製造業の場合は，あらかじめグッズを中心に品質を管理できるが，サービスの場合は同時性の性格のために相互作用を通して顧客の利用・消費する段階で価値が出現することになる。これは，必然的に顧客の知覚品質に焦点を当てることになる。

Zeithaml [1981] は，品質の分類について図表 2-1 のように分類している。主にグッズを中心として購入前に評価が容易な洋服や宝石などの品質を探索品質とした。次に，レストランの食事や子守りなどはグッズとサービスの両方が含

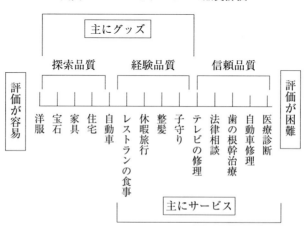

図表 2-1　モノとサービスの品質評価

出所：Zeithaml [1981] p.186.

まれる経験品質とした。信頼品質は購入後も時間が経過しないと評価が難しい品質で，医療診断などを挙げている。

　サービス品質を評価する基準には，SERVQUAL がある（Parasuraman *et al.* [1985]；[1988]）。SERVQUAL は有形性，信頼性，対応性，確実性，共感性の5つの項目で 21 の質問項目から成り立っている。これはサービスの品質を消費者の視点から主観的に測定するために開発された。また，彼らはサービスを提供する組織内に4つのギャップが存在し，5つ目のギャップとして顧客のサービスへの期待と実際のサービスの差という最も深刻な問題が起こるとしてギャップ・モデル（図表 2-2）という考え方を提示している。

　北米研究が関心を示したサービス研究の代表的な概念が，サービス品質である。サービス品質を具体的に測定することから，企業行動の評価や改善に結び付けようとする考え方は，現在もモデルの修正や新しいモデルの開発などで引き継がれている。

図表 2-2　ギャップ・モデル

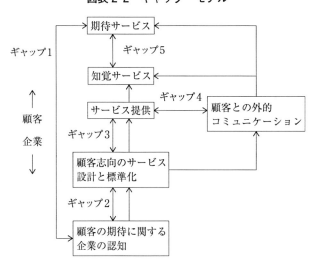

出所：Parasuraman *et al.* [1985] p.44.

3. サービス・プロフィット・チェーンの今日までの研究

　Heskett *et al.* [1994] は，図表 2-3 のようにサービス・プロフィット・チェーンという概念を提示して，組織内のサービス品質を高めることが結果的に企業の収益につながるという考え方を示した。サービス特性から顧客サービスの品質には従業員の行動が影響する。したがって，社内サービスの品質を最初に高めることを企業は実施する。そうすると従業員満足が高まり，定着率や生産性が高まることにつながる結果，サービス品質が高まり顧客満足が上昇する。すると，顧客満足が高まることから顧客ロイヤルティが上昇して結果的に企業業績に結び付くと北米型研究らしい相関関係を示している。

　この考え方はその後，Heskett *et al.* [2003]，Heskett *et al.* [2008] と発展している。Heskett *et al.* [2003] は従業員価値とパートナー価値，投資家価値，顧客価値の概念でそれぞれ産出の公式を提示して関係を示している。このようなアプローチは，計量化・測定化することで客観的な基準を示すことに重点を置く北米研究の流れである。北米型研究は，1990 年代からサービス品質，顧客満足，顧客価値などの概念でそれぞれをアンケート調査や企業の資料によって測定することに注力している。顧客満足や多様な手法で企業を測定することが人

図表 2-3　サービス・プロフィット・チェーン

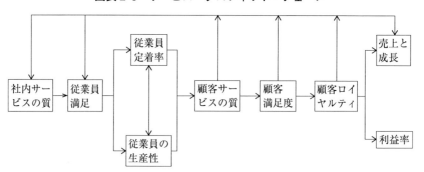

出所：Heskett *et al.* [1994] p.166.

気や株価に影響を与えることから,企業価値を高めることにつながることで多様な研究が進展している。

4. 北米型サービス・マーケティングの整理

以上の考察から北米型のサービス・マーケティングの特徴を整理すると,図表2-4になる。北米型のサービス研究は,伝統的マーケティング研究の強い影響下で進展してきた。したがって,動詞としてのサービスよりも提供物の品質の視点での捉え方が強い。そして,サービス産業での交換を対象に考察している。すなわち,北米型のサービス・マーケティングが対象として考察する価値は,顧客が利用・消費する段階の価値(使用価値)というより交換価値である。

その結果,マーケティング・ミックスの4Psモデルに依拠して5Ps, 7Psなどが注目されてきた。

図表2-4 北米型サービス・マーケティングの整理

	北米型サービス(サービシィーズ)・マーケティング
ロジック	グッズ・ドミナント・ロジック
視点	サービス提供物(Judd, Rathmell)
主な対象	サービス産業のサービシィーズ(井上・村松〔2010〕) 交換 消費者との取引
顧客との関係	サービスの同時性のための相互作用
基本概念	交換価値 取引 5Ps, 7Ps, マーケティング・ミックス

出所:筆者作成。

第3節　北欧におけるサービス・マーケティング研究

1. 北欧学派の背景と独自の視点での考察

　北欧学派は，産業財の取引を中心に企業と顧客企業との相互作用やサービスの視点を重視して発展してきた。産業財取引は，特定の企業間で継続的に相互作用を実施することで実行される。したがって，必然的に企業は顧客と長期的な信頼関係を構築して利用・消費する段階での価値を重視する。その理由から必然的に北欧学派は，サービスをプロセスとして動態的に捉えることからスタートしている。この点が，不特定多数の消費財を対象として進展した北米型の研究が捉えたサービスの考え方と最大の出自の違いである。

　特に，早い時期から北欧学派はインターナル・マーケティングやインタラクティブ・マーケティングに関心を払っている。これに対して，北米型の研究は不特定多数の消費者に向かってプロモーションするエクスターナル・マーケティングで効率的に販売することに重点が置かれた。効果を発揮したのがマスメディアを活用した広告宣伝活動であった。要は，交換後の利用・消費段階へ，企業は関与できないことを前提に企業の想定する価値をグッズに埋め込ませて流通することを主眼とした。したがって，エクスターナル・マーケティングはグッズが消費者に行うプロミスを一方的に伝えることが目的であった。これに対して北欧学派は，1970年代からすでにサービス・マーケティングの研究でインターナル・マーケティングが重要であると指摘している（Grönroos [1978]；Grönroos and Gummesson [1985]；Gummesson [1985]）。

　以上の理由から北欧学派の研究手法には大きく6つの特徴がある。それは，①従来のマーケティングに捉われない理論構築，②実務家による実践を前提としたコンセプトの提唱，③事例研究に基づいた実証研究を重視，④研究者と実務家の積極的な交流，⑤インターナル・マーケティングへの着目，⑥産業財マ

ーケティングによる顧客接点の場への関心，である（Grönroos and Gummesson [1985]）。

2. インターナル・マーケティング

　北欧学派のサービス・マーケティング研究では，1970年代からインターナル・マーケティングが重要であることが指摘されている。インターナル・マーケティングは，企業が社員に対して行うマーケティングである。インターナル・マーケティングは，社員が内的な市場であることを提示する。この内的な市場として捉えられる社員に売り込むことができなければ，最終的な市場の顧客に対して成功することは期待できない。インターナル・マーケティングは，エクスターナル・マーケティングならびにインタラクティブ・マーケティングの成功のための前提となる。そしてインターナル・マーケティングには，態度（attitude）とコミュニケーションのマネジメントの2つのプロセスがあると提示する[1]。態度のマネジメントは，サービス戦略を実践する組織にとってインターナル・マーケティングの主要部分になる。コミュニケーションのマネジメントは，サービス提供者の社員に対して行動できるための情報を与えることを指す。そして，管理者は顧客に対するプロミスを滞りなく実行するための情報を提供する必要がある（Grönroos [2007a]）。

　Grönroosは，インターナル・マーケティングの中心概念として社員に対する「エンパワリング（Empowering）」と「イネーブリング（Enabling）」を挙げている。社員に対するエンパワメントは，接客社員に意志決定をさせ行動させる権限を付与することである。イネーブリングとは，エンパワリングが機能するための状況づくりを指す。したがって，エンパワリングしてもその目的を達成するためには，サポート体制や精神的な支えが不可欠となる。

　以上のことからインターナル・マーケティングとは，顧客が価値創造することに社員がインタラクティブ・マーケティングを通して支援することを促進するためのマーケティングである（Grönroos [2007b]）。図表2-5は北欧学派が相互作用に関心を示し，マーケティングの役割は企業が顧客に対してつくったプ

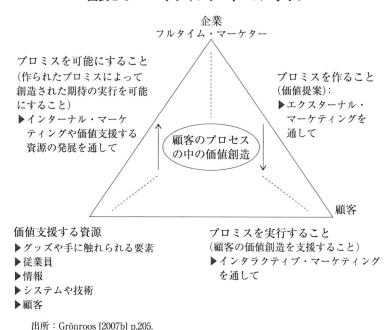

図表2-5 マーケティング・ゲーム・プラン

出所：Grönroos [2007b] p.205.

ロミスを実行して顧客が決める価値を実現することだと提示する。

そして，マーケティングにおける専門部門を意味するフルタイム・マーケターはプロミスすること（価値提案）についてエクスターナル・マーケティングを通して行う。しかし，この場合プロミスを実行するのは，フルタイム・マーケターではない。顧客接点のあらゆる部門の顧客との相互作用活動であるインタラクティブ・マーケティングが，プロミスの実行には必要である。そこで，全社的なプロミスの実行に向けた全部門に対する社内向けのマーケティングをインターナル・マーケティングと呼んでいる。彼らはマーケティングを専門とする人をフルタイム・マーケター，全部門にわたってプロミスの実行をする人をパートタイム・マーケターと位置づける。

企業は，顧客の価値を実現するために資源をはじめシステムや技術を提供する。そして顧客との相互作用を通して，顧客の価値創造を支援する。その一連

の活動，プロセスがマーケティングである。すなわち，プロミスの実行である。

　Carlzon [1987] は，航空会社の従業員と顧客の接する時間や回数を挙げて，その接点で企業のイメージが創造され顧客はサービス品質を知覚することを提示した。Carlzon は，顧客と接する従業員がいかに行動するかが決定的瞬間であるとして「真実の瞬間」が重要だと提示した。サービス品質がモノとは違いサービス・エンカウンターを担う社員の行動に依存することから，従業員満足という概念が登場した。やる気のない能力が低い社員からサービス提供を受ける時とやる気のある動機付けが強く，能力が高い社員からサービス提供を受ける時では顧客の評価が違う。Normann [1991] は，サービス提供者と顧客との相互作用の関係をミクロの循環と呼んでいる。一般的に考えると従業員満足が低い社員は，サービス提供に対して前向きな取り組みを期待することはできないであろう。また上質なサービスの提供を受けると顧客満足につながりやすいと考えられる。したがって，社員を顧客と同じように内部顧客として捉える考え方も登場した。

　このように，北欧学派のサービス研究はパートタイム・マーケターの概念を提示して，インターナル・マーケティングなどを通して全社的な組織運営まで言及する。したがって，北米型のように顧客満足や顧客志向のような規範的な理念の提示ではなく企業が提供する商品であるプロミスを具体的に実行するところまで浸透する必要がある。すなわち，サービス活動を中心とするプロミスの実行を通してマーケティングから全社的なマネジメントを捉えている点が大きな特徴である。すなわち，サービス・マーケティングを効果的に行い続けるためには，トップ・マネジメントの担う全体戦略という位置づけでその計画を実行する必要がある（Grönroos [1989]）。

　したがって，全体戦略はインタラクティブ・マーケティングを行う顧客接点の場を全部門のパートタイム・マーケターが担うことが前提で構築される。

3. 北欧学派のマーケティング部門の位置づけ

　北欧学派のサービス・マーケティングは，トップ・マネジメントの担当として早くから全社的な戦略として位置づけられて発展した。Normann [1991] は，全社的な視点でサービスをマネジメントするフレームワークを提示した。サービス・マネジメント・システムは，中心に組織理念と文化を位置づける。そして，「マーケット・セグメンテーション」「サービス・コンセプト」「サービス・デリバリー・システム」「イメージ」の概念で編成されている。これらの5つの構成概念は，相互に関連しながら全体として1つのシステムを稼働させている。

　サービス・システムの第一の要素は，マーケット・セグメンテーションである。どのような人たちをターゲットにするのかということである。サービス・コンセプトは，具体的にサービスの内容をどのように設計するのかということである。サービス・デリバリー・システムは，計画したサービス・コンセプトを提供するために具体的なサービスを創造する仕組みのことである。特に，サービス特性の生産と消費の同時性の性質から重要になる。ここで，マーケティング・マネジメントと違い社員に対するマーケティングが特に必要となる。Normann は，職場での望ましい慣習をエトスと呼んでいる。また，顧客も受動的な対象としてではなく積極的にサービス生産に関与する能動的な主体として位置づけられることになる。イメージは，心理的に感情的な評価を付与されることである。社員はイメージによって行動しイメージを強化するように顧客との関係を構築する。そしてこれらの概念をつなぎ連動させるために中心に位置づけられるのが，組織理念・文化である。Normann は重要な企業文化として「品質と卓越性への志向性」「顧客志向」「人的資源への投資」を挙げている。

　Grönroos [2007a] は，全社的なサービス・マーケティングの概念図を図表2-6のように提示している。サービス・マーケティングはサービスが顧客との相互作用を通して提供されることから自然に全体戦略や組織運営に言及して研究

図表 2-6　顧客にフォーカスした戦略の概観

```
        企業戦略                →        サービス・コンセプト
  インターナル・マーケティング            エクスターナル・マーケティング
  （顧客と約束する必要条件をつくる）       （約束することで期待をつくる）
    すべてのマネジャーと                   マーケティング専門家の責任
    スーパーバイザーの責任

                    真実の瞬間
                サービス・エンカウンター
  ┌────────┐      ↗          ↖
  │ 生き方  │    社員            顧客       ┌──────────────┐
  └────────┘                               │個人的な       │
  ┌────────┐    ┌──────────────────┐      │ニーズと価値   │
  │個人のニーズ│  │ インタラクティブ・│      └──────────────┘
  └────────┘    │   マーケティング   │      ┌──────────┐
  ┌────────┐    │   （約束を守る）   │      │ 口コミ   │
  │イメージ │    │                   │      └──────────┘
  └────────┘    │ ・接客社員         │      ┌──────────┐
  ┌────────┐    │ ・システムと物的資源│      │ イメージ │
  │役割のコンフリ│  │ ・顧客と周辺の人々 │      └──────────┘
  │クトと多義性 │  │ ・マネジメント・サポート│    ┌──────────┐
  └────────┘    │ ・物的サポートとサポート社員│  │過去の経験│
                │ ・テクノロジーとシステム│    └──────────┘
                │   のサポート       │
                │ ・価格             │
                │ ・企業/ローカルのイメージ│
                │                   │
                │   組織の全構成員   │
                │  （パートタイム・  │
                │   マーケターとして）│
                └──────────────────┘
```

出所：Grönroos [2007a] p.454.

してきた経緯がある。以上の理由から，北欧学派は北米型研究とは違ってマーケティング研究は組織を一体化して考察することになる（村松 [2009] 180頁）。

　顧客接点の従業員が重要だということをこれまで述べてきたが，企業はどのようにして顧客接点の従業員に顧客を満足させるための能力ややる気を持たせればよいのだろうか。サービス・マーケティングの視点からアプローチすることは，従来の経営学の範疇で研究が進展した組織や人的資源管理とは違う新たな理論構築が必要とされるであろう。

4. 北欧学派のサービス・マーケティングの整理

北欧学派のサービス・マーケティングの特徴は，図表2-7のように整理できる。北欧学派は，北米型よりも早い時期からサービスを相互作用によるプロミスの実行として捉えて独自の理論展開を行ってきた。そこでは，顧客が利用・消費する段階を対象として考察されている。特に，基本概念としてのプロミスやパートタイム・マーケターなどの多くの独自の概念化が進展している。

図表2-7 顧客にフォーカスした戦略の概観

	北欧学派のサービス・マーケティング（Grönroos）
ロジック	サービス・ロジック，グッズ・ロジック
視点	特定企業（顧客）とのプロセス，プロミスの実行
主な対象	サービス（直接） 利用・消費 企業間取引，消費者と取引
顧客との関係	相互作用を通したプロミスの実行
基本概念	プロミス 利用・消費段階の価値（使用価値） 関係性，相互作用，ネットワーク パートタイム・マーケター

出所：筆者作成。

第4節 サービス研究の北米型と北欧学派の比較

本節は，これまでの北米型の研究と北欧学派の考察を比較してそれぞれの研究の特徴を整理する。北米型のサービス研究は消費財市場を中心とした考察の影響のもとで進められ現在も，初期のサービシィーズ・マーケティングとサービス・マーケティングの概念が混乱している。すなわち，北米型のサービ

マーケティングは，当初より，マーケティング・マネジメントが扱った有形財（グッズ）に対峙する無形財（サービシィーズ）に焦点があり，その後，プロセスとしてサービスを捉えるようになった経緯がある。基本的にはグッズを中心とした理論が今でも支配的であり，プロセスというよりもサービス提供物の品質に焦点を当てた考察であろう。したがって，考察される価値は交換価値を重視しており統計的手法などを駆使して交換価値や最近では企業価値を上げることを目指す研究が多い。

　Heskett et al. [2003] などが開発するパートナー価値，投資家価値，顧客価値の概念などは北米型の研究の特徴である。これに対して，北欧学派のサービス・マーケティングの主流は，当初よりプロセスに焦点を置いて発展してきた。したがって，顧客の利用・消費する段階での価値からプロセスとしての相互作用を起点として組み立てられている。そこでは営利追求を行う企業である以上交換価値が重要であるが，まずは相互作用を通してプロミスを実行するこ

図表2-8　北米型研究と北欧学派の視点や基本概念の違い

	北米型研究	北欧学派
研究のスタート地点	消費財，不特定多数	産業財，特定
顧客との関係	短期取引	長期継続
サービスの定義	グッズと違う特性に着目してスタートした。 サービシィーズとサービスの視点が混在する。	プロセス サービス
価値	交換価値	利用・消費段階の価値（使用価値）
マーケティングの位置	機能戦略 マーケティング部門 スペシャリスト	全体戦略 全社組織 パートターム・マーケター フルタイム・マーケター
マーケティングの職務	エクスターナル 広告宣伝	エクスターナル インターナル インタラクティブ プロミスの実行
主な研究方法	計量・統計によるモデル化	事例研究の質的方法

出所：筆者作成。

とに重点が置かれる。

　そのために重要視するのは，利用・消費する段階での価値である。特に産業財を中心とする取引は，継続的なプロミスの実行が大前提である。特定の企業との信頼関係に基づく全社を挙げての実行が何よりも優先される。特に，産業財取引の場合，価格は使用段階の顧客の評価で決まることも多い。したがって，トップ・マネジメントが全体戦略として全社組織を通して実行する。

　また，特徴的なのは北米型の研究が現在もマーケティングは専門家が行う機能的な位置づけとしていることであろう。これに対して，北欧学派はプロミスをつくることがマーケティング専門家のフルタイム・マーケターの仕事であり実行は全社的な役割だとする。北欧学派では，この理由からマーケティングは当然にトップ・マネジメントの担当領域となる。そして，マーケティングのパートタイム・マーケターの役割は最重要である。したがって，従来の経営学が理念として位置づけた顧客志向や顧客満足よりも重く，実践がセットでないと顧客を裏切ることになる。サービスの視点を企業が重視することは，今後の経営学の研究に大きなインパクトを与えると考える。しかし，北欧学派の主な関心は産業財取引であり，B to Bを念頭に置いてきた経緯がある。したがって，組織運営などの北欧学派の考え方をB to Cへ適用するに際しては，これから実証研究を積み重ねることで精緻化する必要がある。

　研究方法は北米型の研究が要素還元型の計量，統計による相関分析などを用いているのに対して，北欧は動態的なプロセスを扱うことから質的な研究方法を採用することが多い。初期の北米型の研究が，マーケティング・マネジメントのモデルに依拠して発展してきたことがその理由である。

第5節　おわりに

　本章では，サービス・マーケティングの大きな潮流である北米型の研究と北欧学派について考察した。そして，両研究の違いについて第4節で議論した。初期の北米型の研究はグッズとサービィーズの特性上の違いに着目して研究

を展開した。

したがって，北米型の研究は伝統的なグッズを中心とした研究蓄積の大きな影響下で進展してきた。一方の北欧学派は最初からグッズの視点のマーケティング・マネジメント研究とは一線を画して，相互作用や動詞としてのサービスの活動を考察してきたところに大きな違いがある。また，北米型の研究は企業にとっての交換価値を目指して企業活動を考えるのに対して北欧学派は顧客が決める利用・消費段階の価値から企業活動を捉えた。

サービスの視点で企業システムを捉え直すことは，企業と顧客が一緒に相互作用するところから企業システムを考察する必要がある。したがって，これまでのように製造業の視点で考察されてきた多くの理論の有効性が課題となるであろう。特に，品質を顧客が主観的に判断するサービスはグッズのようにあらかじめ顧客と離れた管理体制での生産現場で大量生産することはできない。サービスを中心とする企業システムを構築するためには，サービスの現場で行われる新たなマネジメント手法を確立することが必要となる。

(注)
1) 態度（attitude）は，姿勢や身構えなど心構えや気持ちに関する意味合いで用いられる。近藤宏一監訳では，「思考」の訳語が当てられている。

（藤岡芳郎）

第3章

関係性マーケティングの論点と本質

第1節　はじめに

　関係性マーケティングは，企業と顧客や生産者と消費者などの間の関係性に注目したマーケティング論である。それは，市場の成熟化，とりわけ消費者の変質を背景に生まれ，従来の議論では取り上げられることのなかった「主体間の関係性」を核として発展してきた。その形成過程を見ると，初期の研究では消費者が充分に認識されていなかったものの，やがて当事者として明確化されるようになる。そして，今日に至るまで，消費者や顧客を一方の主体とした研究が数多く行われてきた。

　さて，企業や顧客を取り巻く環境の急速かつ本質的変化を受け，マーケティング研究は価値共創という新たなパラダイムへとシフトしつつある。この流れに沿うならば，これまで企業活動を支えてきた価値や価値創造プロセス，さらには，企業と消費者のリレーションシップといった前提条件は崩壊せざるを得ない。そして，今後は，価値共創による理論化とそのための方法論の模索に取り組むこととなる。

　過去のマーケティング研究を俯瞰すると，理論のいかんに関わらず，企業が意図する交換取引を効率的に実現することを目的とし，実践的または具体的な

側面からの理論構築に取り組んだものが少なくなかった。それだけに，マーケティングの本質に迫ることは容易でない。しかしながら，本章においても，本書の他章と同じく「マーケティング研究としての価値共創を明確に意味づけること」を目指すものである。

　この目的のもと，ここでは関係性マーケティングを取り上げたい。具体的には，先行研究やその周辺領域における関連研究を紐解き，まずは関係性マーケティングの本質がどこにあるかを確認する。これは，過去の主要研究からいくつかの論点を抽出し，それらが価値共創概念と整合しているか否かを検証するためのものだが，同時に，価値共創という新しいパラダイムをマーケティングの巨大な研究体系へ接続する上で不可欠の作業過程ともいえよう。

第2節　理論の概要と，初期段階の主要研究

　かつてのマーケティング研究は，交換取引とそれに係るプロセスに重きが置かれていた。ところが価値共創は交換取引後に行われるものであり，結果として，研究上の関心は交換取引後のプロセスに移ることになる。ところが，ここで取り上げる関係性マーケティングは，企業と顧客との長期継続的な取引を前提としており，交換取引がいかに繰り返されるかに要諦がある。これを時系列で見た場合，どこまでが交換取引前のプロセスで，どこからが交換取引後になるのかは判然としない。

　この面1つを捉えても，関係性マーケティングと価値共創概念との差異には大きいものがある。本節では，まず関係性マーケティングの概要と台頭の背景について説明し，次いで，理論の構築過程における主要研究を取り上げる。それらは，いずれも関係性マーケティングの理論体系の根底に位置し，価値共創の理論枠組みと比較考察する上では大きな論点になると思われる。

1. 台頭の背景

　関係性マーケティングは1990年代を中心に議論が高まり，当時のマーケティング論の一翼を担う形で体系が作られていった。関連する研究は相当数にのぼり，そこでの論点も一様ではない。和田ほか[2006]によると，関係性マーケティングの枠組みは，関係性の結合対象と関係性そのものの内容とを規定するところから始まるという。この場合の結合対象とは，顧客や取引先，資本家，投資家などのいわゆるステイクホルダーである。

　しかし，関係性を特徴づけるのはその内容であり，インタラクション（双方向交互作用）が中心概念となる。事実，先行研究には，関係主体が何かということより，その関係性がどのようなものであるかを重視したものが少なくない。例えば，Peterson[1995]の先行研究では，特にBtoBにおける関係について，strategic alliances（戦略的連携）あるいはpartnership（協定）であるとされている。

　この関係性は，交換の視点から捉えるとわかりやすい。売り手は買い手のニーズを調査し，そのライフスタイルや価値観について研究する。さらに，買い手が求めているものを売り手に引き寄せ，コンセプトを設定し戦略を練る。そのようにしてニーズに適合した商品を提示すれば，買い手は喜んで対価を支払う。つまり，交換が成立するのである（嶋口[1996]）。ところが，関係性をめぐる議論の高まりの中において，このような交換パラダイムが継続的な取引を想定していないことを疑問視する指摘が相次いだ。

　この点について石井ほか[2004]は，交換パラダイムも関係性パラダイムも，売り手と買い手の双方にメリットのある関係の実現を目指す点では同じものであると述べている。一方，マーケティングの中心的課題である売り手と買い手との関係の面からは，これをどのような位相で捉えるかにより2つは大きく異なる。すなわち，関係性マーケティングでは，交換ではなく，その前提となる「メタ交換」に焦点を当てる。したがって，売り手と買い手との関係が一度できあがってしまった先には，従来のマーケティング論とは異なる世界が現われ

るのである。そして関係性マーケティングで強調されるのは「はじめに関係ありき（石井ほか[2004] 392頁）」との考え方であり，長期継続化する関係を交換に先立って作り上げることこそが中心課題と言える。

　価値共創においても主体間のインタラクションは，重要な概念とされる。そして，ここで問題となるのは，関係性マーケティングに関する多くの議論が，主体間のあるべき関係を説明することに終始している点である。インタラクションの結果としての価値やその形成プロセスには，ほとんど言及されていない。これを両論の守備範囲の違いと片付けるのは簡単だが，この部分の乖離は本章におけるテーマの1つともなり得よう。

2. 飼育された市場モデルの登場

　次に，理論の形成過程を見ていきたい。関係性マーケティングにおける先駆的業績としては，Arndt [1979] の"Domesticated Markets Model"が知られている。ここでArndtが注目したのは，競争的な市場で行われる取引の多くは，長期的かつ継続的な顧客関係の中で行われる点である。一般に"Domesticated Markets Model"は「飼育された市場モデル」と訳されるが，当事者間の相互依存性や互恵，長期的関与といったものを明確にしており，伝統的な市場概念とは大きく異なる考え方であった。

　図表3-1は，Arndtが従来のマーケティング理論を「伝統的マーケティングモデル」と「ダイアディックモデル」として整理し，これらと"Domesticated Markets Model"とを比較したものである。ここでArndtは，主体を売り手と買い手という2者で捉えるのではなく，企業連合やフランチャイジングなどの組織間体制を想定した。時間軸は長期であり，モデルを適用すべき市場タイプには「主体間の長期的な関係を特徴とする市場」が幅広く対象となる。また，以上のような継続的取引関係を説明する上で，政治学や社会学，社会心理学，組織論なども援用されている。

　このArndtのモデルは，その後の市場環境との整合性の面でしばしば限界があるとされてきた。すなわち，成熟化した市場の不確実性に対応すべく階層

図表3-1 「飼育された市場モデル」と他のモデルとの比較

特　色	伝統的マーケティングモデル	ダイアディックモデル	Domesticated Markets Model
主な適用領域	消費者市場	競争的生産者，再販売業者および政府市場	長期的関係性が特徴のあらゆる市場
分析単位	行為者（売り手または買い手）	ダイアド（売り手と買い手との関係性）	体制（交渉当事者間ならびにその当事者と，利害関係者との関係性）
時間的背景	短　期	短　期	長　期
構　造	売り手 ⇒ 買い手	売り手 ⇔ 買い手	交渉当事者 ⇔ 交渉当事者 ⇕　　　　　⇕ 利害関係者　　利害関係者
説明メカニズム	刺激と反応	互恵作用	拘束された互恵作用
マーケティングの手段	4P (Product, Price, Place, Promotion)	販売交渉と下交渉	管理手順のデザイン・交渉・政治力・コンフリクトの解消
最も関連深い他の学問分野	経済学・心理学（特に動機・認識・学習に関するもの）	社会心理学	政治学・社会学・社会心理学・組織論

出所：Arndt [1979] p.72.

的な関係が崩れつつある点，最終市場における消費者が含まれていない点等である。これらについて，傅[2004]は，取引の長期的性格を示しながらも，ごく限られた一部の関係しか説明したものでないと指摘する。このことはArndt以降の関係性マーケティングの研究で，消費者を志向したものが多数行われていることからも伺える。

3. リレーショナルな交換への注目

買い手と売り手に焦点を当てたものとしては，Dwyer *et al.* [1987] のモデルが知られている。Dwyerらは社会的交換の理論に従い「リレーショナルな交換に対する投資の動機づけ」について説明した（図表3-2）。これによれば，関

図表 3-2 買い手と売り手のリレーションシップの仮想領域

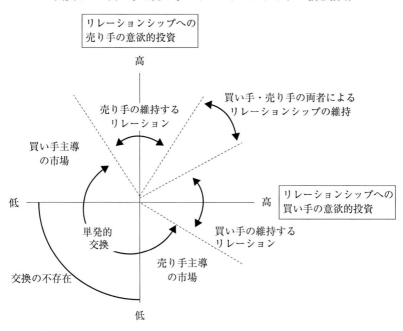

出所：Dwyer *et al.* [1987] p.15.

係性マーケティングにおいて目指す「両者によるリレーションシップの維持」が可能となるのは、買い手と売り手がともに、リレーションシップ構築に対する投資意欲が高水準にある場合である。

高水準にあるのが売り手のみであれば、売り手によって維持されるリレーションシップとなり、買い手のみなら、買い手によって維持されるリレーションシップとなる。図表3-2を時計の文字盤に見立てるなら、以上3つのリレーションシップの領域は概ね11時から4時の間で示され、ここ以外は「単発的交換」とされる。さらに、リレーションシップに対する売り手・買い手の動機がともに低レベルの場合は「交換の不存在」となり、これは6時から9時の間の周辺部に位置づけられる。

もっとも、この領域にのみ周辺部の描かれていることが、全体としてのわかりにくさにつながっている点は否めない。すなわち、単発的交換と交換の不存

在の違いを，リレーションシップへの意欲の「程度の差」として捉えるなら，その境界をいかに認識すべきか判然としない。さらに，他の領域において，周辺部がどのように位置づけられるかについても明らかではない。ただし，この概念図が両者によって維持されるリレーションシップを「買い手・売り手双方の意欲が高水準にある場合に現出する」としている点は明快である。

4. 関係性の段階的発展

ここで生じる疑問に，取引相手との間にリレーションシップを構築しようとする動機は何かということがある。この点について久保田 [2001b] は「換言すれば，魅力的な取引相手と離散的な取引を繰り返すだけでは，なぜ不十分なのかということである。これは当事者らをリレーションシップ構築へと誘引する『報酬』は何かとの問題に他ならない」(184 頁) と述べている。

この指摘は非常に興味深いものだが，一方では，報酬の概念定義をめぐる別の議論を惹起しかねない。例えば対価やメリット，満足といった類似の概念との違いは何かといった問題である。そこで，リレーションシップの誘因を特定するのではなく，そもそもリレーションシップがどのようなプロセスをたどって強まっていくのかに注目した。これは誘因となり得るものを包括的に捉えるという意味で，有益な作業と思われる。

前掲の Dwyer et al. [1987] は，関係開始から終結までを 5 つの段階に分け，リレーションシップを発展的なものとして整理した (図表3-3)。ここでいう 5 段階とは，①認識，②探索，③拡張，④コミットメント，⑤関係終結である。さらに，探索段階において相互依存を促すものとして「誘引」「交流と交渉」「影響力の拡大」「規範の強化」「期待の高まり」といった要素を挙げ，これらが相まって，買い手と売り手の相互依存度が高まることでリレーションシップが発展するとしている。

このモデルは，信頼という概念を通じ，継続的な取引関係がいかに緊密化していくかを示した。また，Arndt のモデルでは触れられていなかった「消費者」の視点が明確化されている点にも特徴がある。ただし，初期の段階で主体

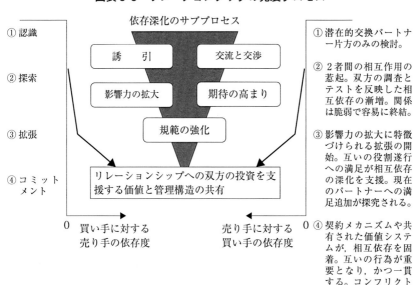

図表3-3 リレーションシップの発展プロセス

出所:Dwyer *et al.* [1987] p.21.

間に信頼が形成されなければ,その後の発展はどうなるのか。ここが継続的で反復的とされる今日のリレーションシップのイメージとはやや異なるように感じられる部分であり,議論の余地があると思われる。

5. KMVモデルにおける信頼とコミットメント

主体間のリレーションシップを「信頼」と「コミットメント」の結合で説明したのがMorgan and Hunt [1994] である。これまでリレーションシップは,研究者によって様々な変数で捉える試みがなされてきた。Morgan and Huntは,まず鍵となる媒介変数 (KMV: Key Mediating Variable) を設定し,さらに信頼とコミットメントを中核概念と位置づけている。そして,これらを包括したモデルを作成し各変数の関係を検証した (図表3-4)。これによれば,共有さ

図表 3-4　リレーションシップ・マーケティングの KMV モデル

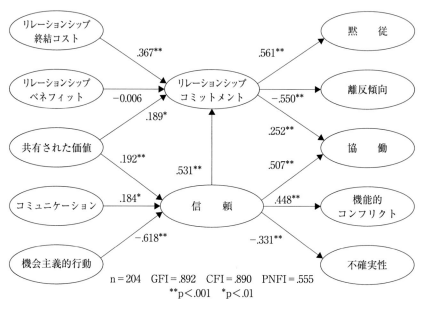

出所：Morgan and Hunt [1994] p.22「図 2」，p.30「表 2」より筆者作成。

れた価値・コミュニケーション・機会主義的行動（の回避）が「信頼」の構築に影響を及ぼしているのがわかる。その「信頼」は協働・機能的コンフリクトに対してプラス要因となる一方，不確実性に対してはマイナスに作用する。

　このモデルは，信頼とコミットメントを，いわばジョイント部分に据えることで，全体的な因果関係の説明を企図したものである。中核概念である両変数の影響度合いが明示されている点は興味深いが，その一方，Morgan and Hunt がその生成や消滅についてまでは言及していないことを不十分とした指摘もある（傳 [2004]）。また，この種の分析手法の場合は時間軸という尺度を盛り込みようがないため致し方ないことではあるが，リレーションシップの深化の段階的側面まではうかがいしれない。

　以上，関係性マーケティングの理論形成における初期の主要研究を取り上げた。いずれにも共通しているのは，買い手と売り手などの取引主体間における

「継続的取引関係」を分析対象としている点であり，このことは現在も関係性マーケティングの重要課題の1つとされている。なお，Arndtの研究に消費者という認識が含まれていないことについては，当時の時代背景，特にB to Bがマーケティング研究の前提であったことに起因するものである点を補足しておきたい。

第3節　リレーションシップにおける各論

　本節では，関係性マーケティングにとって最大の概念であるリレーションシップについて，いわば各論的な先行研究をいくつか取り上げたい。すでに述べたように，本書では先行研究のレビューを通じ，マーケティングの本質的課題を再確認することが目的である。

　一方，これまでの関係性マーケティング研究では，細かな面からの論拠の積み重ねがあるにも関わらず，関係のあり方のみがクローズアップされがちであった。こういった点を踏まえ，ここではリレーションシップの細部を論じた先行研究に注目し，限定的ではあるが関係性マーケティングを規定する重要概念の抽出を試みたい。

1．つかみどころのなさと，定義の難しさ

　過去の研究において，リレーションシップは関係性マーケティング理論の中核であるとされてきた。それは関係性マーケティングが「リレーションシップ・マーケティング」の和訳であることからも感覚的には理解される。しかし，久保田[2001a]が「概念そのものについての整理は十分になされてこなかった」というように，リレーションシップにはつかみどころのない面もある。いったいリレーションシップとは，どのような概念なのであろうか。

　Bagozzi[1995]は，人がリレーションシップに関わるのは，それが何らかの目的を達成する手段と考えるからだと述べている。また，関係性マーケティン

グの中核概念をリレーションシップそれ自体ではなく，リレーショナルな絆（relational bonds）とした指摘もある（Dwyer et al. [1987]）。これらに代表されるように，リレーションシップ概念の定義にはその性質や目的，機能といった視点からのものが少なくない。つまり，簡素な表現で明快に言語化され，かつ，それが一定の説得力をもって理解されるようなものは，あまり見当たらないのである。

　このことは，リレーションシップの概念定義がいかに難しいかを物語るものであると同時に，ある種の危険性を伴う。Möller and Halinen [2000] が昨今の議論はリレーションシップ概念を厳格に検討するというよりは，むしろレトリックによっていると指摘した通り，ともすれば実態と乖離した議論に終始しかねない。彼らがマーケティング研究ではいわゆる北欧学派に属することから，研究の厳格なプロセスに言及したのだとしても，充分に的を射た批判ではあった。

　以上に関しては，前出の Bagozzi [1995] も，少数の定義からスタートし，それらを統合して概念の幅を拡げていくことが良い結果につながると述べている。ここでは，この見解に倣うこととし，次項以降でリレーションシップが形成される際の背景や素地について詳しく見てみたい。

2. リレーションシップ形成のための協働性

　Anderson and Weitz [1989] は，電子機械の流通における組織間の相互依存や協働的な報酬構造に関係する要素について仮説を検証した。その結果，公式的かつ構造的な絆はそれほど重要ではなく，むしろ，交換における公平性や相手との一体感による双務的なコミットメントがより重要であると指摘している。彼らが行った調査によると，「信頼」と「コミュニケーション」の関係を1つの土台として，「支援の提供」「目標の一致」が「信頼」に，「先方の能力」が「コミュニケーション」に，それぞれプラスの影響を及ぼすことが確認された。さらに「信頼」は「リレーションシップ継続の見込み」に対し，同じくプラス要因として作用している（図表3-5）。

図表 3-5　リレーションシップの仮説モデル

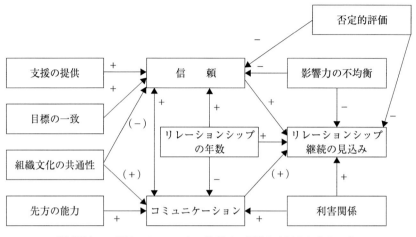

（筆者注）＋−記号にカッコのある箇所は，仮説が実証されなかった。

出所：Anderson and Weitz [1989] 311 頁。

　Anderson and Narus [1990] の行った製造業者と流通業者を対象とした調査も興味深い。それによると，「コミュニケーション」が「協働性」に作用することで「信頼」が高まり，さらには「満足」の向上につながっているのである。ここにおいても「コミュニケーション」と「信頼」とが，リレーションシップの素地になっていることが明らかにされた（図表 3-6）。

　同様の先行研究をさらに見てみたい。主体間の協調や依存に着目したのがFrazier and Summers [1984] である。彼らによると，買い手と売り手の「協調性」と「依存性」がともに高いレベルにある場合，報酬や威力によって強制する「直接的な方策」よりも，相手の認識具合を変化させ誘導するような「間接的な方策」の方が有効であるという。いま 1 つ，Frazier and Rody [1991] も，買い手と売り手の「依存度」が中程度であれば，約束・威力・法的手段といった「強制的な方策」ではなく，情報交換・ディスカッション・要望といった「非強制的な方策」が奏功すると述べている。

図表 3-6　業務上のパートナーシップに関するモデル

〔流通業者の視点〕

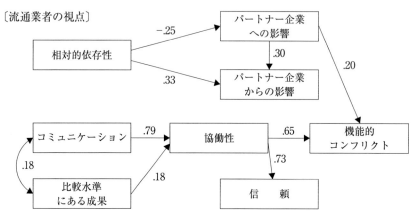

いずれの係数も5%未満水準で有意。

〔製造業者の視点〕

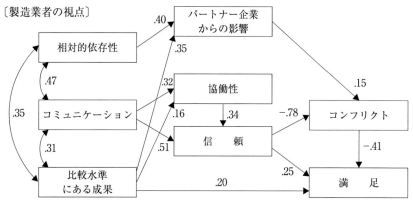

いずれの係数も5%未満水準で有意。

出所：Anderson and Narus [1990] p.50, p.53.

3. リレーションシップ維持のメカニズム

　次に，リレーションシップが維持される仕組みについて整理してみたい。前項で見たように，リレーションシップはコミュニケーションや信頼などを素地

に構築されるものであった。しかし，それら要因が単なる「きっかけ」でしかないとすれば，せっかく実現したリレーションシップがその後も継続するとは限らない。ここで維持のメカニズムに注目するのは，背景や素地となる要因のほかに，リレーションシップの継続性を保証するものがあるのではないか，と考えたことによる。

　前掲の Anderson and Narus [1990] は，相手に対する自己のコミットメントと，自己に対する相手のコミットメントの関係についても言及している。それは，リレーションシップを継続させるには「取引特定的投資」が担保 (pledge) として有効であるというものだ。さらに相手がコミットしていることを知ると，自らもコミットするようになる。この点について久保田 [2001b] は，リレーションシップに対するコミットメントは，リレーションシップを継続するための担保として機能し，その具体事象として取引特定的投資の形をとるのではないかと述べている。

　ここまで見てきたように，関係性マーケティングはリレーションシップと呼ばれる良好な関係のもと，長期的かつ継続的な交換を実現しようとするものである。そして，中心概念であるリレーションシップの意味合いは相当に広範で奥深い。そのため単純な表現で定義することは難しいが，形成や維持といった面に着目すれば，構築の協働性や継続の担保といった要因がキーワードとして浮上する。これらに規定されるリレーションシップは，単に買い手と売り手の信頼関係のみによって成り立つのではない。両当事者によるリレーションシップへの確かなコミットメントがあってこそ維持されるのである。

　さらに，価値共創概念との関連については，ここでの検証の限り特に矛盾するものは見当たらない。ただし，リレーションシップの協働性や担保といった概念が，価値共創プロセスにどこまで関与するかは不明である。当事者間の信頼関係と良好な関係性とが価値に影響を及ぼす面はあるとしても，やはり共創プロセスの次元はもう一段高いところにあるのではなかろうか。

第4節　応用・実践面についての検証

　関係性マーケティングと同様の枠組みを持つものに，顧客関係性管理（CRM: Customer Relationship Management）や顧客生涯価値（LTV: Life Time Value）といった理論がある。これらは，似通っているというよりは土台が共通しているというべきものであり，関係性マーケティングの応用や実践が模索される中，派生的に体系化されたものと位置づけられる。本節では，これらに関する目的や具体展開が，顧客を努力対象として捉えるマーケティングやマーケティング・マネジメントと整合的であるか否かについて検討する。

1. 顧客生涯価値をめぐる論点

　企業の関心は，市場の成熟化が進むにつれ，それまでの市場シェア拡大から顧客シェアの拡大へと移っていった。特に，新規顧客の獲得コストより既存顧客への追加販売コストの方が低い傾向にある業種では，同じ顧客の購買機会を増やすのが合理的という発想になる。このような状況を背景に，顧客生涯価値が注目されるようになった。

　その定義としては，Kotler and Armstrong [2003] が，特定の顧客から時を追って得られる収益の合計のうち，その顧客の誘引や販売，サービスに対して企業が負担したコストを超過した部分の価額としたものが知られている。また，Peppers and Rogers [1997] は顧客の実際の価値を表すのに最も適切な考え方であるとし，Kotler らと同様の計量ロジックを紹介している。Rust *et al.* [2000] も「設定された将来期間にわり，その顧客が単位期間内に行う貢献利益額の総合計」（p.41）と説明している。

　利益に関する表現は，時を追って得られる収益・将来にわたって期待できる収益・単位期間内に行う貢献利益と様々だが，いずれにも共通するのは顧客関係に時間軸を持ち込んでいる点であり，単発の取引ではなく，長期間にわたり

取引が繰り返し行われることを前提としている。関係性マーケティングとの共通性がいわれているのはこの部分で，顧客生涯価値で標榜されるのは，顧客との長期的リレーションシップに他ならない。

一方，顧客生涯価値の限界について，前出の Peppers らは，いくら計算式を洗練しても起こり得るすべての要因を含めることはできず，本質的に可能性に基づいた予測でしかないと指摘する。石井ほか[2004]も，顧客生涯価値に基づいて行われたマーケティングの結果が，さらに顧客生涯価値に影響を及ぼすという意味において，厳密な算定は循環的な検討に陥りやすいと述べている。

しかし，これらは顧客生涯価値を算定する上での技術的問題であり，顧客生涯価値の本質を問うものではない。前述したように，本節では顧客生涯価値を，関係性マーケティングの応用・実践過程で派生的に体系化されたものと位置づけている。仮に，そうではなく，企業側の長期収益予測の試算ニーズに対して関係性マーケティングの理論枠組みが引用されただけだとしても，ここでの最大の問題は価値の認識主体にあるのではなかろうか。

顧客生涯価値でいう「価値」とは，企業にとっての価値である。その顧客と生涯にわたる取引関係が続くと仮定した場合，企業の得る収益こそが価値なのである。もちろん，顧客にも企業と取引を続けるだけのメリットはあろうが，少なくとも顧客から見ての価値ではない。さらに，長期にわたる顧客関係の維持のみを目的に関係性マーケティングが援用されるのなら，それは関係性マーケティングの本旨にもそぐわないといえる。ここで顧客生涯価値自体を否定するものではないが，少なくとも顧客を努力対象として捉えるマーケティングとは整合的でないことが確認された。

2. CRM をめぐる論点

金融機関を始め大規模な顧客データベースを持つ企業においては，かねてより CRM への取組みが盛んである。CRM は，一般には顧客関係管理と訳され，顧客との関係構築に焦点を当てたマーケティング手法である。大量生産・大量消費を前提としたマス・マーケティングから，消費者の個別ニーズへと企業の

関心が移っていく中，注目を集めるようになった。CRM は必ずしも大規模システムを必要とはしないが，データ分析や顧客情報の管理，活用には相応規模のデータベースが必要となる。この点，CRM をいわゆるデータベース・マーケティングの1つとして捉えることもある。

このデータベース・マーケティングも幅の広い概念であり，漠然と「データを通じて得られた情報を販売に利用すること」等といった意味で用いられることもある。定義としては Hughes [2000] が「顧客や見込客に関するデータを収集し，コンピュータ化されたリレーショナル・データベースによって管理することでより良いサービスを提供し，長期的な関係構築を実現すること」(p.13)としたものが知られている。

そして，CRM にせよデータベース・マーケティングにせよ「顧客関係の長期継続化」「長期的な関係構築の実現」といった表現で目的を説明した研究は少なくない。この点は前項で取り上げた顧客渉外価値と同様である。仮に長期継続的な顧客関係構築という目的を是としても，顧客生涯価値と比べさらに実務的性格の強いことを勘案すれば，CRM やデータベース・マーケティングの現状には多くの課題があるといえよう。

実際に，データベースで顧客のすべてを理解しようという考え方が間違っているとした戸谷・栗田 [2002] の指摘を待つまでもなく，技術的限界に関する批判的な見解が目立つ。確かに，いくらデータの種類を増やし更新頻度を上げても，過去の蓄積でしかないデータベースから将来のすべてはわからない。それ以上に問題なのは，何を考え，なぜそうしたのかという顧客の心情までは読み取れない点である。頻繁なダイレクトメールやEメールの送付，専門業者に委託しての電話勧誘など，会社都合と非難される事例は後を絶たない。

だからこそ関係性マーケティングによる必要があるともいえるが，CRM の現状を見るにつけ，努力対象としての顧客の不存在を実感することになる。ここで取り上げたのは，関係性マーケティングの目的から乖離した極端なケースであったかもしれないが，CRM の理論体系の根底にあるのが関係性マーケティングであることは明白である。その意味において，CRM やデータベース・マーケティングについても，価値共創との整合性は見出せなかった。

第5節　おわりに

　従来のマーケティング理論においては，価値は企業側が決めるのが当然のこととされた。企業は市場でのより良い交換取引を期待し，顧客ニーズを盛り込んだ製品を製造する。そして，マス媒体での宣伝を通じ顧客に購買を促してきた。言い換えれば，市場での交換取引は，企業が示した価値を顧客が受け入れるための最終手続きということになる。したがって，ここでの価値も「企業サイドで認識される価値」あるいは「企業が決定する価値」である。

　本章では関係性マーケティングのほか，その応用理論である顧客生涯価値やCRMについても検討を加えた。特に象徴的なのは顧客生涯価値であり，顧客との長期的信頼関係や顧客満足を前提としながらも，価値のあり方から評価すれば「顧客が生涯を通じて企業にどれだけの価値をもたらすか」の尺度でしかない。同様のことは関係性マーケティング自体にも当てはまる。

　もちろん，関係性マーケティングが目指す顧客認識のすべてが否定されるものではなかろう。しかし，価値共創という新しいパラダイムにおいて顧客関係を再構築する場合，これまでの関係性マーケティングをめぐる論点が有力な接続点とはなり難いことが明らかになった。以上を結論として本章を終える。

（村上真理）

第4章

サービス・ドミナント・ロジックと価値共創

第1節　はじめに

　価値共創は，サービス・ドミナント・ロジック（Service Dominant Logic: 以下，S-Dロジック）の中心的概念の1つであると言える。しかし，企業と顧客が共創するという考え方は，これまで消費者参加型の製品開発やサービス・マーケティングに関する研究においても議論されており，その意味では，価値共創は何ら新しい概念ではないと主張することもできる。実際に，S-Dロジックが登場した当初には，企業と顧客による共同生産を価値共創と同一視するような誤解も見られた。そこで，S-Dロジックがマーケティング研究に与えたインパクトを明確にするためにも，S-Dロジックや価値共創を巡る議論について整理し検討する必要があると言えるであろう。

　以上のような問題意識に基づき，本章の目的を以下の2つに置く。第一の目的は，S-Dロジックの提唱者および研究協力者の主張について正確に理解すると同時に近年の研究動向を把握することである。さらに，それらを踏まえた上で，マーケティング研究に対するS-Dロジックの貢献点およびその課題について検討することを第二の目的とする。本章の構成は以下の通りである。まず次節では，Vargoらの主張を整理しS-Dロジックの示す世界観について確認

する。次に第3節では，近年の研究をレビューし，それらの論点を明らかにする。最後に S-D ロジックのマーケティング研究に対する貢献点および課題について議論し，まとめを行う。

第2節　サービス・ドミナント・ロジックの世界観

　2004年に提唱されて以降，様々な研究者が S-D ロジックに注目し，多くの研究成果が蓄積されつつある。しかしながら，その中には，S-D ロジックや価値共創といった概念をマーケティング研究に部分的に適用しようとする研究も多い。そこで，各事象や研究に適用する前に S-D ロジックの全体像を正確に把握する必要があるように思われる（Lusch and Vargo [2014]）。以下では S-D ロジックを支える公理や中心的概念について詳説していくことで S-D ロジックや価値共創についての理解を深めていく。

1. サービス・ドミナント・ロジックの基盤

　Lusch and Vargo [2014] は，個人や組織といった主体間における社会的・経済的交換をより良く理解するためには，これまで支配的であった有形財を中心としたグッズ・ドミナント・ロジック（以下，G-D ロジックとする）よりも，サービスを中心とする S-D ロジックの方が有効であると主張する。

　これまで支配的であったグッズを中心とした G-D ロジックにおいては，交換されるものは有形財としてのグッズや無形財のサービィーズであったが，S-D ロジックにおいては，交換されるのは，グッズやサービィーズを包含する単数形の「サービス」と考える。Vargo and Lusch [2004] は，サービスを他者もしくは自身のベネフィットのために専門化されたナレッジやスキル（オペラント資源）を適用することと定義した[1]。

　また，Vargo らは S-D ロジックの開発にあたり，あらゆるロジックは前提に基づくという発想から，S-D ロジックを支える10個の基本的前提と用語を

図表 4-1 サービス・ドミナント・ロジックにおける公理と基本的前提（FP）

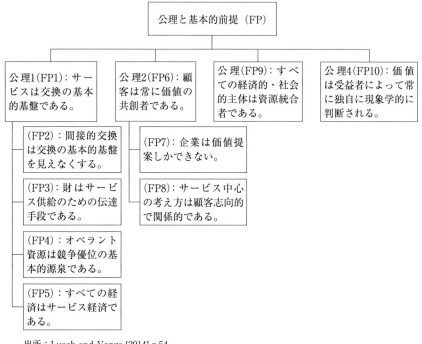

出所：Lusch and Vargo [2014] p.54.

提示している。その中でも公理と呼ばれる 4 つの基本的前提は，S-D ロジックのエッセンスを捉えており，他の基本的前提は，この 4 つの公理から派生している（図表 4-1 参照）。

本章では，すべての基本的前提について詳説しないが，S-D ロジックの世界観を捉える上で，4 つの公理を理解することは重要であると思われるため，以下では，それぞれの公理で焦点が当てられ密接に関係すると思われる「サービス交換」「価値共創」「資源統合」「文脈価値」について整理してくこととする。

2. サービス交換

前述したように，サービスとは，他者や自身のベネフィットのために主体が

保有するナレッジやスキルを適用することである。したがって，単純に考えれば，サービス交換とは主体間においてサービスが交換されることとなるが，それをどのように理解すれば良いのであろうか。サービス交換について Lusch and Vargo [2014] は，物々交換（小麦と魚）を行う農夫と漁師の例を用いて，以下のように説明する。

　G-D ロジックでは，交換されるのは，小麦や魚といった有形なグッズであると捉える。その一方で，S-D ロジックにおいては，グッズではなく農耕サービスと漁獲サービスが交換されると捉える。より具体的に言えば，農夫が小麦を育てるために農耕機具などに対して自身の持つスキルを適用することと漁師が魚を捕るために網などに対してスキルを適用することが，二者間で交換される。したがって，基本的前提3が示すように小麦や魚は，サービス供給のための手段であると言える。

　これは，物々交換という当事者間での直接的なサービス交換の例であるが，貨幣システムを介した間接的なサービス交換の場合も同様である。例えば，農夫と漁師の間に商人が介在すると仮定する。商人は，農夫や漁師から余った小麦や魚を買い取り，その代金を彼らに支払う。商人は，それらを在庫し農夫や漁師がそれぞれ魚や小麦が必要となった場合に，彼らに販売する。この場合，農夫と漁師の間には，物々交換という直接的なサービス交換は行われないが，貨幣や商人を通じて間接的にサービスが交換されていると考える。

　このように，Vargo らは，主体間において交換されるのは，グッズではなくサービスであると捉えることで，様々な主体間（個人や組織等）における交換をより良く理解することが可能になると指摘するのである。

3. 価値共創

　Vargo and Lusch [2008] が提示しているように，顧客は常に価値の共創者である（基本的前提6）。しかし，S-D ロジックにおける価値共創とは，これまでの製品開発やサービス・マーケティングにおいて議論されている消費者参加型製品開発やサービス提供プロセスへの顧客参加を意味するのではない。

G-D ロジックでは，生産や流通，マーケティング活動を通して，企業がグッズやサービシィーズに価値を埋め込み，消費者は，それを消費するだけであると捉えられる。つまり顧客は，価値創造プロセスの外側に存在するという見方である。しかし，それとは対照的に S-D ロジックでは，顧客やその他の主体も価値創造プロセスの一部と見なされる。つまり，Akaka *et al.* [2013b] が指摘するように，主体間における相互作用や交換を通じて，価値は共同的に創造される。したがって，顧客は常に価値共創者となる（Akaka *et al.* [2013b]；Lusch and Vargo [2014]；Vargo and Lusch [2008]）。この点について，Vargo *et al.* [2008] は自動車の例を挙げて説明している。自動車メーカーは，サプライヤーから部品を調達し組み立てて自動車を生産する。しかし，それだけでは価値は生まれず，ドライバーが自動車を使用してはじめて価値が創造されると考えるため，S-D ロジックでは，自動車メーカーとドライバーとの価値共創と捉えるのである。

　したがって，分業が進んだ社会は，価値共創の社会であると解釈できる。逆に，無人島での生活のように他の主体とのサービス交換が存在しない完全自給自足の社会においては，価値共創は成立しないと言えるであろう。

　また，Lusch and Vargo [2014] は，価値の共創は，包括的なものであり共同生産を内包すると主張する。前述の通り，顧客である主体は，常に価値の共創に参画するため，それを外部化することは不可能である（Lusch and Vargo [2014]）。逆に，それとは異なり，共同生産は主体にとって選択的なものであると見なされる。この共同生産の例として，Lusch らは，顧客がイケアの家具を組み立てたり（Lusch *et al.* [2007]），顧客が新製品のデザインを支援したりすること（Lusch and Vargo [2014]）を挙げている。つまり，共同生産とは，価値を生産するのではなく，企業が提供するオファリング（グッズやサービシィーズ）そのものを顧客と共同で生産することを意味する。この価値共創と共同生産の違いには注意が必要である。

4. 資源統合

　Vargo and Lusch [2008] は，あらゆる主体は，多様な資源を統合する存在であると指摘した。この点について，先ほどの自動車の例で考えてみる。

　まずメーカーは自動車を生産している。S-D ロジックにおいては，メーカーは色々な部品という資源とメーカーが保有する自動車を組み立てるスキルという資源を統合していると考える。同じように顧客であるドライバーは，自動車といった資源と自身の運転技術や交通法規の知識という資源を統合していることになる。また，そのドライバーは，安全で迅速に移動するために，渋滞情報を確認できる車のナビゲーションシステムを使用するかもしれない。そうなれば，このドライバーは，ナビゲーションシステムといった資源やその使用のための知識という資源も統合していることになるのである。

5. 文脈価値

　これまで支配的であった G-D ロジックにおいては，企業の生産プロセスの中でグッズに価値が埋め込まれると考えられてきた。その価値は，交換価値と呼ばれグッズが交換される時に貨幣表示される価値（金額）を意味する（田口 [2010] 97 頁）。

　それとは対照的に，S-D ロジックで重視される価値は，交換価値とは大きく異なる。すでに指摘した通り，S-D ロジックにおいて中心となる価値は，グッズやサービィーズの使用や経験を通じて共創されるものである。Vargo and Lusch [2008] は，価値は常に独自に現象学的に決定されると指摘し，最終的な受益者である主体（顧客）が主観的に認識するものであることを強調した。この価値は個別的で状況依存的な性質を持つものであり，文脈価値と呼ばれる。したがって，ある主体にとって重要な価値がある場合でも，別の主体にとっては，それほど価値がないこともありえる。さらに，たとえ同一人物であっても，その状況によって主体が認識する文脈価値は，異なる可能性もあることが

指摘される。

第3節　サービス・ドミナント・ロジックを巡る議論

　ここまで，S-D ロジックが示そうとした世界観を理解するために，提唱者である Vargo らの主張を確認してきた。そこで本節では，S-D ロジックを巡る近年の研究動向についてレビューする。なぜなら，Vargo and Akaka [2012] が指摘しているように，S-D ロジックに関する研究は，S-D ロジックに対する正確な理解の普及という初期段階から進展しており，数多くの研究が蓄積されつつあるからである。ここでは，特に 2008 年以降に発表された研究を大きく「精緻化に関する研究群」と主にマーケティング領域において展開される S-D ロジックに基づいた「企業・顧客間における価値共創に関する研究群」に分類した上で，その論点等について概観する。

1.　精緻化に関する研究

　精緻化に関する研究は，主に S-D ロジックの提唱者である Vargo や Lusch および S-D ロジックに賛同する研究協力者を中心に進められている。例えば，Chandler and Vargo [2011] は，ネットワークの考え方を取り入れ，主体間における価値共創の全体像について議論した。また近年では，研究基盤やフレームワークとしての S-D ロジックの有用性を指摘する研究も現れ始めている。Akaka et al. [2013b] は，S-D ロジックやサービス・エコシステムの考え方が国際マーケティング研究の理論開発に向けた新たなフレームワークになりうると指摘する。

　前述の通り，これまで支配的であった G-D ロジックよりも，その枠組みに受益者である顧客を内在する S-D ロジックの方が，主体間における社会的・経済的交換をより良く理解するために有効である（Lusch and Vargo [2014]）。この主張は，様々な主体間においてサービスが交換・統合され，最終的な受益

者である顧客が，グッズやサービシィーズを使用・経験することによって文脈価値が生まれるとする考え方に基づいている。

　さらに，Vargoらは，このS-Dロジックの枠組みにネットワーク概念を採用することによって多様な主体間におけるサービス交換や資源統合，価値共創を包括的に捉えようとする。この主体間のネットワークは，サービス・エコシステムと呼ばれる。図表4-2のようなサービス・エコシステムの提示によって，2つの主体間といったダイアド関係における価値共創だけでなく，様々な主体が関係する価値共創をマクロ的に提示しようと試みた。

　このサービス・エコシステムの議論は，文脈概念の精緻化とも関係している。一般的に文脈は，ある主体が置かれた状況を意味するので，時間と空間という2つの変数で表すことができると考えられるが，Vargo and Akaka [2009] は，3つ目の変数としてネットワーク関係を挙げている。この指摘は，S-Dロジックでは，時間と場所に加えて，誰と誰がサービス交換を行っているのかという主体間関係も文脈と捉えていることを示していると考えられる。したがって，そのような文脈の中で共創される価値は，ある主体の主観的評価という側面だけでなく，保有する能力やシステム内における主体のポジションからも大きく影響を受ける点を考慮に入れる必要がある。またSandström *et al.* [2008]

図表4-2　サービス・エコシステム

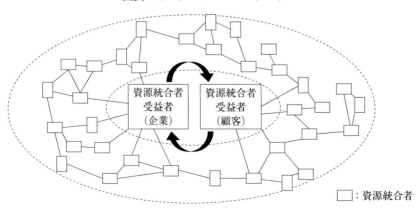

出所：Lusch and Vargo [2014] p.162.

は，文脈には人口統計や社会環境といったマクロ的要因が含まれることを指摘する。同じように Vargo and Lusch [2012] も，制度や慣習といった社会的に構成されたものが文脈に含まれると述べている。さらに Chandler and Vargo [2011] や Lusch and Vargo [2014] は，サービスシステム概念を拡張し，3つのレベルに分かれた複合的な文脈概念を提示する。それは①ミクロレベル（ダイアド関係），②メソレベル（市場），③マクロレベル（文化や社会）であり階層を成す。それぞれの階層は，相互に影響関係にあり時間とともに変化するダイナミックな性質を持つことが指摘される。

以上のような研究は，文脈概念を精緻化しようとする動きとして捉えることができるが，単純に考えれば，文脈概念が精緻化されるということは，そこで共創される文脈価値概念の精緻化とも関係すると言えるであろう。

例えば，Edvardsson *et al.* [2011] は，これまで価値共創に関する研究は，顧客とプロバイダー間の価値創造の問題に焦点を当てがちであり，価値共創が起こる社会的構造に焦点が当てられていないという問題を指摘した。

彼らは，社会的構造と価値共創の関係に注目することによって，S-D ロジックに関する研究は，さらに発展する可能性があると述べる。というのも，これまでの議論においては，社会的構造という要素が無視されてきたが，それらは絶えず個人のニーズや好み，価値観に対して影響を与えながらも，逆に影響を受ける関係にあると考えられるからである。つまり，各主体の中で主観的に形成される価値は，客観的な社会的構造を前提としているし，またその価値は社会的構造を再生産しているため，主体と社会的構造を切り離して考えることはできないというのである。このように，彼らは，社会学における社会構築主義の理論や構造化理論を援用し，文脈価値は個人的認識によって決定されるだけでなく，より広い社会的認識の中で決定・再生産されると考え，その価値を社会的文脈価値と呼んだ。

以上のような議論は，価値共創における制度（Vargo and Lusch [2011]）や文脈の社会的構造（Chandler and Vargo [2011]；Edvardsson *et al.* [2011]）の重要性に注目したものであるが，それらに関する研究は，はじまったばかりであり（Akaka *et al.* [2013a]），さらなる精緻化が目指されている[2]。

2. 企業・顧客間における価値共創に関する研究

　前項で確認したように，Vargo らを中心に展開される概念精緻化に関する研究は，主体間における交換や価値創造に対して包括的でシステム的でダイナミックな観点を提供しようとする方向に進んでいるよう思われる。しかし，このような動きとは異なり，企業と顧客間における価値共創やそのプロセスを具体的に検討しようとする研究も存在する。その代表的な研究に位置づけられるのが Payne *et al.* [2008] の研究である。

　Payne *et al.* [2008] は，価値共創のフレームワークの開発を行う中で，顧客と企業間における価値共創プロセスについて検討している。彼らは，旅行業界を取り上げ，ツアー旅行業者のプロセスとツアーに参加する顧客のプロセスとその間に位置するエンカウンターをマッピングし，探索的に価値共創プロセスの設計を行った。

　彼らの研究によれば，価値共創は，企業と顧客，それを仲介するエンカウンターの3つの要素からなり，企業と顧客間で展開される色々な活動によって実現されるという。例えば，顧客の「人生の目的」「旅行計画」というプロセスに対して，企業は，広告やダイレクトメールといったコミュニケーション，顧客とのディスカッションといった具体的なマーケティング活動を展開する。また顧客が旅行プランを決定するために，企業はカタログを提示したり電話をしたりすることで顧客の意思決定の支援を行う。このように，Payne らの研究は，価値共創の概念に注目して，時間軸で展開していく顧客との接点を管理することを意識している。Payne らは，企業・顧客間における価値共創プロセスのマッピングを作成することにより，それぞれのプロセスで，企業がどのようなマーケティングを行うべきかについて，より深く理解することが可能になると指摘する。

　Payne らと同様に，具体的な事例に基づき価値共創プロセスのマネジメントについて検討したのが Le Meunier-FitzHugh *et al.* [2011] である。Le Meunier-FitzHugh らは，住宅販売業のケーススタディから，S-D ロジックを適用する

ことによって企業の販売行為がどのように変化するのかを調査し，価値共創の実現につながる6つの活動を示す。その6つ活動とは①会話と学習，②顧客や組織内部知識の活用，③価値提案，④ソリューションの共創，⑤サプライヤー・顧客間の仲介者，⑥信頼や長期的関係の構築である。彼らは，S-Dロジックの貢献点を，価値は顧客が決定すること，その価値はグッズやサービシィーズの使用・経験を通して創造されることを明示した点であると主張する。S-Dロジックを適用したその住宅企業は，顧客の使用プロセスに注目した活動を行うようになったと指摘する。例えばデザインセンターを通して，顧客と一緒に使用プロセスそのものをデザインする，販売員とのコミュニケーションによって顧客に対してソリューションを提供する，販売員だけで解決できない場合は，組織内部や外部との連携を積極的に行うといった活動が企業に必要であると指摘した。この研究は，S-Dロジックを企業活動に適用し，活動レベル・管理レベルにおける具体的販売活動を示したという点で興味深い研究であると言えよう。

　また，S-Dロジックの枠組みを採用することで，顧客の具体的な価値共創活動を明らかにしようとしたのがMcColl-Kennedy *et al*. [2012] による研究である。彼女らは，ガン患者（治療中の患者もしくは治療を受けた経験がある元患者）および医療従事者（専門医や看護師，経営者など）に対してフォーカスグループインタビューやデプスインタビューを行い，顧客（患者）の8つの価値共創活動を明らかにしている。それらは「協力」「情報整理」「他の療法との組み合わせ」「共同学習」「違うことをすること」「つながり」「共同生産」「精神的活動」となる。例えば，協力とは，医師などからの指示をきちんと守ることとなる。他の療法との組み合わせとは，ダイエットやヨガなど他の療法を取り入れることであり，共同学習とは，他の医療専門家やインターネットから情報を収集することである。また精神的活動とは，ポジティブシンキングや自己暗示をすることである。さらに，McColl-Kennedyらは，上記の顧客の価値共創活動を5つのタイプに分類し，それぞれのタイプと患者の生活の質（QOL）との関係を確認している。

　以上，S-Dロジックを基礎にした企業・顧客間における価値共創に関する研

究を確認した。それらの研究は，企業と顧客間というミクロな関係を対象に価値共創プロセスやそこで展開される具体的な価値共創活動について実証的にアプローチするものであり，今後このような研究が数多く展開される可能性があると思われる。

第4節　ディスカッション

　ここまで，S-Dロジックや価値共創に関する研究を概観してきた。というのもS-Dロジックや価値共創がマーケティング研究に与えたインパクトを議論するためには，Vargoらの主張を正確に理解し，近年のS-Dロジックに関する研究がどのような方向に進んでいるのかを把握する必要があると考えたからである。そこで以降において，これまでの先行研究レビューを踏まえた上で，S-Dロジックのマーケティング研究に対する貢献点とその課題について検討していく。

　本章では，S-Dロジックを理解する上での重要なキーワードとして「価値共創」や「文脈価値」などを取り上げた。繰り返しになるが，売り手がサービスを提供し，さらに買い手もサービスを適用することで価値は共創される。また文脈価値とは，顧客がグッズやサービシィーズの使用・経験を通して共創される価値であり，そのために主観的で状況依存的なものである。

　しかし，以上のように顧客が価値創造の主体であり，グッズやサービシィーズの使用・経験を通して価値が創造されると主張したのはVargoらがはじめてではない。例えばFirat and Venkatesh [1995] は，価値はグッズの所有や市場交換行為からではなく，それを使用することで創造されると主張している。さらにサービス・マーケティング研究者のGummesson [1998] も同様に，価値はグッズやサービシィーズが消費された時のみ出現し，売れなかったものは価値を持たないと指摘し，使用者による使用段階における価値，すなわち文脈価値に注目する[3]。この他多くの研究者によって，価値創造の主体は顧客であり，グッズやサービシィーズの使用・経験から価値は生まれるという点が主張

されている（例えば Grönroos [2000]；Michel *et al.* [2008]；Sandström *et al.* [2008]）。

　このように，既存研究においても顧客を価値創造者と捉えており，その意味では，S-D ロジックのマーケティング研究に対する貢献点はないようにも思える。しかし，本章は S-D ロジックや価値共創，文脈価値といった概念がマーケティング研究に対して大きな影響を与えると考える。Bolton *et al.* [2004] は，S-D ロジックはマーケティング研究に重要なインプリケーションを提示すると指摘する。この主張は，S-D ロジックや価値共創が既存のマーケティング研究を否定するものではなく，むしろ，それを発展させる可能性があることを指摘するものであると解釈することができる。それでは，S-D ロジックは，どのような点でマーケティング研究に寄与すると考えることができるのであろうか。以下，G-D ロジックと S-D ロジックにおける価値創造（共創）のプロセスの違いを手がかりに検討していく。

　繰り返しになるが，G-D ロジックでは，グッズの交換段階に主眼が置かれ顧客を価値の破壊者と考えてきたが，S-D ロジックは顧客の使用・経験段階に注目し顧客を文脈価値の共創者と捉える。さらに文脈価値は顧客が独自に主観的に判断する。したがって，G-D ロジックにおける価値創造プロセスは，製造業者がグッズを生産し，それが販売された時点で交換が終了する。逆に，S-D ロジックでは，企業による生産から顧客が売り手から購入したグッズやサービシィーズを使用・経験する過程を経て，その顧客が文脈価値を認識するまで交換が継続することになる。つまり，S-D ロジックは，G-D ロジックでは企業の生産・流通段階にあった価値創造の重心を顧客の使用プロセスへと完全に転換させたと言えるであろう（傅 [2012]）。傅 [2012] は「S-D ロジックが指摘する財の使用プロセスを経てはじめて自ら財の価値を作り出すことも，また現実として存在する。これは G-D ロジックによって無視されたプロセスであり，顧客の多様化，個別化にしたがって企業にとってより重要視しなければならない問題である」(86頁) と述べ，使用・経験段階や価値認識までを価値創造プロセスとすることの重要性を指摘している。

　ここまで，G-D ロジックの価値創造プロセスは，生産からグッズの販売までが対象となるのに対し，S-D ロジックは顧客が文脈価値を認識した時点までを

対象とすることを確認した。マーケティング研究にとって，この指摘は重要である。というのも，使用場面で顧客がどのように文脈価値を認識するのかといったメカニズムを解明することもマーケティング研究の対象となるからである（田口 [2011a]）。これは，Echeverri and Skålén [2011] の価値がどのように生成されるのかを理解することは，マーケティングにおいて重要な研究課題となるという指摘とも重なる。もちろん，Vargo らが，S-D ロジックの提唱を通してマーケティング研究の新たな対象領域の提示を意図していたかは不明であるが，S-D ロジックの一連の主張を踏まえれば，これは大きな貢献点となると言えるであろう。

しかしながら，S-D ロジックや価値共創の考え方に対する課題も存在する。本章では，2つの課題を提示したい。

第一の課題は，マーケティング研究と価値共創の接続に対する検討である。それは，S-D ロジックが抽象的過ぎるため価値共創を実現することとマーケティング活動との間にどのような関係があるのかについて理解することが困難なことに起因する。企業や他の主体から提供されるグッズやサービィーズを顧客が使用・経験することにより価値が生まれるという包括的な考え方は，十分納得できるものであるが，価値共創を促進する具体的なマーケティング活動をイメージすることは難しい。例えば，Grönroos and Ravald [2011] は，S-D ロジックの最大の問題点は実務的なインプリケーションに乏しい点であると指摘する。さらに下川 [2008] も S-D ロジックを実務にどのように取り入れることができるのか道筋をつけねばならないと述べる。これらの指摘は，S-D ロジックが本質的に抱える今後検討すべき重要な問題であると考えることができる。

しかし，そのような一連の批判は当然のことのようにも思われる。なぜなら，これまで確認してきたように，S-D ロジックは，マーケティングを捉える枠組みというよりも，社会的・経済的交換をより良く理解するためのレンズに過ぎないからである。したがって，価値共創という考え方をマーケティング研究に適用する前に，それらの概念とマーケティング理論との関係について慎重に検討する必要があると言える。

特に，これまで支配的であった G-D ロジックに基づくマーケティング研究

においては，主にグッズの販売を価値創造プロセスの終点として捉えてきたため，そこでのマーケティングの目標は，グッズの交換を実現することであった。その目標を達成するために4Psに代表される様々なマーケティング行為が駆使される。しかし，S-Dロジックの枠組みに基づけば，顧客の価値認識が交換の終点であるために，既存の伝統的なマーケティングだけでは不十分である。なぜなら，前述したようにS-Dロジックの登場によって，はじめて，企業のマーケティング活動との関わりにおいて，顧客が使用場面でどのように文脈価値を認識するのかというメカニズムを明らかにすることが研究対象となったからである。

さらにVargoらによるサービス・エコシステムの提示からもわかるように，近年のS-Dロジックの研究は，よりマクロ的な方向へ進みつつあることを考えれば，S-Dロジックや価値共創をどのようにマーケティング研究に位置づけることができるのかという点について議論しなければならないであろう。

第二の課題は，方法論の検討と実証的研究の実施である。現在，研究蓄積が進みつつあるものの，S-Dロジックや価値共創に関する実証的研究は不足している（Kryvinska *et al.* [2013]）。しかも，それらの研究の中にはS-Dロジックを部分的に適用するような研究も少なからず存在する。特に企業・顧客間の価値共創プロセスを明らかにするという目的自体が，新規性が高いものであると思われ，分析方法を慎重に検討した上で実証的研究を行う必要があるであろう。

第5節　おわりに

本章では，S-Dロジックが示す世界観や近年の研究動向について確認し，マーケティング研究に対するS-Dロジックの貢献点および課題について議論してきた。

S-Dロジックは，主体間における交換という現象を理解するためのレンズとして提唱された。特に近年の研究においては，概念精緻化に向けた取り組みや企業・顧客間の価値共創についての具体的な議論へと移行している点を確認す

ることができた。また，S-D ロジックや価値共創の考え方が，購買後というマーケティング研究が取り組むべき新たな研究領域の提示へとつながる点を示した。しかしながら，価値共創とマーケティング研究との接続の問題に関するさらなる議論，および価値共創を分析する方法論の検討や実証的研究の実施が今後の課題になることが指摘された。

(注)
1) S-D ロジックにおいて，資源はオペランド資源とオペラント資源の2種類に区分される。オペランド資源とは，ベネフィットを提供するために，それらを操作する必要がある資源のことである。例えば，グッズや原材料などが挙げられる。その一方で，オペラント資源とは，ベネフィットを創造するために他の資源を操作する能力のことであり，無形でダイナミックなスキルや能力である。例えば，暖をとるために効率的に薪木を集めたり，簡単に火をつけたりするノウハウはオペラント資源であるが，薪木やマッチはオペランド資源である。
2) Akaka *et al*. [2013b] や Akaka *et al*. [2013a] では，S-D ロジックと消費文化理論やプラクティス理論を統合することによって，社会的文脈や社会的文脈価値概念を拡張し，文化的文脈や文化的文脈価値という概念を提示している。
3) ここで挙げた Firat and Venkatesh [1995] や Gummesson [1998] は，文脈価値という用語を使用しているわけではないが，彼らの主張から考えると，S-D ロジックにおける「文脈価値」と同義であると解釈できる。

(大藪　亮)

第5章

サービス・ロジックとマーケティング研究

第1節　はじめに

　北欧のマーケティング学者 Christian Grönroos は，*Marketing Theory* 誌で，"Adopting a Service Logic for Marketing" という論文を発表し，サービス・ロジック（Service Logic: 以下，Sロジック）を提唱した。その背景の1つには，2004年に提唱され，世界的な範囲の議論を引き起こしたサービス・ドミナント・ロジック（Service Dominant Logic: 以下，S-Dロジック）の出現がある。S-Dロジックは，グッズとサービシィーズを区別せず，上位概念として単数形サービスを導入し，抽象的，マクロ的な視点で，交換を見る1つのレンズを提示している。Grönroos は，S-Dロジックの幾つかの論点を批判し，北欧学派のサービス・マーケティングと関係性マーケティングの研究成果を踏まえ，Sロジックの基本的な考え方を明示した。そして，2006年から2014年現在に至るまで，彼は一連の論文を発表し，Sロジックを発展させてきた。特に，これまでのSロジックのまとめとして位置づけられている Grönroos [2014] においては，サービスの捉え方と価値共創の捉え方といった2つの論点から S-D ロジックが批判されている（pp.211-212）。

　Sロジックは，交換というより，マーケティングの研究，理論，実践といっ

た視点からサービスを捉えグッズとサービスのそれぞれの特性を区別しながら，サービスのロジックをグッズ・マーケティングに適用しようとしている。S-Dロジックとは違って，Sロジックはマネジリアル，ミクロ・レベルの議論である。Grönroos [2006] によれば，Sロジックはサービスだけでなく，グッズ・マーケティングの殆どのケースを説明できるという（p.317）。本章は，SロジックとS-Dロジックの比較に焦点を置かず，その代わりに，サービスのロジックがどのようにグッズ文脈に適合するかという視点で，Sロジックの基本的な主張をレビューする。その上で，Sロジックの視点に基づいて，S-Dロジックを含め，これまでの価値共創研究で見落としてきた点について考察する。Sロジックには，価値共創を軸とした新しいマーケティング研究の枠組みを提示することが期待できる。

第2節　サービスとグッズの捉え方

1．サービスの捉え方

Sロジックでは，サービスは「顧客のプロセスにおいて価値を創造したり，出現させたりするために，企業の一連の資源が顧客と相互作用するプロセス」（Grönroos [2006] p.324）として定義されている。このサービスの定義は，北欧学派のサービス・マーケティングと関係性マーケティングのサービスの捉え方と整合的である。

北欧学派のサービス・マーケティングでは，価値は顧客が使用を通じて決定されると主張し，「顧客の問題解決を目指すもの」（Grönroos [2000] p.46）としてサービスを捉えている。これは顧客のためにすべきことを考えた上でサービスを定義するという考え方を示している。また，北欧学派のサービス・マーケティングにおいて，サービスには，プロセスとサービス生産への顧客の参加といった2つの特徴がある（Grönroos [2006] p.319）。これらの特徴は，サービ

研究における生産と消費の関係についての特別的な視点，すなわち，生産と消費は部分的に同時進行するプロセスであるという考え方に依拠している。この考え方に基づけば，サービス・プロバイダーは部分的に顧客の消費プロセスに介入することになる（Grönroos [2006] p.319）。したがって，サービスに対するこうした捉え方は，マーケティングに消費プロセスに注目する視点を与えることになる。

　要するに，北欧学派のサービス・マーケティングにおいては，サービスは1つのプロセスであり，消費プロセスを含む顧客のプロセスを支援するものだと理解されている。

　また，サービス・マーケティングの影響を強く受けている関係性マーケティングは，企業と顧客の接点の範囲と内容の拡張に注目している。関係性マーケティングの視点において，グッズ・マーケティングの場合，「企業と顧客の接点の数は，グッズ自身を支援する際に使用される個々の特定要件を超えて存在している」(Grönroos [2006] p.326）。言い換えると，重要なのはグッズではなく，グッズを通じて行われた顧客との相互作用である。グッズ・プロバイダーは顧客と接する際に，グッズそのものだけではなく，サービス活動も提供することで，顧客のグッズの使用プロセスを支援することになる。関係性マーケティングにおいて，顧客インターフェースは企業と顧客が相互作用するプロセスである。そこで，グッズは顧客が相互作用する資源の束の1つに過ぎない（Grönroos [2006] p.326）。

　したがって，関係性マーケティングは，主として，2つの点でSロジックのサービス定義に貢献している。1つ目は，顧客接点を重視し，そこにおける企業と顧客の相互作用を強調することである。2つ目は，サービスの視点からグッズを捉えることである。

　以上の議論を踏まえ，Sロジックにおけるサービスの定義は以下のように整理することができる。価値は顧客プロセスで，創造されたり出現したりする。そこで，サービスはこの価値の創造を支援するプロセスであり，価値創造が終わるまで，サービスは作用する。サービス・プロセスにおいて，企業の資源の束と顧客が相互作用を行う。グッズは顧客と相互作用する企業の資源の束の1

つである。相互作用については，第3節で詳しくレビューする。

2. グッズの捉え方

　Grönroos [2011] は，グッズを直接的な相互作用を内実とするサービス・プロセスに埋め込まれずに提供されるグッズとサービス・プロセスに埋め込まれたグッズに分けている (p.286)。

　前者の場合は，グッズ・プロバイダーがグッズだけを提供し，顧客が自らの消費プロセスでグッズと相互作用することで価値を創造することを意味する。ここで，消費プロセスにおける顧客と企業の相互作用は間接的なものである。すなわち，グッズ・プロバイダーはグッズを販売した後に，顧客との直接的な相互作用を行わない。それゆえ，グッズの使用プロセスは企業にとって閉鎖的である。サービス・プロセスに埋め込まれずに提供されるグッズはSロジックと対峙しているグッズ・ロジック（Goods Logic: 以下，Gロジック）の対象である。なお，Gロジックについては後述する。

　次に，後者の場合は，グッズをサービス・プロセスで作用する1つの資源として捉えているため，Sロジックの対象となる。この場合，サービスとグッズの両方が顧客に提供されるため，サービス・プロバイダーとグッズ・プロバイダーに分けて理解することができる。サービス・プロバイダーの視点では，企業は顧客プロセスを支援するサービス・プロセスにおいて，顧客との相互作用をうまく実現させるにはグッズが必要とされる時に，グッズそのものを提供する。これはサービスだけに注目するサービス企業に，グッズにも目を付ける視点を与えている。一方で，グッズ・プロバイダーの視点では，企業はグッズを提供しながらサービスも提供することになる。グッズの消費使用にサービス活動を加えると，企業にとって顧客のグッズの使用プロセスが開放的になる。

　このようなグッズの捉え方は，サービスの文脈におけるグッズ像を示しており，サービスのロジックの基でグッズを説明する際の重要な見方である。

3. 消費概念の拡張

　前述したように，サービス・プロセスにおいて，生産と消費は少なくとも部分的に同時進行している。したがって，サービスの消費プロセスにおいて，サービスの共同生産と価値の共創が生まれ，企業と顧客は能動的な関係にある。言い換えると，サービスの消費プロセスで，企業と顧客の間に相互作用が行われ，このプロセスはサービス・マーケティングの対象でもある。グッズ・マーケティングに消費プロセスに注目するという考え方を提供することは，サービス・マーケティングの大きな貢献として強調されている（Grönroos [2006] p.319; [2007b] p.197）。

　サービス・マーケティングの知見をグッズ・マーケティングに適合させるために，Sロジックは消費の概念を拡張した。Grönroos [2006] によると，「拡張された消費概念において，消費には，顧客がグッズを購入した後にグッズとの相互作用だけでなく，消費と生産プロセスの中に顧客が相互作用するすべての要素の顧客認知も含まれる。このように，顧客の知覚品質に影響を与えたり，顧客の価値創造を支援する企業―顧客間の相互作用のすべての内容がマーケティングの一部になる」(p.328)。言い換えると，消費概念を拡張することによって，Sロジックは従来のマーケティングのフレームワークやモデルを超えて，マーケティングの範囲や内容を拡張することを可能にしている（Grönroos [2011] p.281）。

4. グッズ・ロジックとサービス・ロジックの対比

　Sロジックの視点において，企業のマーケティングは顧客の価値創造を支援するプロセスを促進するものである（Grönroos [2006] p.324）。ここでいう価値は顧客の使用価値である。一方で，Gロジックから見れば，マーケティングは顧客の価値創造を支援するための資源を提供することを意味している。

　Gロジックについて，Grönroos [2007b] は具体的に以下のように述べている。

「グッズが独立の存在であり，顧客はグッズの効用を引き出すために，自分のナレッジを十分に利用しなければならない。それゆえ，顧客のための価値はグッズに埋め込まれている。これは経済学から援用した伝統的な交換価値のコンセプトに沿ったものである。使用価値のコンセプトにGロジックを導入すると，グッズの消費使用は顧客の独自の価値創造として記述することができる。顧客は消費プロセスで価値を獲得するために，物質的なグッズと他の資源と結合（combine）する必要がある。サプライヤーはもはや関与することができない」(p.197)。

要するに，Sロジックの対立面にあるGロジックには2つの次元がある。すなわち，交換価値をベースにしたGロジックと使用価値をベースにしたGロジックである。そして，後者のGロジックは，「企業は資源としてのグッズを顧客が入手できるようにする」(Grönroos [2006] p.324) ことをマーケティングに求めている。使用価値ベースのGロジックを明示することは，Grönroosのオリジナリティであると考えられる。この場合，GロジックとSロジックは顧客の使用価値の創造を目標としていることで共通しているが，消費プロセスで企業が作用できるかどうかについて異なっている。Grönroos [2007b] によると，Gロジックに従えば，企業はグッズの消費或は使用プロセスに入れない，そして影響を与えることができない (p.197)。すなわち，Gロジックは，販売の後に企業が能動的に顧客の消費プロセスに入り込む可能性を想定していない。そこで，Sロジックは，サービス・マーケティングと関係性マーケティングの知見を取り入れ，プロセスと相互作用の視点からGロジックを批判している。Sロジックにおいては，企業と顧客の相互作用は消費プロセスにおいて継続し，企業が顧客の価値創造に影響する機会を有する。この認識は，伝統的なグッズ・マーケティングに新しい視点を与えている。Grönroos [2007b] が指摘しているように，「企業にとって，消費プロセスに入り込んで，顧客と相互作用する方法を開発することは重要である。それゆえ，マーケティングは販売までで終了すべきではない」(p.196)。また，彼によると，Sロジックは顧客のプロセスや日々の活動を支援することを対象としているため，企業は市場提供物の中のグッズあるいはサービスではなく，グッズとサービスが使用される

顧客の日常活動と価値生成プロセスに注目すべきである（Grönroos [2006] p.327; [2008] p.306）。言い換えると，Ｓロジックに基づけば，企業にとって，顧客の消費プロセスにおいてマーケティングを行うことが重要である。そこで，マーケティングを展開する際に，グッズとサービスの使用を超えて，もっと広い範囲で顧客を捉えるべきである。

　一方で，現実的に，グッズだけを顧客に提供している企業が多数存在している。Ｓロジックは本当にこのような伝統的なグッズ企業に適用できるかどうかと問われる。この問題について，Grönroos [2008] は次のように主張している。「企業にとって，Ｓロジックを採用するかどうかは戦略的な意思決定の問題である。顧客が価値創造プロセスとしてグッズとサービス活動を購入するとしたら，戦略としてＳロジックを採用するのは有効である。一方で，顧客がただグッズとサービス活動を資源として購入する場合，Ｇロジックの方はより合理的である」(p.310)。しかしながら，顧客の能動性が高まっているなかで，後者の状況は極めて限定的である。Grönroos [2006] によれば，この状況は「顧客インターフェースがグッズのみを含むように簡易化されたり，その中身の殆どが取り除かれたりといった極端なケースにしか現れない」(p.329)。実際には，顧客インターフェースにグッズを超えて，様々な要素が含まれるようになっていることは現実であり，競争優位を確保するために，企業はＳロジックを採用する傾向がある (Grönroos [2007b] p.198)。すなわち，グッズだけを提供する伝統的な企業が存在するとしても，顧客との接点が増加しているなかで，これらの企業は，グッズと関連するサービスの部分を無視してはいけない。この意味で，伝統的なグッズ・マーケティングには限界があり，サービスの視点にグッズを載せるＳロジックは今後のマーケティングにおいて主流となる考え方である。

　これに加え，ＳロジックがＧロジックに代わって，ドミナント・ロジックになることにもう１つの理由がある。すなわち，Grönroos [2006] が指摘しているように，たとえ前述した極端なケースであっても，「使用価値を引き出すために，顧客によって使用されるという視点からグッズを捉えるのであれば，Ｓロジックの枠のなかで消費を説明できる」(p.329)。わかりやすくいえば，顧

客に使用されるグッズは,価値創造のための資源の束であり,企業は価値創造を支援する立場で,どのような資源をグッズに埋め込むかを考えることから,Gロジックによる販売だけという事例もSロジックに含まれるというのである。

第3節　価値創造と価値共創

1.　価値創造の意味

　Sロジックにおいて,価値創造は顧客の使用価値の創造として定義されている (Grönroos [2013] p.137; [2014] p.209)。その際に価値を判断するのは顧客であるが,この点について,Grönroos [2011] は次のように述べている。「顧客は価値を決定するだけではなく,経験として,価値を認識する。相互作用は経験に影響を与え,そして,経験は相互作用から出現する価値を決定し,将来のサービス経験に影響を及ぼすことができる」(p.295)。この意味からも,顧客の消費プロセスでマーケティング活動を行う際に,グッズとサービス活動だけでなく,顧客の日常生活に注目する必要がある。

　価値創造は,顧客と企業が共同に行うことができるのであれば,企業プロセスに顧客が参加することも価値創造になるか,という問題が浮かび上がる。これは価値創造ないし後述する価値共創に対する最も誤解されやすいところである。この問題に対する Grönroos の主張は次のように要約できる。「ロジック的には,使用価値は使用プロセスで創造される(あるいは出現する)まで存在しない」(Grönroos [2013] p.136)。したがって,「価値創造は消費プロセスで発生しており」(Grönroos and Ravald [2011] p.8),「顧客が資源の使用の中から価値を抽出する顧客のプロセスである」(Grönroos [2014] p.209)。また,「資源のデザイン,開発,製造などの企業の生産プロセスは価値創造の一部分ではない」(Grönroos [2006] p.323)。

ここで，1つ留意すべきことがある。Sロジックには「価値創造」という用語が使われているが，価値が常に創造されるわけではないとGrönroosは強調している。彼はプラクティス理論（Korkman [2006]）とカスタマー・ドミナント・ロジック（Customer Dominant Logic）（Heinonen et al. [2010]）の見解に賛同して，先に述べたように，「創造（creat）」より「出現（emerge）」の方がもっと適切であると主張している（Grönroos and Ravald [2011] p.8; Grönroos [2011] p.282; [2014] p.216）。前者は顧客が意識的に，能動的に価値の生成に関わることを意味している。一方で，後者には前者の状況があると同時に，顧客が意識していない，コントロールできない状態で価値の生成に関与することも含まれる。

　第2節でレビューしたように，Sロジックによれば，企業は顧客の価値創造を支援するプロセスを促進するものとなる（Grönroos [2006] p.324）。また，Grönroos [2011] によると，ビジネスの基本は，顧客によって創造される価値により，企業が財務的価値を獲得することができるということである。すなわち，顧客の価値創造が目標であり，二次的な結果として企業が利益を獲得する。Sロジックにとって，価値創造の重要性はこのことに集約できる。この点について，Grönroos [2013] は，「顧客の価値創造プロセスは，企業の活動に続いて行うものではない」（p.136）と指摘している。この指摘は，企業が顧客の価値創造プロセスを支援するために，顧客のプロセスを起点にして行動する必要があると意味すると考えられる。価値創造の舞台は消費プロセスにあり，企業にとって，元々閉鎖している顧客の消費プロセスで顧客を支援することを可能にするのは，企業と顧客の相互作用である。

2. 相互作用

　相互作用はサービス・マーケティングと関係性マーケティングの重要なコンセプトであり，主体間関係を表している。Sロジックは，相互作用を直接的な相互作用と間接的な相互作用に二分している。ここで，企業は2つの相互作用を通じてどのように顧客の価値創造に影響するかについて議論する。

Grönroosによると，直接的な相互作用は，顧客と企業の資源（ヒト，システム，サービス・スケープ）が能動的，経時的な協働且つ対話的プロセスと関連する。サービスの場合，直接的な相互作用は生産と消費が同時進行しているプロセスで行われており，顧客の価値創造の一部になる。

顧客の価値創造に影響するという視点から見れば，サービス企業は，顧客と直接的な相互作用を行うことで価値創造に参加し，直接的に顧客の価値創造に影響する。グッズ企業の場合，Grönroos [2007b] が示しているように，販売した後に顧客の消費プロセスで相互作用するための接点を作ることで，顧客の消費プロセスに影響することができる (p.198)。すなわち，グッズ企業もサービス企業のように，直接的に顧客の価値創造に影響することができる。また，直接的な相互作用には，主体双方の能動性，双方向のやり取りが強調されている。したがって，アフターサービス，コールセンターなど，あくまでも企業が受動的・対症療法的に行う活動は，顧客との直接的な相互作用にならないと考えられる。

また，Grönroos [2014] によると，間接的な相互作用は，顧客が企業プロセスのアウトプット（企業が提供したグッズなど）としての資源を使用或は消費する状況と関わっている。この場合，顧客はこのような企業の資源と相互作用する (p.209)。間接的な相互作用はグッズの特徴に沿ったものであり，サービスの場合，直接的な相互作用が終わった後に，顧客がサービス・プロセスの資源或は産出物と相互作用することになる。それに加え，Grönroos [2013] によると，間接的な相互作用はまた，直接的な相互作用の前に発生する場合がある（例えば，顧客は事前に旅行会社のパンフレットを読んでおくこと）(p.142)。Sロジックに基づいて，企業は顧客の価値創造を支援することを目的にして，間接的な相互作用を通じて価値創造に影響することができる。しかしながら，これを実現するには，間接的な相互作用が直接的な相互作用とセットに行われなけらばならない。単に間接的な相互作用であれば，Gロジックの議論になるからである。

要するに，Sロジックにおいて，価値は顧客が使用を通じて創造するものであり，価値創造は相互作用的な使用プロセスで発生する（Grönroos and

Ravald [2011] p.8)。そもそも直接的な相互作用と間接的な相互作用はそれぞれサービスとグッズの特徴を表している。Sロジックは，グッズ企業に直接的な相互作用，そして，サービス企業に間接的な相互作用の視点を提示している。すなわち，サービス・プロセスの産出物は顧客と間接的な相互作用することができる。サービス企業にとって，このことを意識しながら，サービスを提供する必要がある。このような視点を提示することで，企業が顧客の価値創造に与える影響を明らかにすることができる。それに加え，直接的な相互作用は，閉鎖している顧客の消費プロセスに能動的に入り込むことを企業に考えさせるものである。ロジック的に，企業は顧客と直接的相互作用を行うことで，顧客と共同に価値を創造することができる。

3. 価値共創

GrönroosはSロジックの用語集で，共創と価値共創について次のように整理している。「共創（co-creation）は，2つあるいは2つ以上の行為者が直接的な相互作用プロセスで一緒に何かを創造するプロセスであり，そこで，行為者達のプロセスが1つの協働的，対話的なプロセスに融合する」（Grönroos [2014] p.209）。また，「価値共創（value co-creation）は，共創プラットフォームで発生するジョイント・プロセスである。このプロセスには，例えば，サービス・プロバイダーと顧客が含まれる場合，サービス・プロバイダーのサービス（グッズ）・プロセスと顧客の消費と価値創造プロセスが1つの直接的な相互作用プロセスに融合する。サービス・プロバイダーは，ジョイント共創的な行動を通じて顧客の価値創造に入り込んで，顧客の使用価値の創造に影響を与えることができる」（Grönroos [2014] p.210）。

以上の記述からみると，共創は直接的な相互作用の結果であり，そこに使用価値のコンセプトを加えると，価値共創の議論になる。Grönroosは直接的な相互作用を共創ないし価値共創の前提条件として捉えている。彼によると，価値共創は，企業と顧客の間の直接的な相互作用が発生する場合にしか起こらないのであり，直接的な相互作用がないと，価値共創が不可能である（Grönroos and Ravald [2011] p.12; Grönroos [2013] p.142 ; [2011] p.290; [2013] p.141)。

　一方で，単に直接的な相互作用があるからといって，顧客の価値創造プロセスに企業が関与しているということを意味しない。相互作用は価値共創のためのプラットフォームを提供しているだけである（Grönroos [2011] p.290）。企業はこのプラットフォームを使って，顧客の価値創造プロセスに入り込んで，顧客と価値共創する機会を獲得できる（Grönroos [2013] p.142）。この意味で，直接的な相互作用は価値共創の前提条件であるが，唯一の条件ではない。このことについて，Grönroos はサービスの特徴と関連づけて，次のように議論している。直接的な相互作用は顧客の価値創造にポジティブやネガティブの影響を与えることができる。そして，影響しない場合もある。企業と顧客の直接的な相互作用には，常に価値破壊の危険性を伴っている（Grönroos [2011] p.290; [2013] p.141)。価値破壊というのは，顧客の価値創造を中断させることである。この場合，価値共創が不可能である。言い換えると，価値共創のもう１つの条件は，企業が顧客の価値創造プロセスをスムーズに遂行させ，確実に影響を与えることである。

　使用価値が顧客の使用を通じて創造されるものである限り，価値共創は消費プロセスでないと発生できない。このことは，Grönroos [2014] の価値共創に関する記述にも暗示されている。生産と消費が同時進行しているサービスの場合，企業と顧客の直接的な相互作用は自然に顧客の消費プロセスの一部となる。一方で，グッズ企業の場合について，Grönroos は詳しく議論していない。Ｓロジックの出発点はサービスのロジックをグッズに適合することであるため，グッズの場合，サービスと同じようなことが起こると Grönroos が暗黙的に認識しているかもしれない。

　整理してみると，価値共創の舞台は顧客の価値創造プロセスにあり，そこで，企業と顧客の直接的な相互作用が行われる。企業にとって，価値共創の実現には，直接的な相互作用と顧客の消費プロセスに影響を与えるといった２つの条件があると結論づけられる。「顧客は常に価値の共創者である」（Vargo and Lusch [2006] p.44）という S-D ロジックの主張とは違い，Ｓロジックは，顧客は常に価値の創造者であり，特定の状況において，価値の共創者であると強

調している (Grönroos [2011] p.293)。ここでいう「特定の状況」は，まさに前述した2つの条件のことである。

4. 価値創造プロセスにおける3つの価値領域

Sロジックにおいて，価値創造プロセス（複数の行為者の活動を含み，最終的に顧客のための価値を導くプロセス）には，プロバイダー領域，ジョイント領域，そして，顧客領域といった3つの価値領域がある (Grönroos [2013] p.140; [2014] p.208)。図表5-1はこの3つの価値領域，そして，それぞれの領域における企業と顧客の役割を示している。

図表5-1には，生産の視点と価値創造の視点といった2つの視点が含まれている。この中の価値創造の視点は，Sロジックの基盤である。Grönroos [2011]; [2013]; [2014] はこの3つ価値領域について，次のように議論している。

プロバイダー領域において，企業は顧客の価値創造に使われる資源を生産し，これによって，顧客の価値創造を促進する。企業はプロバイダー領域をコントロールし，顧客の価値創造の促進者として活動する。

ジョイント領域では，企業と顧客が直接的な相互作用を行う。ここで，企業

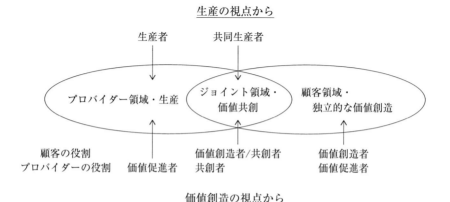

図表5-1　価値創造領域

出所：Grönroos [2013] p.141.

と顧客は同じ目標に向かって，自らの活動を調整し，お互いのプロセスに影響を与える。このようなジョイント領域は，顧客の価値創造の一部であり，顧客によってコントロールされる。そのため，顧客のプラクティス，そして，顧客が相互作用の中でいかに資源，プロセス，産出物を結合するかを理解することで，企業は価値促進者から価値共創者にシフトする。この場合，企業と顧客はともに価値の共創者である。また，企業は顧客と直接的な相互作用の接点を作ることで，ジョイント領域を広げることができる（Grönroos and Ravald [2011] p.11; Grönroos [2011] p.290; [2013] pp.141-142; [2014] p.280）。

　顧客領域において，顧客は単独で価値を創造する価値の創造者である。このプロセスは企業にとって閉鎖的であり，顧客がただ企業から獲得した資源と相互作用，いわゆる間接的な相互作用を行う。それゆえ，企業は受動的役割しか果たさない（Grönroos [2013] p.142）。

　価値領域を区分することで，Sロジックのいう価値創造，相互作用，価値共創の関係が明らかにされる。すなわち，価値創造には，顧客が単独で行う場合と，直接的な相互作用を通じて，他の行為者と共同で行う場合がある。前者は図表5-1の示している顧客領域において行われる。また，後者は価値共創と呼ばれ，ジョイント領域で発生する。顧客領域とジョイント領域を合せるプロセスは顧客の価値創造プロセスである。基本的には，生産と価値創造が明確に区別されている。企業は生産プロセス（プロバイダー領域）を担当し，顧客は価値創造プロセス（顧客領域）を担当する。顧客の価値創造を起点にして，企業が価値創造プロセスに入り込んで，顧客と直接的に相互作用する場合に，ジョイント領域が出現する。そこで，企業と顧客の価値共創が行われる。顧客の単独の価値創造プロセスについては，企業が直接的に関与することができないが，ジョイント領域で行われる直接的な相互作用が，それに影響することができる。

第4節 考　　察

1. 価値共創概念の精緻化―グッズの取り込み

　Sロジックはサービスのロジックをグッズに適用することで，グッズ・マーケティングに消費プロセスに入り込むなどのサービスの視点を提示している。その1つの結論は，グッズがもはや単独的に提供されるのではなく，企業によるマーケティング展開の中で，サービスと一緒に顧客に提供するようになることである。そして，こうした視点から，製造業者をサービス企業として捉え，サービス企業が展開するマーケティングをそのまま製造業者に適用している。

　元来，製造業者にとって，中心となるグッズは，Sロジックの視点において，サービス・プロセスに使用される1つの資源に過ぎず，サービスに附随する存在となる。価値共創は顧客の価値創造プロセスの一部であり，企業のサービス・プロセスで行われる。製造業者が顧客との価値共創を実現する唯一の方法は，グッズをサービス・プロセスに組み込んで提供することである。企業と顧客の関係はサービスから始まり，グッズを含む様々な資源の効果によって強固される。したがって，製造業者は価値共創を考える際に，どのように顧客とサービスの関係を作り，サービス・プロセスを遂行させるか，どのようにサービス・プロセスに上手くグッズを組み込むかといった課題が具体化される。

　Sロジックはこのような考え方を示している一方，サービスを中心にした議論であるため，価値共創にグッズがどのように効果を発揮するかについて，具体的に議論はしていない。しかしながら，このことこそは，製造業者が価値共創の展開にあたって一番重要な課題であろう。

2. マーケティングに対するインプリケーション

　価値創造の視点を導入したことは，Ｓロジックがマーケティングに与える大きなインプリケーションであると考えられる。これはマーケティングの目標を明確に示している。この意味で，Ｓロジックを導入する企業にとって，マーケティングの起点は顧客の価値創造にある。したがって，企業はいつ，どのように，顧客の価値創造を支援するかという視点から，企業のすべてのマーケティング活動を識別することができると考えられる。特に，生産と消費が同時進行していないグッズ・マーケティングに，実践レベルでマーケティングの展開に重要な視点を与えている。

　また，Ｓロジックは，顧客の価値創造の一部，すなわち，企業が関与できる部分として価値共創を捉えている。Ｓロジックに基づけば，価値共創は企業のマーケティング活動によって実現される。そこにおいて，企業と顧客の直接的な相互作用は価値共創が実現できるかどうかの鍵要素となり，顧客との接点を作ること，そして，マネジメントすることが重要となる。一方で，顧客の消費プロセスに企業が直接的に入れない（顧客独自の価値創造プロセス）としても，直接的な相互作用を通じてそこに影響できると意識すべきだと示している。

　Ｓロジックにおける価値共創の捉え方は，S-Dロジックの「比喩的な捉え方」(Grönroos and Ravald [2011] p.6; Grönroos [2011] p.280; [2014] pp.212-215) より，実践的にも，理論的にもマーケティングとのつながりが強い。Ｓロジックは，実践的に，企業に顧客との価値共創を実現する具体的なマーケティングを考えさせる。また，理論的に，Ｓロジックは企業と顧客の価値共創を企業が実際に行うマーケティング活動に関連づけ，実証分析に落とすための理論枠組みを示している。

第5節　おわりに

　本章は，サービスの文脈がどのようにグッズに適合するかという視点から，Sロジックの基本的な主張をレビューした。そして，Sロジックの考え方に基づいて，価値共創におけるグッズの位置付けを考察し，Sロジックがマーケティングに与えるインプリケーションを明らかにした。Sロジックは，単なるサービスのロジックをグッズにうまく適合するだけではなく，マーケティングの方向性，すなわち，顧客の価値創造を起点とすることを示している。その基で，Sロジックは企業のマーケティング活動，さらに価値共創のためのマーケティング活動を識別する視点を与えている。マーケティングの視点から価値共創を議論することは，S-Dロジック議論の不足点を補完していることがSロジックのインプリケーションとして評価されるべきである。

　一方で，Sロジックの視点で，製造業者などグッズを取り扱う企業はどのようなマーケティング活動を展開しているかについて，具体的な状況に落として分析する必要がある。また，Sロジックは，マーケティングの成果，プロセス，および共創のメカニズムについての議論が不十分である点も指摘できる。

（張　　婧）

第6章

消費者行動論と購買・消費行動

第1節　はじめに

　消費者行動研究においては伝統的に，環境の中で4Psに代表されるマーケティング刺激を受けた消費者が，個人特性との関わりの中で，個人の内的過程で複雑な意思決定が段階的に行われ，その結果として購買行動に至る，というモデルが想定されてきた。ここで購買行動は企業，製品，ブランド，購買先などを「選択」する活動として捉えられ，消費者行動研究の焦点は選択する消費者の意思決定の構造や機能の解明に向けられていたといえる。

　しかし，消費者の行動の実態に即してみれば，選択で消費活動は終わらない。選択・購買された財が耐久消費財であれば，処分・廃棄されるまでの一定期間は使用され続ける。その間に製品使用が消費者にもたらす効用の中には，経済的なベネフィットだけでは説明できない側面が存在する[1]。1980年代になると，こうした側面を経験の観点から捉えたり，伝統的な消費者研究とは異なるアプローチで購買以降の段階を解明しようとする研究が登場した。さらに今世紀に入り，消費の使用過程に注目する価値共創のパースペクティブが登場しマーケティング学のパラダイムシフトを引き起こしている。

　本章では，消費者行動論の観点から購買行動，消費行動をどのように捉えた

らよいのかを検討する。そのために，次節では購買行動と消費行動についての過去の研究を紹介する。第3節では，消費者行動研究の主要パラダイムと購買後の段階の扱いについて検討する。第4節では，解釈アプローチによる消費経験における消費者価値を論じる。第5節では，解釈アプローチからCCTへの展開を説明し，さらに価値共創への接近を解説する。

第2節　消費者の購買行動と消費行動

1. 購買行動と消費行動

　消費者行動は，「商品の必要性を認知してからその商品を購買するまでのプロセス」と「購買をした商品を使用してから廃棄するまでのプロセス」という「購買行動」と「消費行動」からなっている。多くの消費者行動論のテキストにおいて，この区分が用いられている。ここで「購買行動」は問題の認識・情報探索・代替案の評価などの情報処理のプロセスを経て購買，具体的には製品クラスの選択，店舗選択，ブランド選択，モデル選択，数量や頻度の決定，に至るステップと説明される（井上 [2012]）。

　一方，「消費行動」は購買後の商品の使用方法や保管，リサイクル，廃棄などのプロセスを含む過程と説明されることが多い（杉本 [2012]）。

　マーケティング研究における初期の消費者行動研究においては，もっぱら購買時点での生産者と消費者の交換に関心がおかれていた（Solomon [2006]）。また，消費よりも購買に，プロダクトの使用よりもブランド選択に関心が当てられていた（Holbrook and Hirschman [1982]）。

　これは，当時の消費者行動研究が実務家のマネジリアルな要請に応えようとしていたことが背景にある。例えば，マーケット・セグメンテーションにおいて，当初は主要な細分化基準としてデモグラフィックスが使用されていたが，より精緻なセグメントの把握のために消費者行動研究者は1950年代のモチベ

ーション・リサーチや60年代のパーソナリティ研究に由来するサイコグラフィックスの導入によるライフスタイル研究を盛んに行った（Tadajewski [2006]）。

井上 [2012] は，従来の消費者行動研究の持つ限界あるいは問題点として6点を指摘する（65頁）。

①購買行動と消費行動を区分していない，②暗黙裏に購買行動に力点を置いている，③購買行動を経済行動として把握している，④問題認識あるいは情報の入手から購買に至るまでのプロセスに力点を置いている，⑤購買後の消費活動そのものには力点が置かれていない，⑥結果として消費行動の意味についての研究が不十分である。井上はさらに，マーケティング活動における生涯シェア，顧客価値，経験価値などの重要性の観点から，購買後の研究の重要性が浮かび上がると指摘している。

ここでアメリカ・マーケティング協会（以下，AMA）による，消費者行動の公式な定義を見ることにする。

AMAは「消費者行動とは，人類の生活する際の交換の側面に関係する，感情，認知，行動，環境のダイナミックな相互作用」と定義している。この表現が抽象的な理由として清水 [1999] は，消費者行動の研究範囲の広さと，消費者の内面と外面の相互作用を重視している点に起因すると指摘している（3頁）。

この他に消費者行動研究では，一般に製品やサービスの市場における消費者や意思決定者の行動と捉えられている。

Holbrook [1987] はAMAの定義とは異なる観点から消費者行動研究の定義を提案し，研究対象が消費プロセス全般にわたっていることを強調する。すなわち，①消費者研究とは消費者行動を研究することである，②消費者行動は消費を伴う行動である，③消費は製品の獲得，使用，処分が含まれる，④製品とは，グッズ，サービス，アイデア，イベントの他に潜在的に価値を提供するものとして獲得され，使用され，処分されるすべてのものである，⑤価値とは，目標の達成，ニーズの充足，欲求が満たされるときに生命体（living organization: 生きている有機体）にもたらされる一種の経験である，⑥そのような目標達成，ニーズの充足，欲求の満足がなされたときに成就（consummation）

に到達する。逆に言うと目標達成，ニーズの充足，欲求充足がなされなかった場合には成就が妨げられる，⑦それゆえに成就の過程（成就へ到達できない可能性も含む）が消費者研究の根本的な課題となる。

　この定義は消費者の獲得過程以降の使用行動に注目し，さらに「成就」（comsummation: 維持・収集・所有・廃棄までの行動）まで視野を拡げている点で，示唆に富んでいる（Holbrook [1987] p.128）。

2. 消費者行動研究における消費プロセスの焦点

　Wells [1993] は消費者行動研究が従来，どのような消費過程に焦点を当ててきたか，またどのような財を研究対象にしてきたかを検証した。Wells は Arndt [1976] の図式に従って消費者の行動プロセスを問題認知，情報探索，購買，消費，消費後の5段階に区分し，研究対象となる財を4レベルに分けて，*Journal of Consumer Research* 誌と *Advances in Consumer Research* 誌に掲載された文献のレビューを行った[2]。彼の表現によれば，消費者行動は購買決定の先行要因から始まり，消費の結果による地球環境への影響までつながっている。また，消費者選択は，人生を変えてしまうおそれのあるような重要な財の選択からチューインガムのブランド選択まで研究分野の広がりがある。分析の結果，図中の左下の領域の研究が多いこと，すなわち購買に先行する認知段階や情報探索段階における，重要性の低いブランド選択や，ジェネリックな製品・サービスに焦点を当てた研究に偏重していることが明らかになった。この領域は，消費者の情報処理アプローチの研究に重なることがわかる。

　消費者行動をより深く探求するには，あまり研究が行われていない図中のより右上方の領域，すなわち戦略的アイテムや大きな家計支出について消費・消費後の段階に注目した研究が必要であると Wells は指摘する[3]。

　こうした交換や購買活動から，購買後の使用を含めた消費プロセスに研究の焦点を拡大すべきという主張は，実は古くから存在していた。例えば Alderson [1957] の購買意思決定は消費経験に依存しているという指摘がそうである。また1960年代末のマーケティング・コンセプトの拡張も同様である。

図表 6-1 消費者行動研究の領域*

	問題認知	情報探索 (内部・外部)	購　買	消　費	消費後の活動
人生に関わる戦略的アイテム					
中心的予算配分					
ジェネリックな製品・サービス					
バリアント：ブランド選択					

出所：Wells [1993] p.491 および Arndt [1976] p.215 に加筆修正。
＊Wells 論文における本図表の原題は"ARNDT'S DIAGRAM"である。

Kotler and Levy [1969] によるマーケティング・コンセプトの拡張の提唱は，その後の消費者行動研究，とりわけ 1980 年代の解釈アプローチの研究者に大きな影響を与えた（桑原・日経産業消費研究所編 [1999]）。

影響の 1 つは，製品概念の拡張に伴う研究対象となる財の範囲が広がったことである。旧来の研究対象はスーパーマーケット・アイテム，パッケージ・グッズ，自動車，家電品といった製品が中心であったが，他のインタンジブルなグッズやサービス，アイデア，イベントなどの使用経験へと広がりを見せた。(Holbrook and Hirschman [1982])。また Jacoby [1978] は消費者研究が消費全体の製品の獲得，使用，廃棄プロセスに注目する必要を提起した。

さらに，1970 年代のソーシャル・マーケティングの議論も購買後の使用を含めた消費プロセスに注目している。村松 [2009] は，レーザー＝ケリー流のソーシャル・マーケティングが購買段階から購買後の消費使用段階および廃棄段階に目を向けたマーケティングを想定していたことを指摘している。消費者行為の全域にわたってマーケティング配慮を行き届かせ，購買者としてだけでなく，消費・使用者，廃棄者として消費者を捉えることには大きな意義があった。そして価値そのものが発現するのは，消費・使用段階であると強調する

(120-121頁)。ソーシャル・マーケティングのこの議論は，現在エコロジカル・マーケティングの領域に継承されている。

第3節　消費者行動研究の主要パラダイムと消費時点の注目

本節ではマーケティング研究における消費者行動論の主要なパラダイムを概観し，それぞれが注目している消費時点を明らかにする。

消費者行動論の主要な研究アプローチとして Mowen [1988] は行動影響，意思決定，経験主義の3つのアプローチをあげている。阿部 [2001] は，行動修正アプローチ，情報処理アプローチ，解釈アプローチの3つをあげ，松井 [2004] は刺激—反応アプローチ，情報処理アプローチ，解釈アプローチに分類をしている。それぞれに多少の差異はあるが，この3つの研究アプローチが消費者行動研究の代表的なパラダイム（リサーチ・プログラム）と見なして差し支えないであろう。

1. 行動修正アプローチと情報処理アプローチ

1960年代に登場した行動修正アプローチは，当時の心理学の主要パラダイムであった行動主義心理学（後に新行動主義心理学）を基盤におく研究である。消費者を取り巻く環境要因からの刺激：S（広告やプロモーション活動など）をコントロールすることで，消費者が内的過程：O を経てどのような反応：R を示すか，に注目するモデルである。このアプローチが想定するのは刺激（インプット）に対して一定の反応（アウトプット）を示す受動的な人間モデルである。Nicosia モデル，EKB モデル，Howard-Sheth モデルなどの包括的意思決定モデルが提案された。その後，80年代には後述する情報処理アプローチの影響を受け，また社会心理学的変数を導入した ELM モデルへと進展した。包括的意思決定モデルのアウトプットの中心は消費時点でいえば「購買」である。しかし，購買後のプロセスについても言及はなされている。

Nicosia モデルでは，購買行動の後の消費と貯蔵の経験の蓄積が消費者の先有傾向や態度に影響を与えるとされている。また Howard-Sheth モデルや EKB モデルでは，購買後の「満足」がインプットやブラックボックスにフィードバックされるとモデル上に位置づけされている（清水 [1999] 24-25 頁）。

1970 年代には，多属性態度モデルに関する研究が心理学の態度理論の影響下で活発になる。さらに心理学の分野で新たな主要パラダイムとなった認知心理学の影響を受け，情報処理アプローチが 80 年代に登場し，多属性態度モデルを包摂しながら拡大した。行動修正アプローチとは異なり，問題解決のために自発的に情報を収集・処理し，効用を最大にする製品選択を行う主体的な消費者像を想定するもので，Bettman モデルが代表的である。今日の消費者行動研究の主流をなすアプローチであり，阿部 [2001] は，消費者行動論は経験主義に基づく科学として成立し，その中心に情報処理アプローチがあるとし，消費者の購買行動，選択行動に限定したときにその有効性は顕著であると指摘している（9 頁）。

このアプローチは製品購買およびブランド選択の時点に焦点を当てている。選択—購買後のプロセスについては，「消費者満足」の概念で次回の購買を予測しようとする。しかし，前述の行動修正アプローチの包括的モデルと同様，購買後の消費プロセス，すなわち使用行動の段階は重視されているとはいえない。

2. 解釈アプローチ

1980 年代に入ると従来の 2 つのアプローチへの批判として解釈アプローチが登場する[4]。従来のアプローチが合理的な製品（ブランド）選択を予測し，説明することを目的としているのに対し，解釈アプローチは消費の意味を解釈＝理解することに力点を置く。したがって，獲得（選択・購買）過程だけではなく，消費における使用行動や，さらに「成就」まで視野を拡げる。この意味で解釈アプローチは消費経験論とも称される。また消費がもたらす楽しみ（快楽消費）や，商品に付与された意味（象徴性）についても注目する。解釈に際

しては，観察やインタビューなど質的研究法が用いられ量的データは重視されない。データの解釈には社会学や文化人類学など多様な枠組みが用いられる。研究のテーマ，対象，方法は極めて多様であるため，このアプローチに代表的なモデルはない。

　解釈アプローチの仮説の主観性や「解釈」がテストされないという方法論上の問題が厳しく批判されながらも，主要パラダイムである情報処理アプローチと共存する形で研究が蓄積されているのが現状である（松尾[2005]）。このアプローチの特徴は，財の所有がもたらす影響や購買後の消費プロセスを理解・解釈することを第一義とし，実務的インプリケーションを志向しない研究の方向があり得ることを示したことにある。また，お互いに研究テーマの多様性やアプローチの違いに許容的であるため，多様な研究が産出される状況が続いていたが[5]，Arnould and Thompson [2005] が研究の方向性を包括的に評価する消費文化論（Consumer Culture Theory：以下，CCT）を提案し，このアプローチを採用する多数の研究者がCCT学会に参加している（第5節参照）。

　以上，代表的な3つのアプローチを紹介した。ここで行動修正アプローチと情報処理アプローチにおける消費時点の関心は「購買」段階にあること，購買後の使用を含めた消費プロセスに焦点を当てているのは（方法論上の疑義が提示されながらも），解釈アプローチであることが理解された。

第4節　消費経験における「価値」

　では消費における獲得過程以降の使用行動に注目し，さらに「成就」まで視野を拡げる解釈アプローチは，消費者の価値が使用行動においてどのように発現すると捉えているのであろうか。

　解釈アプローチを代表する研究者のHolbrook [1999] は，消費者の価値は消費経験の中に存在し，人々が欲しているのはモノではなく，モノを通じて満足する経験であると指摘している。Holbrookは，消費者価値は，相互作用的，相対的，選好性，経験という4つの特質を持つと指摘する。これらはお互いに

排他的で独立した性格ではなく，密接に関連し合っている。

特に4点目の「経験」についてHolbrookは次のように強調する。消費者価値は購入した製品の中や，選択したブランドの中，所有したモノの中にあるのではなく，「消費経験」から引き出される。人が欲しているのはモノではなくモノを通じて満足する経験である。すべてのプロダクツはその能力の中でニーズやウォンツを満足させる経験を創りだすサービスを提供する。この意味ですべてのマーケティングは「サービスのマーケティング」である（pp.8-9）。

1. 価値の3次元

さらに，Holbrookは消費者価値を次の3次元からなるフレームワークを用いて分類をしている。

(1) 付帯的価値と本質的価値（Extrinsic vs. Intrinsic value）

対極にあるこの2つの価値は「手段」と「目的」と言い換えることができる。付帯的価値とは，何かの目的やねらい，ゴールを達成するための手段に与えられる評価である。例えば，金槌，ドリル，ドライバーはそれ自体に価値はなく，釘を打つ，穴を開ける，ねじを回すといった道具としての役割を果たす力に価値がある。現金も同様である。一方本質的価値とは，消費経験そのものが目的となる時に発生する。ビーチで過ごす一日や好きな音楽を聴くことは，それ自体が楽しい経験である。消費経験だけが本質的価値を与えることができる。

(2) 自己志向価値と他者志向価値（Self-oriented vs. Other-oriented value）

自己志向価値とは，消費の目的が自分自身に向けられる際に生じる価値である。保温のために暖かいセーターを着ることや仕事のために自分のPCを使うことは自己志向の価値である。他方，他者志向価値とは，自分以外の他者または人間以外の何かに向けられた消費がもたらす価値である。隣人に見せつけるために高級車に乗るのも，地球のためにイオン層を破壊するフロン入りのスプ

レーを使わないのも他者志向価値である。

(3) 能動的価値と受動的価値（Active vs. Reactive value）

主体が有形，無形のモノやサービス（客体）に物理的，精神的な操作ができるときに価値は能動的になり，逆に財が消費者に影響を及ぼすときに価値は受動的になる。クルマの運転は主体であるドライバーが客体であるクルマに働きかけを行って能動的な価値を生じさせている。他方で，絵画に感動をするのは受動的価値である。

2. 価値の類型化

図表6-2は消費経験における消費者価値の8類型を示している。8つのセルは効率性（efficiency）と卓越性（exellence），ステイタス（status）と尊敬（esteem），遊び（play）と審美（aesthetic），倫理性（ethics）とスピリチャリティ（spirituality）とネーミングされている。消費の場面ではこれらの価値は単独ではなく，状況に応じて複数の価値が志向される。以下，これらの価値を簡単に説明するとともに，Richins [1999] がより経験的に実証可能にできるように操作的定義をした説明を加える。

「効率性」は入力／出力比率（I/O）や便利さなどの価値で，消費者の功利主義や自由と独立の志向性で測定できる。「卓越性」は品質や性能の価値である。経済的価値や安全性への志向性がこの価値を表している。

「ステイタス」は成功や印象をよくすることを表し，消費者の外見の良さや対人的な結合への欲求の強さとして表出する。「尊敬」は世間の評判や実利，財産を意味し，自尊心の高揚や高い地位，自己やアイデンティティの表出につながっている。

「遊び」は楽しみ（fun）への価値であり，個人の成長への欲求と結びつくものという。「審美」は美しさへの価値で，快適さや平和，美しい外観への希求として把握できる。

「倫理性」は美徳，正義，道徳への価値であり，他者を援助し喜んでもらう

図表 6-2 消費経験における消費者価値の類型

		付帯的価値	本質的価値
自己志向価値	能動的価値	効率性 (I/O, 便利さ)	遊 び (楽しみ)
	受動的価値	卓越性 (品質)	審 美 (美しさ)
他者志向価値	能動的価値	ステイタス (成功, 印象操作)	倫理性 (美徳, 正義, 道徳)
	受動的価値	尊 敬 (世評, 実利, 財産)	スピリチャリティ (信頼, 歓喜, 神聖, 魔法)

出所：Holbrook [1999] p.12 および Richins [1999] p.87.

ことへの指向性として理解することができる。「スピリチャリティ」は信頼（faith），歓喜，神聖，魔法（magic）などの価値を表し，スピリチャリティへの指向性によって把握できる。

以上，消費の場面で出現し，知覚される価値を類型化した Holbrook の試みを概観した。価値という抽象的な概念を目的対手段，自己志向対他者志向，能動対受動という対立項を用いて 8 パターンに類型化することができた。この価値は消費の文脈によって多様な組み合わせをすることが示唆される。Holbrook の価値の類型化は，顧客価値研究において提示された様々なモデルとの比較において，最も包括的なモデルであると評価されている（Fernandez and Iniesta [2007]）。

第5節　解釈アプローチから CCT, 価値共創へ

Arnould and Thompson [2005] は解釈アプローチの研究目的，分析方法，実務への貢献の3点に関して大きな誤解が抱かれていることを指摘した。彼らは過去20年間に発表された解釈アプローチの消費者行動研究論文を分析し，そこから帰納的に抽出した4領域のリサーチ・プログラムを提示した。従来の

「相対主義，ポスト実証主義，解釈主義，人文主義，ポストモダン消費者研究」などと呼ばれていた解釈アプローチの研究に対して CCT という名称を使うことを提案した。新たに CCT と呼称したのは旧来の名称が情報処理アプローチとの断絶を過度に強調するためだからという。このプログラムが研究対象とするのは，獲得，消費，所有，廃棄の過程を横断する消費のプロセスである。

　第一の領域は消費者のアイデンティティに関する研究プログラムである。企業と消費者が同等の地位で，多様化し，断片化された感のある消費者の自己（self）を共同で再構築・再生産する方法を探る。第二の領域は市場文化の研究プログラムである。以前は，消費者は文化の影響を一方的に受ける存在と捉えられていたが，CCT では消費者を文化の生産者と捉え，サブカルチャーの形成との関係を明らかにする。第三の領域は消費の歴史社会的構造の研究プログラムである。消費に影響を及ぼす階層やコミュニティ，エスニシティ，ジェンダーなどの社会制度や社会構造を検討し，消費社会の成立や維持について検討する。また消費者を社会的役割を演じるものと捉える。第四の領域はマスメディアを媒介とした市場のイデオロギーと消費者解釈に関する研究プログラムである。このプログラムでは，マスメディアを通じて社会的な利害が再生産されるメカニズムとその市場のイデオロギーから意図的に逸脱をはかろうとする消費者の解釈を問題にする（Arnould and Thompson [2005] pp.868-882）。

　4つのプロジェクトは，いずれも消費者の積極的な生産の側面への関与を対象としている（吉田・水越 [2012]）。

　Arnould [2007] は CCT がサービス・ドミナント・ロジック（Service Dominant Logic: 以下，S-D ロジック）の提唱する複数の基本的前提（FP3，4，6，8）に関して共通認識があることを示し，両者の間に理論的な「同盟」関係の可能性を示した。Akaka et al. [2013a] は CCT と S-D ロジックのいずれも，価値に関する現象学的文脈的視点，価値創造の社会的・文化的文脈，動態的社会システム間での価値共創を強調するという共通の視点があることを指摘している。

第6節 おわりに

　本章は消費者行動論と購買・消費研究に関してレビューを行い，以下の諸点が明らかになった。

　第一に，従来の消費者行動研究においては，認知段階や情報探索段階および製品，ブランド選択段階などの購買前段階におけるブランド選択や，ジェネリックな製品・サービスに焦点を当てた研究に偏重している傾向が発見された。

　第二に，代表的な消費者行動研究のパラダイムを概観し，それぞれが消費のどの時点に焦点を置いているのかを検討した。行動修正アプローチと情報処理アプローチにおける消費時点の関心は「購買」段階にあること，購買後の使用を含めた消費プロセスに焦点を当てるのは解釈アプローチであることが理解された。

　第三に，消費の場面で出現する価値を類型化した試みを概観した。目的対手段，自己志向対他者志向，能動対受動という対立項を用いて8タイプの価値が類型化できた。この価値は消費の文脈によって多様な組み合わせをすることが示唆された。

　第四に，消費文化論は消費サイクルを獲得，消費，所有，廃棄の過程を横断するものとして捉え，消費者の生活の文脈に沿って消費価値に研究の焦点を当てる新たなパラダイムである。消費文化論は，行きすぎた多様性に批判のあったポストモダン研究ないしは解釈アプローチ研究を再構築するものと評価できる。また，マーケティング学の新たなパースペクティブであるS-Dロジックや価値共創のマーケティングと理論的親和性が高いことが示唆された。

（注）
1) 例えばBelk [1988] の「拡張された自己」の議論を参照のこと。
2) 図表6-1の縦軸最上段の「戦略的アイテム」（strategic items）とは，例えば，大学の選択や新しい家の購入など，人生を変えうる影響力や可能性（life-altering effects）を持つ財を意味している。上から2段目の「中心的予算配分」（central budget allocation

decision）とは，例えば，休暇旅行とリビングルームの新しい家具のいずれに支出するか，というような大きな家計支出に関わる決定である。
3)　なお，Wells は消費後の段階について，もう 1 つの研究の方向性を示している。すなわちホームレス，ドラッグ，ギャンブルによる損失，クレジットカード破産，アルコールや煙草による健康被害などの消費のダークサイドの解明である。マーケティング学が公共政策に提言をする必要性に言及している。
4)　ここでは解釈アプローチと表記するが，解釈主義，消費経験論，快楽消費研究，ポストモダン消費者行動論などとも呼称される場合がある。解釈アプローチのテーマや方法論の多様性に起因している。
5)　「解釈のテストができないという方法論的な問題を逆手にとって解釈アプローチの擁護者は各人各様好き勝手な解釈を多産しているといった感がある」（松尾 [2005] 138 頁）という批判もある。

（渡辺裕一）

第7章

経営学領域における価値共創研究
―Prahalad and Ramaswamy の所論と PSS 研究―

第1節 はじめに

　マーケティングにおける価値共創の議論は，交換後の企業・顧客間に焦点を当てている。従来の研究が交換に至るまでのプロセスに注目していたのに対し，価値共創は交換後に生じるものだと指摘した点こそ，サービス・ドミナント・ロジック（Service Dominant Logic: 以下，S-D ロジック）の大きな特徴である。このほかサービス・ロジック（Service Logic: 以下，S ロジック）は，直接的な企業側のサービス提供がある場合のみ顧客と価値共創が可能になるとする。S-D ロジック，S ロジックとも顧客の消費・使用プロセスにおいて，いかに企業は顧客と相互作用できるかが焦点となる。

　これら研究の潮流は，顧客が価値を自ら認識する局面に対し，企業がどのようなマーケティング活動を展開できるかという，マーケティング活動自体の見直しを促す。これは，企業活動が触手を伸ばすことのできなかった顧客の消費・使用プロセスにいかに入り込むことができるかが問われているからである。いまや，市場創造性を持つ多様なマーケティング活動を検討する段階にあるといえる。

ところで，顧客の消費・使用プロセスへの関与や価値共創の検討は，サービスに寄せた議論に留まらない。Prahalad and Ramaswamy が共創の語を用いたのは，2000 年である。彼らは企業の価値創造プロセスに顧客を巻き込む必要があるとして，*Harvard Business Review* 誌に "Co-opting Customer Competence," と題する論文を発表した。また欧州でも 2000 年ごろから，製品サービス・システム（Product Service System: 以下，PSS）研究が盛んになる。PSS のねらいは製造企業が消費・使用プロセスを見据えることであり，持続可能な社会の構築が志向されている。さて，これら研究にはどのような進展がみられたであろうか。本章では，これら研究を概観し，限界や課題を検討する。

第 2 節　Prahalad and Ramaswamy の示す価値共創

1.　共創概念の起源

　Ramaswamy と共同研究を展開する Prahalad は，それまで Hamel との共同研究においてコア・コンピタンスの概念を示し，競争優位となり得る中核的能力の意義を示してきたことはいうまでもない。彼らは「未来の展望」や「能力構築」に向けた競争を前提に議論を進め，一事業部門やプロジェクトで捉えるのではなく，社員の英知と総合力を動員した議論，学習を通じて行う必要があると主張する。産業の将来と自社の経営資源に対するビジョンと方針を提示し，リーダーシップと全社員参画による学習を促して意識的に資源蓄積を行うことを指摘してきたのである。

　当時，製品ポートフォリオ・マネジメント（Product Portfolio Management: 以下，PPM）の分析視角が注目され，選択と集中の観点から戦略的事業単位（Strategic Business Unit: 以下，SBU）を選別し，企業レベルで収益の最大化を至上命題とする動きがあった。ただし，PPM は SBU 間の相乗効果を考慮しないなどの批判があった。これに対しコア・コンピタンスを重視する企業は

SBU を単なる集合体と見なさず，独自のスキルや技術を結合するコア・コンピタンスこそが企業の持続的な競争優位性を構築すると考える。中核概念としてのコア・コンピタンスを動態的に捉え，長期的な視点から育成することの意義を示したのである。Rumelt [1994] は，彼らの主張が資源ベースにたったほかの研究よりも深みがあり，かつ大胆な視点を提供したとし，従来のコンピタンスの議論に比べ具体的で，ダイナミックなアプローチであると評価した。彼らの主張は PPM に欠けていた要素，つまり，既存事業を超えた新規事業の創造，技術やノウハウ，スキルなどの無形資源をも考慮した資源展開の意義を指摘した点に特徴がある。

さて，Prahalad が Ramaswamy と取り組んだ共同研究も，コンピタンスの検討から始まった。2000 年を迎えた社会ではインターネットの普及によって，顧客が製品やサービスの提供者と積極的に対話するようになった。この対話は企業単独の価値創造活動に大きな影響を与えるものであり，市場の枠組みを根本的に変化させている。こうした新たな局面において，顧客が保有する知識やスキルと相互作用することで，コンピタンスを生み出すことができると考えたのである。

Vargo and Lusch の "Evolving to a New Dominant Logic for Marketing" と題した論文が *Journal of Marketing* 誌に掲載されたのは 2004 年である。それに対し，Prahalad and Ramaswamy が能力（competence）の源泉として顧客（消費者）を共創という視点から注目したのは 2000 年であり，S-D ロジックより古い。彼らは顧客の捉え方を「受動的な観客（passive audience）としての顧客」から「積極的な役者（active player）としての顧客」へと転換すべきとしている（図表 7-1）。

2000 年の段階では共創（cocreate）の語を用いたものの，積極的な議論の展開はみられない。むしろ企業にとって顧客は，脅威になると捉えたところに特徴がある。これは，企業・顧客がともに利用可能な同じ情報を持ち，もはや価格交渉などは B to B のものではなく，B to C の取引にも生じていると解釈したことに理由がある。彼らは顧客の新たな側面に注目する一方で，顧客の捉え直しを進めた。ただし，顧客を脅威と捉えるのではなく，企業の価値創造に積

図表 7-1　顧客の進化と変容

	Passive Audience としての顧客	Active Player としての顧客
顧客の役割	顧客は受動的な買い手であり，消費するという役割があらかじめ決められている。	顧客はもはやネットワークの一部に組み込まれている。ビジネス上の価値を共創するばかりか，それを引き出してくれる。協力者，共同開発者，あるいはライバルでもある。
顧客の捉え方	顧客は個人であり，信頼と関係の育成が必要である。	顧客は個人であるだけでなく，新たな社会や文化を創り出す一員である。
企業と顧客との接点	ユーザーとして観察し，顧客を援助する。	顧客はそれぞれに固有の経験を持ち，それをコンピタンスとする共同開発者である。
コミュニケーションの目的	個々の関係に基づいたマーケティング。双方向のコミュニケーションとアクセス	期待を形成し，クチコミを創り出すために，顧客と積極的に対話する。複数チャネルでのアクセスとコミュニケーション

出所：Prahalad and Ramaswamy [2000] p.80（邦訳 118 頁）を基に筆者修正。

極的な役割を演じていると解釈したのである。その上で，顧客を対峙的に捉えるのではなく，企業の能力の源泉としてみることが重要であるとの主張を展開する。

続いて 2002 年に発表した論文 "The Co-Creation Connection" では，「co-creation」の語を用い，初めて価値の共創を論じる。2000 年の時点ではビジネス上の価値に注目し，顧客は価値創造の協力者という捉え方であった。それに対し 2002 年は，顧客にとっての価値を意識した検討へと視点が移行している。最も象徴的なのは，交換に向け蓄積された経験が，企業と消費者で異なるとしたことである。両者の経験の違いを企業が自覚し，①業務はどのように管理されているか，②選択肢がどのように決定されているか，③消費経験はどのように計画されているかといった共創の前提となる視点が必要であると指摘されている。

さらに，2004 年に出版された著書 *The Future of Competition* では，価値共創を新たに解釈した記述がみられる。消費者コミュニティの構成するネットワ

ークの事例を用い,「価値は製品そのもの,つまり（事例で取り上げた）ペースメーカーから生まれるものではない。このシステムを支える通信やITからでも,医師,病院,家族,消費者コミュニティといった技能の集まり,社会的ネットワークからでもない。価値は,特定のタイミング,場所,出来事に関係した特定の患者の共創経験から生まれるのだ」(p.10, 邦訳32頁)と指摘する。この記述は,共創する価値が企業の提案に留まらないことを示している。研究の進展に伴い,彼らが議論しようとした価値の所在は,ビジネスから顧客の経験へと移行したのである。

2. Prahalad and Ramaswamy の研究の特徴

　ここまで,Prahalad and Ramaswamy の展開した研究の経緯をみてきた。当初の研究は顧客の変化に注目し,企業は価値創造のプロセスに顧客を巻き込むことが志向されている。これが新たな競争力の源泉になるとして,カスタマー・コンピタンスの概念を示したのである。このとき顧客は共創のパートナーとして捉えられたが,共創が対象とするのはビジネス上の価値であった。また,顧客ごとの個別の経験を管理することの重要性が指摘されたが,これは,製品を通じた顧客との関係を前提とする。ところが2004年には,消費経験を持つ顧客（図表7-2では消費者としている）と企業との双方で価値が共創されるとしており,ビジネス上の価値の指摘がみられない。図表7-2にあるように,価値は共創経験を土台としており,経験の中心は消費者個人である。つまり,製品を通じた価値創造から,企業が消費者との共創経験を通じて価値創造を実現するという議論へと移行してきたといえる。

　彼らが価値共創に注目した理由として,大きく2つが考えられる。1つは,顧客を巻き込んだ企業の価値創造プロセスの解明である。しだいに高まる顧客の影響力に対し,顧客の関与を前提とした価値創造プロセスを新たな競争力の源泉として位置づけようとしたと考えられる。これは,2000年の主張に色濃く表れており,顧客との対話や経験の管理が企業にとって欠かせない知識やスキルになるとしているからである。ただし,顧客との関わりは多種多様であ

図表 7-2 価値創造の新たな枠組み

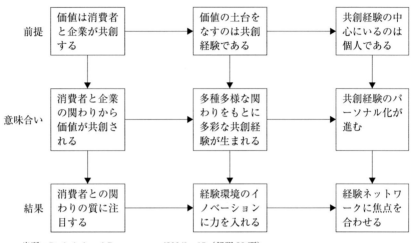

出所：Prahalad and Ramaswamy [2004] p.15（邦訳 38 頁）。

り，経験もパーソナル化が進む。この局面で認識される価値を考えたとき，そして価値が共創されるとしたとき，その解釈も多様である。すると，顧客を観客と見立てた企業の価値創造では顧客との関わりは構築できない。むしろ価値共創を意識した企業活動の転換が求められるのであり，顧客との価値共創抜きに企業の価値創造は実現しない。これが，価値共創を詳述するに至った経緯であろう。

もう1つの理由に，Porter [1985] が示したバリューチェーンへの批判がある。消費者の多様性に対応するために，企業は多種多様な製品を市場に投入した。品質や仕様をめぐる競争を展開する思考の基盤には，バリューチェーンのフレームワークがあった。ところがこの思考では，顧客に対し様々な製品を揃えるに留まり，顧客の価値に目を向けることにならない。それに対し価値共創への注目は製品の企画・開発の視点が変わるほか，経験を設計する発想やチャネル・マネジメント，ブランド・マネジメントの転換，顧客接点を取り巻くサプライチェーン・マネジメントの組み替えなど，マネジメントの発想が大きく変わることの意義を示している。このように，新たな戦略論を検討する鍵概念

として，価値共創への注目は大きな意味があると考えたのである。

第3節　PSS研究の展開

1. PSS研究の起源と経緯

　PSSは，製品とサービスを1つの連続するシステムとして捉えた検討が行われてきた。製品の使用段階におけるサービスを一体的に捉えようとする動向が見られ，製造企業がどのように顧客接点をデザインするかといった議論が幅広く展開されている。

　PSS研究は主に欧州で広まりをみせている。これは，2000年前後に持続的発展に向けた政策課題とともに複数の研究プロジェクトが発足したことと関係する。欧州連合（EU）は「Eco-Efficiency Producer Services」という研究プロジェクトを1998年から推進し，スウェーデンを中心に欧州の7つの研究所でこの取り組みがスタートした。各研究所は事例を収集し実証的な研究を進める。政府に政策提言を行うとともに，産業界に対してビジネスモデルの開発・普及に役立つ実務ガイドラインを作成するといった取り組みが展開された。続いて2002年からは「EU network on sustainable Product-Service Development（通称「SusProNet」）」という研究プロジェクトが発足し，オランダを中心とした約20の研究機関によって推進された。ここでPSSの専門家ネットワークが構築され，幅広く研究が展開されることになったのである。

　ところで，PSS研究はMIPS（Material Input per Service Unit）のコンセプトに則り，製品とサービスの統合的な提供を検討するという側面がある。これがPSSの成果が社会経済の環境改善を促進させる視点としての期待につながっていく。PSSは製造企業の導入や展開を前提としており，製品の消費・使用の段階を経て廃棄に至るプロセスにどのように入り込むかが検討されているのだが，これは社会経済の環境改善という命題に基づくものだといえる。

PSS 研究は，Goedkoop *et al.* [1999] の主張に端を発するものが多い。彼らが示した当時の PSS とは，製品，サービス，プレーヤーのネットワークであった。ここでのサービスとは製品販売後のサポート体制のことであり，ライバル企業に対し差別化されたインフラであると考えられた。また，同時に顧客ニーズを満たしており，伝統的なビジネスモデルより環境への影響が低いというものである。彼らの示す PSS 概念は，製品の使用・消費を含めた仕組みであり，顧客ニーズへの充足と環境負荷の低減を両立したものだった。Beuren *et al.* [2013] によると，PSS 研究の論文のうち約 3 分の 1 は，Goedkoop *et al.* [1999] を引用しているという。こうした傾向からは，PSS 研究が顧客との関係を重視しながら，一方で環境負荷を考慮した消費・使用を志向していることが理解できる。

2. 近年の PSS 研究の特徴

　PSS 研究は，2006 年以降文献数が増加する。それまで多くの論文を掲載した *Journal of Cleaner Production* 誌だけでなく，*Journal of Manufacturing Technology Management* 誌，*Journal of Manufacturing Science and Technology* 誌，*Computer Integrated Manufacturing Systems* 誌といった，多数の出版物が PSS の議論を扱うようになったのである。

　この傾向について，Sundin [2009] は，企業が戦略的に製品の販売からサービス提供までを考えて行動するようになったと指摘する。製品とサービスを切り離して検討するのではなく，あるいは製品とサービスを主従の関係で捉えるのではなく，PSS による企業行動の戦略的統合によって持続性や収益性を改善し向上させるねらいがある。

　かつて，PSS 研究に大きな影響を与えた Tukker [2004] は，PSS の分析視角に製品志向，使用志向，結果志向の 3 つがあることを指摘し，製品志向から使用志向，結果志向に向けてサービスの意義が占める比重は高まるとした。製品が発揮する機能や便益を重視する製品志向において，サービスは大きな意味を持たない。一方，製品の使用段階においてはサービスが不可欠となる。ただ

し，製品とサービスの境界は厳密に定めることができず，製品に帰属しないサービスも生じうるが，Tukker の分類においてこれを十分説明したといえない。

Tukker の分類とは別に，近年はサービスをデザインした上でビジネスの仕組みを捉える傾向がある。Ping and Jia [2010] は，ビジネスに価値を加える目的で，サービスに基づき製品を位置づけると解釈した。製品は技術的な機能を消費者に提供するのに対し，サービスはこれらの機能の有効性を確実にするのであり（Maussang et al. [2009]），有効性を主導する誘因はサービスである。何より PSS 研究の関心は，製品とサービスを一体的に捉えることによる便益である。(Beuren et al. [2013])。また，パーソナライズされた製品やサービスを提供することによって，競争相手と顧客から区別されるようになることは，企業成長の機会にもなる（Williams [2006]）。このように PSS 研究の中でサービスの意義はますます注目される傾向にあり，サービスが本格的に議論されるようになっている。

第 4 節 考　　察

ここまで Prahalad and Ramaswamy の所論および PSS 研究における議論を概観した。価値共創が注目される背景や，持続可能性や収益性の改善をねらいとして PSS 研究が進展したことが明らかとなった。

さて，これら研究の含意はどのようなものだろうか。また，どのような点に研究の限界がみられるだろうか。以下，これらについて考察を進める。

1. コア・コンピタンス概念拡張の限界

Prahalad and Ramaswamy の研究が，顧客を巻き込んだ企業の価値創造プロセスの解明とバリューチェーンの思考からの転換が意図されたことはすでに確認した。しかし，2000 年の主張にあるカスタマー・コンピタンスの概念は，

110 第Ⅰ部 価値共創マーケティングの論理

図表7-3 コンピタンスの源泉についての考え方

第1段階 (～1990年)	第2段階 (1990年～)	第3段階 (1995年～)	第4段階 (2000年～)
事業ユニットが知識の源泉である	企業はコンピタンスの集まりである	仕入先や事業パートナーもコンピタンスの源泉である	消費者や消費者コミュニティもコンピタンスの源泉として重要である

出所：Prahalad and Ramaswamy [2004] p.141（邦訳215頁）。

その後どのように解釈されたのだろうか。そこで本項では，とりわけコンピタンスの検討について考察する。

彼らは2000年以降の研究でカスタマー・コンピタンスの概念を用いていない。しかし2004年には再びコア・コンピタンスの概念を用い，消費者やコミュニティを踏まえた議論を展開する（図表7-3）。

彼らは，これまで議論を展開したコア・コンピタンスの第4段階に，消費者や消費者コミュニティをコンピタンスの源泉として位置づけた。彼らは，製品中心主義から消費者の問題解決へと軸足を変えることによって，企業にとって目の届かなかった経験という時空間にも関心を向けることができると考えたのである。企業は多彩な消費者経験に焦点を合わせ，絶えず経営資源を組み替え，コミュニティと触れ合い，消費者の状況に応じてイノベーションを行えなくてはならない（pp.138-153, 邦訳212-225頁）。つまり，バリューチェーンが示した交換に向けたパラダイムよりスケールの大きな時空間の中で経営資源を捉え，ダイナミックに競争優位性を構築することで企業の競争優位が実現するとしたのである。

図表7-4にあるように，価値共創による模倣困難なコア・コンピタンスとは，企業とそれを取り巻くネットワークが幅広いつながりを持ち，消費者までもがコンピタンスとなり経験のパーソナル化を実現する。企業と消費者との価値共創を実現するためには，こうしたコア・コンピタンスの捉え方そのものにも転換が必要というのが，彼らの主張だといえる。

しかし，実際のところ価値共創による共創経験のネットワークをコア・コン

図表 7-4　コア・コンピタンスの焦点の転換

	企業単独	企業とそれを取り巻くネットワーク	幅広いネットワーク
分析単位	自社のみ	自社，仕入先，事業パートナーを含む価値ネットワーク	自社，仕入先，事業パートナー，消費者を含めた全体
経営資源の土台	社内の経営資源	ネットワーク内の各社のコンピタンスや投資力を利用	消費者のコンピタンス，時間，努力などを活かす
コンピタンスの利用	社内に閉じている	ネットワーク内の企業と優先的に連携する	多様な消費者と積極的に対話を続けるためのインフラ
経営者による付加価値	コンピタンスを培う	協働関係をマネジメントする	消費者のコンピタンスを活かし，経験のパーソナル化を実現し，期待をともに形づくっていく
価値創造	自律的	協働	共創
緊張関係の原因	事業ユニットの自立性 vs. コア・コンピタンスの活用	事業パートナーとの間で，協働と競争の両方を展開する	消費者との間で，協働と競争の両方を展開する

出所：Prahalad and Ramaswamy [2004] p.143（邦訳 217 頁）。

ピタンスとして捉えることができるだろうか。彼らが消費者のパーソナルな経験への関与を重視し，価値共創の意義を示したことに大きな意義があるといえ，コア・コンピタンス概念の焦点を転換して議論するためには，幾つかの視点が不足している。

　かつて Prahalad and Hamel [1990] はコア・コンピタンスを「組織における組織的な学習であり，特に多様な生産技能と技術の調整と統合に関するもの」と示していた。これに対し Prahalad and Ramaswamy [2004] は，この「組織的な学習」に価値共創の含意を反映させようとしたのだろうか。あるいは，消費者や共創経験までを経営資源と捉えようとしたのだろうか。彼らは「消費者コミュニティを巻き込んでコンピタンス・ベースを拡大する」(p.141, 邦訳 215 頁）や「仕入先，事業パートナー，消費者の力を借りて，経営資源の基盤を何

倍にも広げられるだろう」(p.142, 邦訳 217 頁) と指摘しているが,「ベース」「基盤」の位置づけは曖昧である。ただしコア・コンピタンスが「組織的な学習」によって組織の境界を越えて活動する能力を意図していたと考えれば,1990 年代には SBU の境界を越えることが志向され,2000 年以降は企業と顧客との境界を越えることが志向されたと解釈でき,既存の境界を越えるという一貫した主張だといえる。

　ところが,*The Future of Competition* の共著者 Ramaswamy は,その後の研究でコア・コンピタンスの概念を用いていない。例えば,Ramaswamy [2009] はナイキの事例をとりあげたときも,企業組織の外側に拡がるネットワークのグローバルな資源を「collective competence」(p.12) と示しており,コア・コンピタンスの概念を用いていない。さらに「ナイキは価値観を管理しようとはしないが,共創者を複数のタイプに開放した」(p.12) と指摘し,コンピタンスの管理統制を意識していない。ただし,これが企業にとって戦略的な資本を生成し,劇的に経済モデルを改善し得ると指摘しており,ここでの共創者は新たに区別された経験ができると指摘している。つまり,共創環境の提供が消費者にとって差別化された経験を享受するという帰納的な説明によって企業側の意義を示すに留まっている。

　これらを批判的に考察すれば,Prahalad and Ramaswamy が示した価値共創の議論は,顕在化する消費者の変化を忠実に捉え,企業・消費者間の関係の捉え直しを促す一方で,その後の議論では,共創経験に関与する企業活動の提唱に留まる。彼らは価値共創モデルをバリューチェーンの批判のために用い,企業・消費者間の新たな関係へと言及した。このことによって,従来は管理対象になかった顧客の世界に入り込み,共創経験に作用するものを経営資源として捉えようとしたのではあるが,コア・コンピタンス概念の拡張が一般化したとは言えない。

2. 手薄な市場性の評価

　PSS 研究が近年新たに注目を浴びていることは,すでに述べた通りである。

このPSS研究が直面しているものに，実証的な事例の一般化に向けた課題が指摘できる。幅広く適用することが困難な成功事例が少なくないのである。例えば「Call a bike」は，Deutsche Bahn社が導入した自転車の貸出システムである。消費者が同社のシステムを活用すれば国内各都市で自転車を自由に利用できるというもので，ベルリンやフランクフルトなどドイツ国内の主要都市で幅広く活用が促進されている。だが，このシステムの普及には，自転車を主体的に活用しようとする国民性や自転車利用を推進する行政の方針，それに，自転車活用が有効である気候風土などの条件が不可欠となる。便益が異なると，多くの人々はPSSが抱擁することに躊躇するかもしれない（Rexfelt and Omäs [2009]）。また何より，PSSを単独の企業で構築することは難しく，しばしばほかの企業と関係を持たなければならなくなる（Baines et al. [2007]）など，成功事例の普及拡大が容易でないものが少なくない。

　この状況に対しMorelli [2006] は，PSSのための方法が個々の状況に向けられるべきであることを指摘する。具体的には，PSS内で機能する企業や組織，ユーザーがネットワークとして関係していることが識別できるなどである。構造が認識され，連鎖に基づく行動を確認しなければ，成功事例の要因すら明らかにすることができない。彼の主張にはこうした含意がみられる。

　これら見解から浮かび上がるのは，PSS研究はシステム導入の設計と効果に関心があるが，その対象は市場性を持つことが前提となって議論が進められているということである。PSSの市場性に向けた議論が手薄であるにも関わらず，一方でその効果を企業の競争優位性と関連して述べることも少なくないため，成功事例の幅広い適用が困難だという結論をもたらしてしまう。これは，PSS導入のねらいに環境負荷の低減などが含まれており，新たなサービスの意義や効果が顧客にとってどのような価値となるのかよりも，システムの設計や導入を重視する背景とも関連があるといえる。今後は，PSS導入の背景と市場性の検討がどのように行われるべきかについて，さらに活発に議論され研究に反映される必要があるといえるだろう。

第5節 おわりに

　本章を振り返ると，Prahalad and Ramaswamy の一連の研究は，従来は管理対象になかった顧客の世界に入り込み，共創経験に作用するものを経営資源として捉えようとした点に特徴があったといえる。彼らは価値共創モデルの提唱とともにバリューチェーンを批判し，企業と消費者との新たな関係に言及した。しかし，価値共創を企業が主導し顧客を経営資源として捉えることは可能なのだろうか。「企業は価値を提供することはできず，価値提案しかできない」（FP7）とする S-D ロジックの主張と大きく異なる点だといえる。また，コア・コンピタンスの議論として一連の研究をみると，製品をどのように位置づけるのかが明確でない。彼らはイノベーションの軸足を製品から顧客の問題解決に移行するだけでは不十分で，顧客の経験空間の中で展開されるものだと主張する（Prahalad and Ramaswamy [2004] pp.147-148, 邦訳 224-225 頁）。すると，製造企業は経験空間での影響から製品戦略を検討すべきだろうが，ここに求められる新たな思考プロセスはどのように展開すればよいかが不明である。また，思考プロセスを構築する上で課題となるのが，経験の多様性である。これらを包含してコア・コンピタンスを見通すことは容易でないといえる。

　他方，PSS 研究が市場性の評価に課題があることは指摘した通りである。研究の多くは，顧客にとっての価値やその多様性を議論することなく，新しいシステム導入の意義や効果に関心を持つ。やはり，市場や顧客をどのように捉え議論するかという課題が生じていることは明白である。ここでも製品の消費・使用プロセスへの企業活動の入り込みが志向されている以上，顧客の使用経験や便益とそれに向けたシステム導入の検討が不可欠であり，今後これら議論を踏まえた研究の増加が期待される。

　本章で注目した消費・使用プロセスに向けられた研究は，いずれも顧客を巻き込む企業活動が志向されていた。一方で，既存の企業活動からどのような転換が求められるかをめぐり，交換後に向けた顧客の経験へのアプローチが問題

となるのだが，この検討が容易でないことも明白であった。現状では，顧客の経験の何をどこまでが企業活動の対象となるのかが曖昧である。これは，組織の内と外の垣根を越えて顧客の経験に関与し，企業がそのプロセスまでを資源と捉えなければ，経営学としての解釈が成り立たないという壁があるからであろう。顧客にとっての価値は様々な要因に影響されることを考えれば，企業が関与できるのはその一部である。しかし，経営学の視点は企業が用意する製品，サービスから検討が始まるため，顧客起点になり得ない。多様性を持つ顧客から市場性を見出すアプローチの解明が求められる。ここに，マーケティング研究の貢献が期待されるのであり，主体間の関係や相互作用が及ぼす影響や効果という視点から，企業活動に向けた含意を示す重要性は高い。マーケティング研究が理論的基盤を提供することによって，より整合的な戦略構築や製品とサービスの統合アプローチにも発展がもたらされる可能性がある。企業活動の有効性をめぐり，新たな視点での研究の接続が求められるといえる。

（今村一真）

第8章

経済学における企業，市場，消費者

第1節　はじめに

　マーケティング研究も経済学研究も市場取引を研究対象としてきたのはいうまでもない。しかし，両者における市場概念は必ずしも同じではなく，企業，および消費者の行動原理に対する考え方も異なっている。

　例えば，マーケティング研究においては，単に消費者集合として市場は捉えられるし，また，経済合理性に基づいた行動原理という前提に立っていない。さらに，近年においては，今日，価値共創という新たな概念が提唱され，市場取引「時」ではなく，市場取引「後」における企業と消費者の関係に注目が寄せられるようになってきた。

　そこで本章では，マーケティング研究がこれまで依拠してきた経済学において，企業，市場，消費者がどのよう捉えられているか，また，市場メカニズムによって企業と消費者の取引がどのように調整されるかについて，改めて検討を加える。

第2節　企業と消費者の関係

1. 市場の捉え方

　マーケティング研究では，消費者集合を「市場」と捉えるが，経済学，とりわけミクロ経済学における企業活動は，主に「市場」での取引に限定され，企業と消費者を含めて「市場」とする。市場メカニズムによって効率的な資源配分が実現されるためには，不特定多数の市場参加者が存在する多様な価値観を集約する場としての「市場」を介し，競争的な取引がなされる必要がある。

　18世紀の後半，英国では，経済的自由が生じ，徐々に経済や社会の進歩が始まっていたが，一方では社会の秩序の乱れに対する社会的な不安が広がっていた。このとき，古典派経済学の祖として称えられるアダム・スミス（Adam Smith）は，新しい秩序は市場メカニズムによって保たれることを明確にした。すなわち，国民が自らの手で豊かに暮らしていくためには，政府が企業や個人の経済活動に干渉せず市場の働きに任せることであると主張した。

　つまり，経済は市場メカニズムに委ねると，「見えざる手」によってうまく調整されると説いた。この「見えざる手」は，アダム・スミスの経済理論の中核をなすものであり，レッセフェール，フランス語で「なすに任せよ」といわれる自由政策が，社会的に機能する根本原理が「見えざる手」であるとアダム・スミスは主張した。これらは，自著『国富論』の中の四編二章で述べられており，市場の価格調整メカニズムを意味する。

　このようにミクロ経済学は，効率的な資源配分のメカニズムを明らかにすることを主たる目的として発展してきた。その際に，市場経済における資源配分において重要なシグナルである価格を媒介として，効率的に資源配分が達成されることを示した。また，市場経済における効率的な資源配分は，個人や企業といった個々の経済主体の自由な行動の結果として導かれるといった自由競争

に委ねるものであった。

　しかし，根井[2005]は，「方法論的多元主義を軸に隣接学問との相互交渉を」と題した論文において，20世紀後半の経済学は，新古典派経済学のフレームが支配的となって，「一元的な理論体系による学問の独占の進行」があったと見なしている。「アダム・スミスでさえ，原典を読めば市場原理主義者ではないことがわかる。にもかかわらず，現在の経済学者は彼の論理の一部を抽出し，あたかも市場主義のバイブルであるかのように語り，市場こそが絶対であるとする考えが社会にはまん延している」と現代の経済学の展開に対して，厳しく批判している。

　2008年秋，米国発の「サブプライムローン」を震源地とする「金融危機」が世界を襲い，多くの国々を巻き込んだことは記憶に新しい。サブプライムローンの基礎には，「ノーベル経済学賞」を受賞した複雑な経済学の理論体系が据えられていたことは確かである。

　深尾[2008]は「金融技術の進歩による金融工学の発展は，金融機関の財務内容をブラックボックス化し，金融機関の経営を不透明にさせてしまった。それはインターバンク市場[1]を麻痺させ，金融に対する不安を高めた」と述べている。これに関連して，日本においても著名な経済学者が出版を通して方向転換を宣言したのは記憶に新しい。

　これらの問題は「理論体系」ではなく，「金融機関」側にある，という指摘もある。Bond and Leitner[2009]は，"Why do Markets Freeze ?" と題した論文で，「危機を迎えているのは金融業の経営や金融システムであり，資本主義そのものではない。市場に軸足を置いた資本主義は完全ではないが，他のやり方よりは経済をうまく運営できる。問題は生み出した富の分配のあり方だ。危機が起きるまでの金融はごく一部の人だけに富が偏在するようなシステムで，持続可能でなかった」と述べている。

　また，Luigi[2012]は，米国の金融制度について分析を行い，金融システムは大きな政治力を持つ金融機関が制度を自己に有利なように歪めてきたと指摘している。金融機関が投融資に対して重い責任を持たなくて良いようなシステムを，金融機関自身が政治力を駆使して作ってきた。その結果，世界全体の経

済に影響を与えるような問題を引き起こしても，金融機関自身は責任を追わなくても良いことになった。

　金融理論にその原因があるのか，それとも金融機関，および経営者等にその原因があるのか，金融制度に原因があるのか，あるいはこれらすべてに原因があるのか，これ自体は「経済」あるいは「経済学」として，極めて興味深い難題である。「市場」は確かに，「長期的」「最終的」には「最適配分」をもたらすであろう。このことは市場参加者にとっての最適配分は保証している。しかし，現実社会においては，市場は単独では存在しない。様々な市場が相互に関係を持ちながら，「経済」を構成している。

　そしてその経済すら，本来は人類社会，あるいは地球全体の生態系の一部なのである。が，やはりそれぞれの経済主体の活動の中でつまり，個別市場のもたらす影響は個別市場の中で閉じた「利益」の観点からだけではなく，グローバル経済にもたらす結果をも考慮する必要のあることを明らかにしている。市場では，このようなことは一切求められなかったが，社会や政治の中で，求める要求が強まったことに起因する。確かに「市場活動」は「純然たる経済活動」であるが，「経済活動」は社会の中で繰り広げられており，当然，「政治・法」さらには「社会システム」の中で，経済活動やその在り方にブレーキがかけられることも確かである（酒井[2008]）。

　金融機関に限らず，現実の経済における資源配分の問題は複雑かつ多岐にわたり，価格メカニズムが有効に機能しない状況が多くみられる。それは，例えば，独占や寡占のように少数の企業が産業や市場を支配する場合や，「市場の失敗」に代表されるように，自由な生産活動や消費行動は公害や所得格差などといった様々な社会問題の温床となり，経済社会に歪みをもたらす。公共財についても単純に市場メカニズムだけに委ねるわけにはいかない。ミクロ経済学は市場経済が，資源の効率的配分を達成するための理論的枠組みを提供する一方で，市場経済の失敗による資源配分の非効率性についても理論的な説明が求められている（山田[2012]）。

　現代経済学においては，市場の失敗の問題，所得分配の公平性の問題，社会的意思決定機構の問題なども扱う「公共経済学」という学問分野が存在する。

公共経済学では，市場による調整機能には，2つの欠点があるとしている。

　第一に，市場による調整機能が最適資源配分を達成するには，①費用逓減産業が存在しない，②外部効果が存在しない，③公共財が存在しない，④不確実性が存在しない，の四条件が必要であるとしている。これらの条件が満たされないとき，市場は最適資源配分を達成し得ないので，それを市場の失敗と呼ぶ。このとき，公共経済部門が市場に介入し市場機能を補強するか，あるいは市場機能を全く利用できない場合には別の資源配分機構を設けて，最適資源配分を実現することが要請される。

　第二に，市場による所得分配は，必ずしも公平性という社会的倫理基準を満たすとは限らない。この場合，公共経済部門が社会保障政策等により公平な所得配分達成のため介入する必要がある。「経済学の理論とその体系」からすれば，これらの金融危機は，公共経済学の領域から科学的に扱うべき問題であるとされる。しかしながら，当事者のリーマン・ブラザースは消滅したが，世界最大の自動車会社「ゼネラル・モーターズ（GM）」を始め，いくつかの金融機関は政府から救済された事実からしても，複雑に絡み合った現実の「政治・法」さらには「社会システム」の中では，科学的に扱うことは困難であったと考えられる。

　現代のミクロ経済理論の発展における重要な部分を形成することとなった新古典派経済学者も，純粋理論では現実の経済現象を説明できるとは考えておらず，あくまで規範的なモデルであることを踏まえた上で，より現実的なモデルの構築を試みてきている。

　また，現実の社会も「市場に任せればすべてうまくいく」といったアダム・スミス以来のレッセフェールでは機能しないことが明白になってきている。

2. 情報の経済学

　情報化の進展に伴うミクロ経済学の大きな発展の分野が情報の経済学である。純粋理論における完全情報の前提を緩和したことにより，理論を現実に近似させた成果の1つであり，「情報の非対称性」を仮定した下での取引や契約

を主な分析対象としている。個人や企業活動を考えるにあたって，経済財としての「情報[2]」の重要性・特殊性が議論されるようになってきている。従来の新古典派経済学は頑強な分析手法の1つではあったが，現実の経済を分析するにあたって重要ないくつかの要因を捨象してきたのも事実である。

近年，市場メカニズムに関する信認がゆらいできている。その要因の1つとして，固有の利害関係を有する経済主体間における「情報の非対称性」が注目されている。

様々な経済取引，とりわけ契約による経済取引では，取引当事者間に情報が偏在し，「情報（保有）の非対称性」が存在する場合，いろいろな現象が起こると指摘され，こうした現象を分析する必要性から，経済学の中において，「情報の経済学」と称される研究領域が発達してきた。

ミクロ経済学の分析では，通常，企業と消費者を含めた市場で取引される財，およびサービスに関する情報は，市場参加者全員に共有されており，財およびサービスの特性に関わる情報は完全であると想定されている。財が異なった特性を持っている場合でも，それらの財は互いに異なった財として取引され，それぞれの財の特性は完全に理解されていると見なされる。

山田 [2012] は，情報には大きく分けて2つの種類があり，1つはすべての経済主体が情報を共有しているといった public information であり，もう1つは特定の経済主体が情報を持っているといった private information であると指摘している。情報には，入手してみないと内容がわからないといった事前確認の困難性，コピーが可能なため，返品・取引の破棄ができないといった取引の不可逆性，他の経済主体が情報を持つかどうかに依存するといった外部効果の存在，普及しやすい反面，占有可能性を認めないと生産が促進されないといった生産コストと再生産コストのギャップ，といった経済的特性を有している。

第3節　市場，およびその調整メカニズム

今日のマーケティング研究において，価値共創という新たな概念が提唱さ

れ，市場取引「時」ではなく，市場取引「後」における企業と消費者の関係に注目が寄せられるようになってきた。前節のように経済学では，市場取引にあたって，企業と消費者は，対等の取引相手と見なされてきた。その上で，情報の非対称性の考え方からわかるように，現実的には，企業が多くの情報を持ち，企業と消費者の間に大きな情報格差が生じていた。しかし，情報化の進展によって，今日，情報格差は解消され，経済学の理念モデル通り，企業と消費者は対等に取引できるようになったという。

しかし，マーケティング，とりわけ，サービス・マーケティングの考え方によれば，企業と顧客の関係は対等ではあるものの，企業が与え手であり，消費者が受け手である。そして，価値共創の考え方によれば，市場取引後の消費・使用段階で，消費者は一方的に価値判断する。この意味で，価値創造の主体は消費者側にある。最近のマーケティング研究が市場取引後に分析の焦点を置いているのは，このためである。

そこで，これまでの経済学において，市場はどのように定義され，企業と消費者の利害調整は，いわゆる市場メカニズム（つまり，価格はどのように決まるのかということ）のもとで，どのように行われてきたかを改めて示す。

そして，その結論として，これまでの経済学研究は，企業は，事前に価値を埋め込んだ製品やサービシィーズを市場に持ち込み，消費者がその価値判断を市場で行うことを想定しており，購入した製品やサービシィーズを消費者が消費・使用する段階に企業は関与しないのであり，市場での取引ですべてが完結するという考え方だということを述べる。

その例証として，経済学者 Akerlof が提唱したレモン市場の議論を述べる。この議論は，市場取引時にすべての価値判断を行ってしまうということが前提となっている。しかし，本来の価値判断は，消費・使用時にされるはずである。

1. レモンの原理

Akerlof [1970] は，情報の非対称性が市場を消滅させる，と述べている。こ

れは有名な「レモンの原理」で知られる逆選択（adverse selection）の問題であり，質の不確実性と市場メカニズムについて考察したものであり，中古自動車市場で購入した中古車は故障しやすいという現象のメカニズムを分析したものである。レモンとは英語で「欠陥品」という意味を持ち，中古車のように実際に購入してみなければ，真の品質を知ることができない財が取引されている市場を，論文では「レモンの市場」と呼んでいる。

　Akerlof [1970] の論文は，次のような文章で始まる。「本論文は，品質と不確実性の関係を解明する。当該財の品質に，上等・下等など多くの等級が存在する場合には，市場の理論にとって興味深く重要な諸問題が発生する。（中略）多くの市場においては，買い手が購入財の品質について判断を下すために，品質平均値などの何らかの市場統計値を使用せざるを得ない場合がある。

　こういう場合には，売り手のほうは，悪質財を市場に出す誘因を持つことになるのだ。というのは，たとえ良質財が供給されるとしても，その収益は概して，個々の売り手に帰属するというよりも，売り手全体に帰属してしまうからである。その結果として，取引財の平均品質が悪化する傾向が生じるだけでなく，市場の規模そのものさえ縮小する傾向がある」（酒井 [2008]）。

　このように，論文ではアカロフの問題意識がはっきりと表れている。特に中古市場のような場合（品質不確実性の世界），売り手（販売者）と買い手（消費者）の間には，歴然とした「情報格差」が存在している。そのわかりやすい例が中古車販売市場である。

　中古車販売市場には，質の良い車と悪い車が存在する。しかし，買い手である消費者は見た目で良質車なのかレモン車なのか判断できず，その真実は売り手であるディーラーのみが知っていることになる。この場合，情報を持つ経済主体は車のディーラーであり，個々の車の質に関する情報を所有している。

　消費者は車に関して平均的な質の情報は有するものの，個々の車の質に関する情報を有していない。品質を知っているディーラーは，レモン車を良質車と同じ価格で販売してしまうケースもあれば，市場価格よりも品質が高い場合には売却しないで保有し続けるケースも存在する。これらから，市場に供給されるのは平均的な品質を下回る車ばかりになる。品質を反映して市場価格が下落

すると，供給される中古車の品質はより低下することになる。

一方，消費者はレモン車を掴まされるかもしれないという恐れから，本当に質の良いものであるにもかかわらず，価格の高い車は購入しなくなる。よって，中古車販売市場からは良質車は排除され，レモン車ばかりが残るようになる。これが，アカロフの言う「レモンの市場」であり，レモンの市場で起こりうる弊害を，買い手と売り手に存在にする情報量の差から，情報の非対称性による弊害という。

酒井[2008]は，この「レモンの市場」をモデル化して説明している（図表8-1）。売り手側は，自分のクルマが「良質車 g」であるか，「レモン b」であるかを把握している。したがって，それぞれの品質に対応し，実線の2本の供給曲線 Sg と Sb が存在する。もし買い手の情報が完全であれば，点線の2本の需要曲線 Dg と Db が想像できる。ところが，現実には，買い手はその車に関しての完全情報は持ち合わせていないので，不完全情報下の中で1つの判断を下さなければならないこととなる。その判断とは，品質が良質と悪質との平均値であろうという判断，つまり取引車が「平均車 m」であろうという推定である。

したがって，2つの曲線 Dg と Db との中間の曲線 Dm こそが，問題の需要

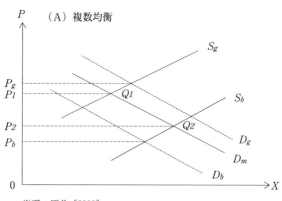

図表 8-1　情報の非対称性（複数均衡）

出所：酒井［2008］。

曲線と考えられる。図表 8-1 から明らかなように，2 つの需給均衡点 Q_1 と Q_2 が出現する。一方において，点 Q_1 に対応する取引価格は P_1 に過ぎず，良質車 g の「本来あるべき価格」P_g より低い。故に，売り手は過小評価されて極めて不満である反面，買い手は安く買えて満足であろう。他方において，点 Q_2 に対応する取引価格は P_2 であり，欠陥車 b の「本来価格」P_b より高い。売り手は過大評価に満足であろうが，買い手は，本人の意向に関係なくレモン車を購入させられることになる。

一般的には，いくら市場において供給量と需要量が形の上で均等であろうと，売り手，あるいは買い手の一方に，「品質に不満である」との感情が少しでも残れば，それは真の意味での「均衡」とは言い難い。結果として，取引は 1 回で終わり，持続可能な取引は不可能になる。

それでは，どうすれば「真正均衡」が回復されるか。経済学においては，ここで「情報の非対称性」が利用できることになる。完全情報を持ち合わせていない買い手は受け身であり，購入時に何らかの対策をとることは現実的には難しい。一方，販売する車の完全情報を持ち合わせている売り手は，積極的な対策が採用可能である。

2.　「情報の非対称性」への対策

前項で述べた通り，「レモンの市場」では売り手と買い手の間に存在する情報の非対称性が問題となる。売り手に比べて買い手の情報量が少ないため，売買の際に不利益を被る危険性が高い。これは中古車市場に限らず，既存商品を扱う市場ではほとんどのケースに当てはまる問題である。

例えば，既存住宅市場を見てみると，見た目には欠陥がないように思えても，耐震性に問題があったりシロアリが発生していたり，見えない部分や構造上の欠陥は，専門家ではない消費者にはわかりにくい。そうした状況の下では，買い手に比べて売り手が有利な立場にあり，売買交渉において価格が不当に上げられるなど，売り手にとって有利な条件となる恐れもある。また，良質の住宅と欠陥住宅が同価格で出回るようになると，中古車市場と同様の現象が

起き，市場全体の衰退につながってしまうと考えられる。

このように，中古車市場や既存住宅市場など既存商品を取り扱う市場には，情報の非対称性による弊害が存在する。そこで，現代では情報の非対称性による問題を，どのように補っているのか考察する。

一般的に，レモンの市場での情報の非対称性を補うものとして，シグナリングやスクリーニングといった手法がとられている。シグナリングとは，良質な財の生産者が消費者に，悪質な財の生産者と自己を区別する情報を送るという手法をいう。つまり情報を有している側が情報を有さない側に，自ら積極的に私的情報を提供することで，信頼を得ようとする動きである。

これに対して，スクリーニングとは，情報を有していない側が情報を有している側に，私的情報を明らかにするよう積極的に促す手法をいう。相手が持つ情報を知ることで，同じ土俵に立つことができるようになるのである。

また，日本に比べ既存市場が活発な英国や米国では実際に認証制度が各業界，業種で実施されている。その中でも国全体として認証制度を実施している，英国の住宅情報パック HIP を取り上げる。

英国における既存住宅市場における売買では，取引にかかる時間が長期にわたり，コストがかかるとともに，確実性に欠けることが問題視されていた。この問題は「chain」と呼ばれている英国の住宅取引の特徴に代表される。

住宅取得意向者は，保有物件を売却して新しく住居を取得するため，買い手であると同時に売り手でもある。その住宅取得意向者が購入しようとする物件の売り手も同様に買い手でもあることから，それらが幾重にも連鎖する。これが「chain」である。

売り手・買い手が署名する契約書は，交換が行われて初めて効力が生じるため，連鎖の一連の契約書が次々とスムーズに交換されず，どこかで取引の遅延が生じると，「chain」につながれたそれぞれの契約が大きく遅延することになる。または「chain」の一部の取引が未成立に終わると，「chain」につながれた取引全体が失敗に至ることにもなりうる。この問題を解消するために，「chain」上にある（事務）弁護士は，契約の交換が同時に行われるように連絡を取り合うことになる。住宅売買の 60% は「chain」の一部になっているとの

調査結果もあり，取引の長期化や不確実性の最大の問題になっている。

　この問題を解消するためにも，取引の初動期に売り手側から一括で情報提供を行い，売り手側，買い手側の情報の非対称性を解消することにより，1つひとつの取引の確実性を高めていくことが必要となるのである。それらを実現したものが，売り手と買い手の間に存在する情報量の差を補う制度である，住宅情報パックHIP（Home Information Pack）であり，国全体の制度として導入されている。

　HIPとは，売り手や対象不動産についての情報など，複数の書類から構成されるパッケージのことで，住宅の履歴情報を売主から買主に提供するためのものである。2007年8月1日から本格的に導入され，売主が物件を市場に出す際に，このHIPの準備をすることが義務化されている。

　そのために必要となる情報は，売主から依頼を受けたHIPプロバイダーと呼ばれる専門家が収集する。義務化された制度であるものの，費用については政府が決めるではなく，市場の決定に従うことになっている。また，HIPなしで住宅が市場に出された場合には，売主や不動産業者に罰金が科される。

　英国の既存住宅市場においては，保有している物件を売却した人が，新しい物件の購入を行うことが一般的であるため，市場全体で見ると買い手が同時に売り手にもなっていると考えられる。つまり，1つの物件の売却が決まると，その物件の売り手が購入しようと考えていた物件の売却も決まり，その物件の売り手が別の物件の買い手となり，また売却が決まるというように，1つひとつの取引が連鎖した状態となる。こうした取引の成立が別の物件の売買取引の成否に依存するような状況では，取引にかかる時間が長期にわたりコストがかかるとともに，確実性に欠けるという問題が指摘されていた。そうした問題を解決するための制度として，HIPの導入，義務化が検討されたのである。

　本節で説明したように，「レモンの市場」には情報の非対称性による弊害が存在することが明らかになった。そして，現代ではこれらの情報の非対称性による問題を，様々な知恵を絞って各種制度を構築し補ってきた。

　しかしながら，議論の対象とされてきたのは，市場取引時における企業と消費者の関係であり，取引後ではない。悪質なレモンだと買い手が実感するの

は，市場取引時ではなく，購買後の使用段階なのである。つまり，現在の経済学モデルでは，購買後の使用段階における「レモンの市場」は回避できないし，そのことに強い関心があるわけではない。

第4節　おわりに

　以上みてきたように，経済学における研究対象は市場取引にあり，そこでは，経済合理性を行動原理とする企業と消費者が，市場メカニズムによって調整されると考えており，様々な条件の下での調整メカニズムが詳細に分析されている。そして，市場概念および行動原理に相違はあるものの，マーケティング研究も市場取引，すなわち，市場でのモノとカネの交換を研究対象としてきた。つまり，その市場取引を企業の側からみて，企業にとってのより良い交換を目指すための理論と手法をマーケティング研究はその成果として示してきた。

　しかし，企業と消費者の関係において，今日のマーケティング研究がその焦点を置こうとしているのは，まさに，購買後であり，そこでの消費者の価値判断である。その意味で，マーケティング研究は，新たな企業・消費者間関係の解明を目指しているといえる。

（注）
1) 金融機関や証券会社等の限定された市場参加者が取引を行う市場。コール市場や手形市場があり，金融機関が相互に日々の短期的な資金の過不足を調整している。取引時間は，原則午前8時30分から日銀当座預金振替終了時まで。一方，世界の金融機関同士が100万通貨単位で売買する為替市場も，参加者が金融機関に限定されインターバンク市場と呼称される。特に，為替のインターバンク市場は，世界中の金融機関が24時間やり取りをしているため，「眠らない市場」と呼ばれる。東京，ロンドン，ニューヨークが世界の3大市場と呼ばれている。
2) 「情報」の概念や定義等に関しては，野口[1974]などを参照。また，情報の経済学に関してはArrow[1970]やStiglitz[1985]などを参照。筆者も「情報」は対価を支払って取得することなどを勘案すると，新しい経済財として捉えるべきだと考える。

（山口隆久・坂田裕輔）

第9章

価値共創の論理とマーケティング研究との接続

第1節　はじめに

　マーケティング研究の分野で新たに注目されるようになった価値共創ではあるが，それが，今日のマーケティング研究にどのような影響を与え，また，今後のマーケティング研究をどのような方向に導くかについては，必ずしも十分に検討されていない。ここでは，前章までの多面的なレビューを踏まえ，価値共創の概念化を図り，マーケティング研究への接続を試みる。

　第一に，サービス・ドミナント・ロジック（Service Dominant Logic: 以下，S-Dロジック）は，交換（取引）後に焦点を当てることで，価値共創という新たな議論をマーケティング研究に与えた。また，サービス・ロジック（Service Logic: 以下，Sロジック）は，サービスの本質的な理解に基づき，企業と顧客の役割を明確にした。その上で，消費概念を拡張し，また，直接的な相互作用の視点から，価値共創を捉えた。そこで，これら2つのロジックに留意しつつ，独自に価値共創の概念化を図る。

　第二に，これまでのマーケティング研究の関心は，交換（取引）およびそこに至るまでのマーケティング活動とその手段にあったが，今後は，研究の焦点を交換（取引）後におくことが求められている。言い換えれば，マーケティン

グ・マネジメントをはじめとするこれまでのマーケティング研究は，企業が意図するより良い交換（取引）を実現するための理論と手法を与えてきたが，これからのマーケティング研究は，交換（取引）後の価値共創を舞台としたプロセスとしてのマーケティング理論と手法を新たに生み出す必要がある。そのことは，マーケティング研究としての価値共創を明確に意味づけることであり，価値共創のマーケティング研究への接続に他ならない。

そこで，これまでのマーケティング研究，そして，周辺領域から経営学および経済学における関連研究を踏まえ，マーケティングの本質を改めて確認しつつ，価値共創をマーケティング研究のなかに明確に位置づけていく。

第2節　サービス・ドミナント・ロジックとサービス・ロジックの価値共創

1.　サービス・ドミナント・ロジックにおける価値共創

S-Dロジックは，いわゆる北米を基盤とするマーケティング研究のもとで生まれた。周知のように，マーケティングが誕生したのは，20世紀初頭のアメリカであり，戦後の4Psを中心としたマーケティング・マネジメントの体系化も同じくアメリカで行われたが，それは，まさしく「モノ」に焦点を当てた理論体系であった。したがって，その後，アメリカで取り上げられることとなったサービス・マーケティング研究が，「モノとの違い」からサービスを説明することで，サービス・マーケティングの成立根拠を説いたのは，いわば当然のことといえる。一方，北欧では，早くからプロセスとしてサービスを捉えたサービス・マーケティング研究が行われていた。

こうしたなか，モノのマーケティングとそれとを対峙させたサービスのマーケティングを包括するものとして新たに提唱されたのがS-Dロジックである。それでは，S-Dロジックは，どのように両者を一括しようとしたのか。言い換えれば，どのようにしてS-Dロジックは，モノとサービスを同じ土俵に載せ

ようとしたのか。

　端的にいえば，S-Dロジックは，行為，プロセス，パフォーマンスとしてのサービスをナレッジとスキルの適用（Vargo and Lusch [2004] p.2）と考えることで，グッズとサービシィーズを包括的に捉えた。つまり，モノとサービスの違いではなく，プロセスという共通点を見出し，そこから，価値共創の概念化を図ったのである。

　そして，その際に最も重要なことは，グッズにおける価値共創をどのように考えるかにあった。S-Dロジックによれば，メーカーは自身のナレッジとスキルを生産に適用し，顧客は使用時に自身のナレッジとスキルを適用することで価値が共創されることになる（Vargo et al. [2008] p.146）。そして，この時，グッズはサービス提供のための伝達装置であると理解される（S-Dロジックの基本前提3）。すなわち，顧客は使用時に自身のナレッジとスキル（運転技術），そして，企業によってグッズに埋め込まれ，顧客によって引き出されたナレッジとスキル（被運転技術）を組み合わせることで価値共創に至ると解釈することができる。

　しかし，この論理的な仕掛けは，マーケティング研究の視点からみて，本当に有効なのだろうか。確かに，S-Dロジックは単なるレンズあるいはマインドセットであり，その意味からすれば，価値共創という新しい考え方を示す上で大きな役割を果たしている。しかし，これをマーケティング研究との接続という点からみるなら，決して成功しているとはいえない。なぜなら，価値は，交換（取引）後に，共創されるといわれても，それは，具体的なマーケティング行為を想起させるものではない。考えられるのは，顧客に引き出されやすいナレッジとスキルを事前にグッズに埋め込むことくらいである。サービスの提供は，S-Dロジックにおいてサービシィーズにおける直接的なものとグッズにおける間接的なものに区分して考えられているが，直接的なサービス提供に比べ，グッズに仕掛けられた論理，すなわち，間接的なサービス提供を通じた価値共創は，企業と顧客が時間的・空間的にあまりにもかけ離れており，決して，マーケティング研究・理論・実践の豊富化をもたらすものではない。翻るなら，そもそも，プロセスとしてサービスを捉えることで，グッズとサービシ

ィーズを包括したにも拘わらず，S-D ロジックは，マーケティング行為であるはずのプロセスについて言及していない。

というのも，前の章で示したように，S-D ロジック研究は，今日，社会化・一般化を求めることに関心が向けられており，マーケティング研究のゴールを直接目指しているわけではないからである。それゆえに，企業によるマーケティング行為を媒介とした顧客との関係を考えるなら，S-D ロジックは，マーケティング研究との接点を見出しにくい状況にある。

とはいえ，S-D ロジックが，交換価値ではなく，交換（取引）後に共創される文脈価値に焦点を置き，また，その価値は顧客が判断するものだということを明快に主張した点は，今後，マーケティング研究の方向性を考えていく上で大きな影響を与えたといえる。

ただし，ここで留意しておきたいのは，S-D ロジックは，モノとサービスの共通項として見出したプロセスのもとで両者を包括的に捉えたが，その本質は，モノをサービスに寄せて考えるものだということである。言い換えれば，サービス化が急速に進む経済社会にあって，モノのマーケティングの実質的な衣替えを図るねらいがそこにあった。なぜなら，交換（取引）後というのは，モノの販売後という意味であり，そこで価値が共創されるという主張は，まさに，モノを中心とした考え方そのものであると同時に，そこから自らを脱却させるものに他ならない。今日における S-D ロジックの世界的な論議の高まりの 1 つには，むしろ，アメリカで生まれたモノのマーケティングの普及度の高さがその背景にある。

2. サービス・ロジックにおける価値共創

一方，S ロジックは，基本的には，サービス・マーケティングを基盤としており，むしろ，それは，サービスの本質のなかにモノも引き込もうとする考え方である。プロセスとして捉えるサービス研究が先行した北欧学派にとって，これは，ある意味で当然なことといえる。そして，S ロジックが仕掛けたことといえば，それは，消費概念を拡張したことである。すなわち，S ロジックで

は，顧客の消費行為の範囲を拡げることで，価値共創を捉え直した。

　要するに，Sロジックでは，直接的なサービス提供，言い換えれば，直接的な相互作用がある場合のみを価値共創として捉えているが，こうした直接的な相互作用のもとでは価値共創の場面は実は多く発生することになる。いずれにせよ，サービスを行為，プロセス，パフォーマンスであるとすることは，Sロジックにとって先験的なことなのである。そして，そのことは，マーケティングを行為として捉える考え方と整合的であり，その結果，マーケティング研究の新たな発展を促しやすいものとなっている。

　さて，サービス・マーケティングを基盤とした考え方は，サービスの本質をどのように捉え，また，そのことに依拠して，企業と顧客の関係をどのようにみるか，ということにも反映されている。Sロジックでは，「顧客のために為すべきサービスとは何かを考えることが，マーケティング・ロジックとしてのサービスを定義する出発点である」(Grönroos [2006] p.323) としており，そこには，企業と顧客の関係を暗示するようなサービスの本質が示されている。つまり，価値創造の場である顧客の消費プロセスにおいて顧客と相互作用する企業の姿があり，そこから，サービスの受け手としての顧客と与え手としての企業という関係が見て取れる。そして，与え手の企業がマーケティング行為を顧客との直接的な相互作用のもとで行う場合を価値共創としている。この点，前述したように，S-Dロジックは，グッズにおける間接的なサービス提供も価値共創であるとしており，マーケティング研究への接続という視点からみれば，Sロジックが優位にある。

　以上みてきたように，Sロジックは価値共創の概念をより一層明確にしたが，課題がないわけではない。

　まず，Sロジックは，消費概念の拡張によって価値共創を新たに捉えたが，その際の条件には，顧客との直接的な相互作用の存在がある。この相互作用を重視する考え方は，サービス・マーケティングに固有のものであり，それゆえ，Sロジックもこうした視点から，企業と顧客の相互作用を軸に価値共創について考えたと思われる。しかし，相互作用の存在を根拠とするのであれば，企業と顧客の関係の多くが価値共創ということになってしまい，改めて価値共

創の議論をする必要はない。これまでのマーケティング研究と異なるのは，モノだろうがサービスだろうが顧客の消費プロセスで価値が共創されるということであり，そのもとで，例えば，モノへの関与を相互作用として捉えることが重要なのである。すなわち，まずは，消費プロセスでの共創があり，そして，時と場合により，モノへの共同的な関与があるということである。したがって，このことは，これまでも行われてきた顧客参加型製品開発を価値共創の視点からどのように解釈するかという問題と深く関わっている。この点に関しては，後で詳しく述べることにする。

　また，価値を創造することについて，Ｓロジックでは，プロバイダー領域，ジョイント領域，そして，顧客領域に分けて議論が行われており（Grönroos [2013] p.140; [2014] p.208），それらは，必ずしも固定的なものではないとしている。すなわち，ここで重要になってくるのは，むしろ，マーケティングの本質である市場創造をどこで担保するかということである。言い換えれば，マーケティング行為として行う顧客との共創領域をいかに拡大するかということであり，顧客が独立して行う価値創造に入り込むマーケティングの重要性を認識することである。そのための積極的な議論がＳロジックには必要だが，こうした企業が行うマーケティングの視点から議論をしていないのは，Ｓロジックが本質的に顧客側からの説明に重点をおいているからである。

　最後に，S-DロジックおよびＳロジックに共通する問題点をあげるなら，第一に，それらはいずれも，交換価値と文脈価値あるいは使用価値の関係を明らかにしていないという点が指摘できる。交換後の世界を描くということにおいてともに評価できるが，消費プロセスで展開されるマーケティング行為によって共創されるのが文脈価値あるいは使用価値なのであり，それは，当然ながら交換価値と差異が生じる。すなわち，そこには交換価値＜文脈価値あるいは使用価値，または，交換価値＞文脈価値あるいは使用価値の関係が生じ，当然ながら，マーケティング行為主体者である企業からすれば，前者の関係を期待する。そして，このことに関連して，第二に，S-DロジックもＳロジックも価値共創の成果をどのように捉えるのか，また，企業がそれをどのように手にすることができるのかが議論されていない。価値共創によって顧客が高い価値を得

ることができ，それが，交換価値を上回る場合でも，企業がその成果を手にする理論的根拠や行為は示されていない。もちろん，繰り返し購買，ブランドロイヤルティ，クチコミにその成果を求めることができるだろう。しかし，価値共創の意義については，マーケティング行為主体者である企業の視点に立った本質的な議論を行うことが不可欠となっている。

　そこで以上ことを念頭におきつつ，本書における価値共創を概念化し，マーケティング研究への接続を図る。

第3節　価値共創の概念化

1.　価値創造者としての顧客

　顧客は価値創造者として捉えられる。価値は顧客の欲求を満たすすべてであり，価値を創造することで顧客は自身の生活を築きあげる。すなわち，価値は顧客にとっての価値を意味している。その際に，顧客は単独で価値創造を行う場合と企業をはじめとして他の主体と共同で行う場合があり，後者を特に価値共創と呼ぶ。そして，様々な状況（文脈）の中で顧客は価値を判断する。したがって，価値は文脈によって常に変わりうるものであり，これを特に文脈価値という。本書では，マーケティング研究との接続ということから，企業と顧客による価値共創を取り扱うものであり，価値共創は，顧客の消費プロセスで企業と顧客が相互作用することで文脈価値を生み出すことと理解される。そして，そこでの企業と顧客は，サービスの与え手と受け手の関係にある。なぜなら，価値創造者である顧客は，もともと，自身に対してサービスを行う存在であるが，そこに不足が生じた場合，企業をはじめとした他の主体からのサービス供給に依存する。この時，企業はサービスの与え手であり，顧客は受け手となる。このように，サービスの起点は，あくまでも顧客にあるのである。したがって，サービス交換を内容とする価値共創も，同じく顧客によって始めら

れ，共創された価値に評価が下され，その終わりが告げられる。

　周知のように，これまで，企業と顧客の関係において価値は企業側が決めてきた。企業は市場でのより良い交換（取引）を意図し，顧客のニーズを取り込んだモノを自らの生産プロセスで作りだし，顧客にその購買を促してきた。言い換えれば，市場での交換（取引）は，企業が示した価値を顧客が認めるかどうかの手続きを意味している。そして，その際に企業と顧客の間には，例えば，製品の品質をめぐる明らかな情報格差（情報の非対称性という）が存在していたが，情報化の進展によって，そうした交換（取引）に伴う情報の非対称性は解消されたというのが一般的な理解である。

　しかし，今日，価値は顧客側で創造され，顧客によって一方的に判断されるのであり，企業はただちに顧客の消費プロセスに入り込み，顧客と一緒になって顧客にとっての価値を共創する必要がある。ところで，顧客の消費プロセスは，どのように捉えることができるのか。繰り返すまでもなく，顧客は価値創造者であり，顧客にとって価値の創造は生活全般にわたるものといえ，それには，単独だろうが共同だろうが常にサービスの適用を伴っている。そして，そこでいうサービスの適用をこれまでサービスの消費と呼んできたのであり，このことからすれば，顧客の消費プロセスは，生活のすべての局面に及ぶものと理解する必要がある。

　そして，顧客が企業にサービス提供を委ねる時にこそ，企業と顧客による価

図表9-1　価値共創と企業・顧客間関係

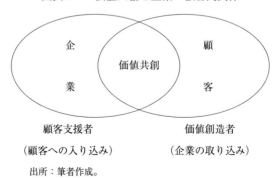

出所：筆者作成。

値共創の世界がある（図表9-1参照）。しかしながら，留意したいのは，そこには「情報の逆非対称性」が存在するということである（村松[2011]）。つまり，価値は，文脈価値として顧客に内在するものであり，それゆえに，たとえ，顧客と共創する企業であっても，文脈価値に関して，企業と顧客の間に歴然とした情報格差がある。いずれにせよ，価値共創の場は，顧客の消費プロセスにあるのであり，企業と顧客の直接的な相互作用によって価値は共創され，顧客によってその価値が判断される。繰り返すなら，価値共創は，顧客の消費プロセスで行われる企業と顧客の直接的な相互作用であると捉えることができる。

したがって，どのように消費されるかに配慮した事前的なモノづくり，さらには，顧客を企業の生産プロセスに取り込んだ顧客参加型製品開発も，たとえ，それが顧客の消費プロセスを視野に入れようが，また，顧客と共同しようが，価値共創とはいわない。それらは，あくまでもより良い交換を目指すものである。言い換えれば，それは，企業と顧客が交換価値を共同して創ることでしかない。また，購買後に行われるアフターサービスが，価値共創と理解されることがあるが，それは間違いである。アフターサービスは，あくまでもモノを交換時の状態，すなわち，交換価値に戻そうとしているに過ぎない。

いずれにせよ，顧客との相互作用の一端を担うのが，サービスの与え手としての企業であり，その行為こそがマーケティングであると考えることができる。

2. 価値共創の仕組み

それでは，企業と顧客による共創はどのように行われるか。サービスは，ナレッジとスキルを適用することであり，それは，受け手の顧客が与え手の企業にサービスを求めることから始まり，受け手によって終わりが決められる。つまり，価値創造者である顧客は，単独での価値創造に至らない場合，企業からナレッジとスキルの適用，すなわち，サービスを受けるのであり，このことこそが価値共創に他ならない。したがって，価値共創は，企業と顧客のナレッジとスキルの組み合わせの問題であり，それは，図表9-2からわかるように無限に存在する。

図表9-2　顧客と企業のナレッジとスキル

顧客のナレッジとスキル

企業のナレッジとスキル

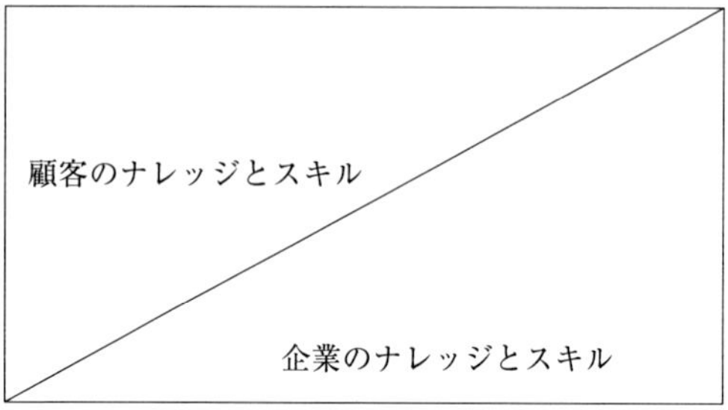

出所：筆者作成。

図表9-3　意志と能力

		意　　志	
		強	弱
能力	高	II	I
	低	III	IV

出所：筆者作成。

　しかし，このナレッジとスキルは，いわば能力の問題でしかなく，そもそも価値共創に取り組むかどうか，また，どのようにして取り組むかは企業と顧客のそれぞれの意志の問題となる。これを顧客からみれば，価値創造者としての顧客が，企業との共創に臨むというのは，まさに意志によるものである。一方，企業からみれば，顧客から意志を持って求められるサービスがどのようなものか，すなわち，企業がもつどのようなナレッジ・スキルが求められているかを察知し，それにどのように応じるかは企業の意志の問題となる。
　したがって，企業と顧客はそれぞれ意志と能力を持ち，図表9-3のように互いの行為はそれぞれ4つにパターン化され，その結果，企業と顧客による価値共創は，これらパターン同士の組み合わせのもとで行われる。

そして，企業が意志と能力をもって顧客との共創に乗り出す場合は，それは，マーケティング行為として認識される。その際にマーケティングが行われる場こそが，顧客の消費プロセスなのである。すなわち，価値共創は，サービスの受け手である顧客によって始められ，与え手である企業のサービスを伴う直接的な相互作用として進行し，共創された価値に対する顧客の判断を経て一応の終結をみるが，価値共創は，長い時間軸でみていくことが重要である。そして，ここに価値共創とマーケティングの接点を見出すことができる。

3. 価値共創の意義

それでは，価値共創の意義をどのように考えたら良いか。少なくとも，マーケティング研究として価値共創の意義を正面から取り上げたものは，実のところ，あまりみられない。

価値共創は，交換価値ではなく，消費プロセスで共創される文脈価値に注目するものであり，多くの論者が念頭においているのは，企業と顧客によるモノとカネの交換はすでに完了済みだということである。したがって，文脈価値を共創した結果，前述したように，繰り返し購買の獲得，ブランドロイヤルティの向上，クチコミによるプロモーションの促進といった成果が得られると考えるのが一般的である。そして，そこに価値共創の意義を見出そうと考えるだろう。しかし，例えば，交換価値以上の文脈価値を共創したとしても，現状の仕組みのもとでは，企業はそれに見合った報酬を受け取ることはできず，そこには，「機会収益の逸失」が生じている。逆に，文脈価値が交換価値を下回る場合は，顧客に対する「機会損失の転嫁」が起こっている。いずれの場合も，企業，顧客にとって幸せなこととはいえない。そこで以下，この問題をもう一歩進めて考えてみる。

一般にモノのマーケティングでは，より良い交換（取引）を意図し，具体的には市場でのモノとカネの交換に向けて，企業はより多くの報酬を顧客から得ようと，4Psに集約されるマーケティング手法を駆使してきた。企業と顧客は交換（取引）に際して，モノとカネの価値を認識しており，企業は，交換に耐

えうる価値をもったモノとともに顧客とのカネの交換（取引）に挑む。そこでは，当然ながら，モノとカネは等価で交換される。言い換えれば，交換価値とは，企業によるあくまでも事前的な価値であるが，顧客は欲しいモノとカネが等価であると判断すれば，価格として示された価値を受け入れ，企業と顧客の交換（取引）が成立する。したがって，モノのマーケティングでは，交換（取引）と価値認識は時空間において一致している。

　これに対して，サービスのマーケティングでは，交換（取引）時に「交換価値」をもつはずのサービスの提供とは別個に交換（取引）が行われる。この場合，交換（取引）と価値認識は時空間において一致しておらず，両者は不一致の関係にある。つまり，サービスは，企業によって事前に内容と価値が決められ，示された価格を担保する範囲内で，生産と消費の同時性に基づいて企業によって顧客に提供され，そこではじめて，顧客はサービスの価値を認識する。すなわち，「未等価交換」を強いられているのがサービスなのである。

　そして，これまで述べてきたように価値は顧客の消費プロセスで共創され，第一に顧客によって判断されると考えるのが価値共創であれば，また，第二に価値を反映したものとして価格を捉えるのであれば，共創された価値に見合った価格というものが必要となるが，その決定者は顧客である。なぜなら，交換価値の考え方のもとでは，企業が価値を創造し，それに見合う価格を設定した。しかし，新しい文脈価値のもとでは，企業は顧客の求めに応じ，サービスの与え手として価値共創に加わるのであり，共創された価値に対する判断はあくまで顧客が行うからである。言い換えれば，ここではじめて，サービスも等価交換の舞台に上れるのであり，価値共創に見合った報酬を企業が受け取る仕組み，言い換えれば，価値共創における等価交換を新たに考えることが不可欠となっている。そのことによって，機会収益の逸失と機会損失の転嫁を防ぎ，企業は努力次第で多くの報酬と顧客からの信頼を獲得することが可能となる。価値共創の深遠なる意義はこの点にこそ見出せるのであり，今後，こうした視点からマーケティング研究を進めていくことが急務となっている。

第4節　新しいマーケティング領域

　それでは，価値共創は，マーケティングの研究，理論，実践にどのような新しい領域をもたらすのか。それは，これまでのマーケティング領域およびそれに対応した理論や手法と対比させることでより鮮明に描くことができる。価値共創の考え方と最も距離があるのは，いうまでもなくサービスではなくモノのマーケティングである。したがって，これまでのマーケティング領域を示すには，交換価値に焦点を置いたモノのマーケティングを取り上げることが相応しい。そこで以下，モノのマーケティングを念頭におき，これまでのマーケティング領域および理論と手法を特質づけ，それらとの比較から価値共創に基づく新しいマーケティング領域と研究課題を明らかにする。

1.　生産プロセスとこれまでのマーケティング

　モノを中心としたこれまでのマーケティングは，生産プロセスですべてを考え，その論理にしたがって行為がなされる。例えば，4Psを軸としたマーケティングでは，企業が決めた価値をマーケティング・ミックスに託し，顧客とのより良い交換（取引）に臨んできた。そして，確実な交換を達成するために，企業は事前にリサーチや観察によって顧客のニーズを探り，それを交換のための価値づくりに反映させてきた。すでに述べたように，消費・使用時における快適さや便利さ，あるいは安全性や環境への配慮を踏まえたモノづくりも，すべてこの範疇に入る。これまでのマーケティングでは，そのすべてが交換価値に向けられていたのであり，企業の最大の関心は，それをいかにして高めるかにあった。そして，近年，盛んに行われているのが，顧客参加型製品開発であり，それは，いわば企業と顧客が共同して交換価値づくりを行うものといえる。そのことを通じて，企業は市場での交換（取引）リスクの削減を図ろうとしている。一方，依然として，価値は事前にはわからないのもまた事実なので

ある。

そして、これまでのマーケティングは、まさにこの生産プロセスを舞台として展開されてきたのであり、その研究、理論および実践には膨大なまでの蓄積があることは周知の通りである。

したがって、事前に企業が価値を決め、それを価格として示すという点に限れば、実は、伝統的なサービスのマーケティングもモノのマーケティングと同じであり、この意味において、両者は価値所与マーケティングといえる。そして、サービスのマーケティングについては、生産と消費が同時に進行する前に、企業が事前に価値と価格を決め、顧客がそれを甘受してきたというのが正確なところだろう。交換価値といえども、その価値を認めての交換（取引）が前提とされてきた経済社会で、価値がモノとして見え、サービスとして見えないという違い以上に、サービスの場合は、行為としてのサービスが行われる前に価格が決められ、モノと同じ市場システムでの交換（取引）が強いられてきたことにこそ問題があったといえる。

2. 消費プロセスと新しいマーケティング

新しいマーケティングは、価値共創の考え方を基盤としており、その舞台は顧客の消費プロセスにある。価値はそこで企業と顧客によって共創されるのであり、直接的な相互作用の一端を担うマーケティング行為をもって、企業は顧客との共創に臨む。したがって、顧客の消費プロセスで行われるマーケティング行為こそが新しいマーケティングであり、それを、価値共創マーケティングと呼ぶことができる。そこには研究、理論および実践の新たな領域がある（図表9-4参照）。

繰り返すなら、価値共創のもとでは、顧客の消費プロセスで企業と顧客が価値を共創し、顧客が判断する。すなわち、企業はマーケティング行為として顧客の消費プロセスで直接的な相互作用を顧客と行うが、そこでは、ナレッジとスキルの適用とされるサービスが企業と顧客の間で交換され、価値が共創される。この時、モノは、サービス交換に付随するものに過ぎず、時と場合により

図表 9-4 マーケティングにおける研究・理論・実践領域

生産プロセス	消費プロセス
顧客を取り込む （これまでのマーケティング領域）	消費プロセスに入り込む （新しいマーケティング領域）
これまでのマーケティング ○事前に企業が価値（4Ps）を決め，顧客とのより良い交換に臨む（価値所与マーケティング） 　・リサーチ，アンケート，インタビュー 　・観察（購買時，消費時） ○企業が顧客と一緒に製品（価値）をつくる（顧客参加型製品開発）	新しいマーケティング ○顧客の消費プロセスで行われる企業と顧客の直接的な相互作用に基づくマーケティング（価値共創マーケティング） 〈研究課題〉 ①消費プロセスにおける顧客の消費行動 ②企業と顧客の共創プロセス ③顧客の消費プロセスで行うマーケティング ④共創される文脈価値

出所：筆者作成。

企業と顧客によるモノへの共同関与がある。すなわち，価値共創は，顧客の消費プロセスですべてを考え，そして，行動することを企業に求めるものである。さらに，顧客の単独による価値創造領域に企業は主体的に入り込むことによって価値共創の範囲は拡大するのであり，そのことによって，マーケティングは市場創造という本質を発揮することになる。また，それは，さらなるビジネス機会を企業に与えることにもなる。

そして，以上のことが実質的な意味をもつには，共創された価値に見合った報酬授受システムを新しいマーケティングそれ自体が取り込むことが必要となる。また，そうすることで，「機会収益の逸失」および「機会損失の転嫁」を防ぐことが可能となり，また，新たなビジネス機会における報酬授受システムともなりうる。すなわち，価値共創のもとでは，サービスの交換がすべてに先行することになる。

最後に，価値共創を基盤とする新しいマーケティングとモノのマーケティングおよびサービスのマーケティングとの差異をあげれば，モノのマーケティングは，あくまでも生産プロセスで考え，そして，行動するマーケティングであり，この点で価値共創マーケティングと異なっている。また，サービスのマーケティングは，消費プロセスを舞台としている点で共通しているものの，サー

ビスに付随するモノに顧客が関与する場合があることを考慮していない点で，価値共創の新しいマーケティングと異なっている。そして，共通していえることは，両者とも共創された価値に見合う報酬授受システムを含んでいないが，価値共創の新しいマーケティングは，それが内包されることに意義があると考える点で大きく異なっている。

　すでに述べたように，価値共創には顧客の消費プロセスにおけるモノへの共同関与が含まれるが，それには，もっと積極的な理由が存在している。すなわち，サービスにとってモノは付随的な役割を担うが，受け手によって起動するサービスにおいて，顧客がいつもモノを有しているとは限らず，また，顧客が望むサービスにとって，その時に顧客あるいは企業が持ち合わせたモノでは不十分な場合もある。したがって，より良いサービスにとって，モノへの関与はいわば必然的なものであり，この意味において，顧客の消費プロセスのなかにモノへの共同関与は含まれるのである。

　つまり，顧客の消費プロセスで行われる新しいマーケティングは，大別して2つの形態がある。第一に，既存のモノを伴って価値共創が行われる場合と，第二に，企業と顧客が共同で購入あるいは開発・生産したモノを用いる場合（共同関与）とがある。ここで留意すべきは，モノの開発・生産をこれまでのマーケティングにおいて行われてきた顧客参加型製品開発と混同してはならない。それは，あくまでも交換価値を狙いとしたものに過ぎない。新しいマーケティングのもとで展開されるモノの共同生産は，いうまでもなく文脈価値を共創するために行われるのであり，交換価値を共同でつくるわけではない（図表9-5参照）。

　すなわち，企業と顧客がサービス交換を通じた価値共創を行うなかで，あくまでもそこだけに留まるか，あるいはモノに共同関与するかは，顧客の意向と企業のビジネスに対する考え方の問題である。言い換えれば，この新しいマーケティングにとって必要なことは，顧客との価値共創のもとで改めてマーケティングおよび企業の仕組みを統合的，戦略的に考えていくことにある。新しいマーケティングの範囲には，そこまでが含まれている。サービス交換による価値共創がまずあり，そのプロセスでモノが必要となった場合に共同関与が行わ

図表9-5　これまでのマーケティングと新しいマーケティング

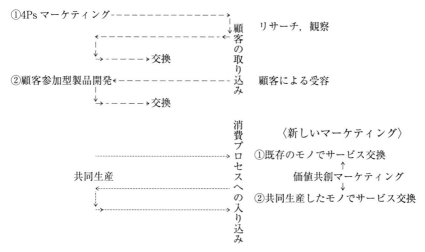

出所：筆者作成。

れるのである。しかし，その前提には，消費という目的が存在しており，そのもとで手段としてモノへの共同関与が成立する。

　このように考えると，新しいマーケティングにとって重要なことは，リアルだろうがネットだろうが，すべての企業が為すべきことは，第一に，顧客との接点（contact）を構築することである。価値共創はまずはそこから始まる。そして，第二には，そこで顧客とどのようにコミュニケーション（communication）をとるかの問題がある。いうまでもなく，価値共創は直接的な相互作用を伴うものであり，それを保証するようなコミュニケーションが求められる。第三に，顧客とどのように共創（co-creation）するか，そこにどのようなメカニズムを見出せるかについて考える必要がある。当然ながら，共創は時間的・空間的な広がりをもっている。そして，第四に，ある文脈のもとで共創された文脈価値（value-in-context）とは何かについて明らかにしなくてはならない。そして，これを価値共創における4Cアプローチと呼ぶことができ

る。

3. 新しいマーケティングの研究課題と分析対象

それでは，価値共創の新しいマーケティングを理論化し，実践に結び付けていくには，どのような研究を行っていくことが必要だろうか。

少なくとも，そこでの研究課題は，大きく4つに区分して考えることができる。すなわち，(1)消費プロセスにおける顧客の消費行動の解明，(2)顧客の消費プロセスで行うマーケティングの解明，(3)企業と顧客の価値共創プロセスの解明，(4)共創される文脈価値の解明，である。そして，それぞれ個別の研究課題をあげるなら，以下のようなものが考えられる。

(1) 消費プロセスにおける顧客の消費行動

これまでの消費者行動研究の主眼は，購買行動にあったが，価値共創の考え方のもとでは，消費プロセスにおける顧客の消費行動が明らかにされる必要がある。また，価値創造者として捉えられるのが顧客であり，したがって，価値創造行動と価値共創行動の区分という視点も重要となる。さらに，顧客の消費プロセスは，顧客の生活局面全般にわたるものであることから，次の点について確認しておきたい。

顧客の消費プロセスにおける消費行動は，単に「使う・利用する」ことだけではなく，「買う」ことも「作る」ことにも関わっている。すなわち，「買う」も「作る」も，いわゆるモノへの共同関与の1つとして，それぞれ価値共創に含まれる。消費者の購買行動は，企業と顧客を売り手と買い手の関係としてみた場合の顧客の買う行動を指している。しかし，その一方で，それは，顧客が「使う・利用する」ための行動の一部としても理解できる。前述したように，顧客の生活全般に関わるものとして顧客の消費プロセスは捉えられるのであれば，「使う・利用する」ための「買う」ことへの関与と同様に，「使う・利用する」ための「作る」ことへの関与も顧客の消費プロセスに含めて考えるのが自然である。ただし，繰り返すなら，ここで十分に留意すべきは，「買う」およ

び「作る」への関与も，企業と顧客におけるサービス関係が先に構築されていることが前提にあり，そのことを踏まえたうえで顧客の消費プロセスは広く捉えることができる。

したがって，顧客は，「使う・利用する」ことを前提としてどのようにしてモノを「買う」および「作る」に関与するのかというのが大きな研究課題となる。このように，顧客の消費プロセスは，「使う・利用する」を軸として，「買う」「作る」が含まれるが，本章では，これまで，顧客の消費プロセスを顧客にとって最も本質的な「使う・利用する」という意味で用いてきた。

そして，最も重要なことは，顧客はどのように共創された価値，すなわち，文脈価値を判断するかということである。この分析には，これまで以上に関連領域の知見が有用となる。

(2) 顧客の消費プロセスで行うマーケティング

まずは，企業がどのように価値共創行動をとっているかである。これは4Cアプローチによって分析することができる。その際に市場創造の視点から，共創領域をどのように拡大あるいは新たに創り出しているかを明らかにすることは，マーケティングの研究，理論，実践において極めて関心の高いところである。その視野には，新しいビジネスの創造も入っている。

また，サービスに付随するモノにはどのような関与が認められるか。具体的には，それが，既存あるいは新たなモノのいずれを利用してのサービスかということである。そうしたなか，企業は，顧客のモノへの関与に共同行為として関わるのであり，それこそがマーケティング行為による適応に他ならない。また，マーケティング行為である以上，そのことに対する報酬が正当に与えられなくてはならない。したがって，価値共創マーケティングとして，共創された価値に応じた独自の報酬授受システムとはどのようなものか検討する必要である。

(3) 企業と顧客の共創プロセス

企業と顧客の共創プロセスを第三者的に客観的に観察することも重要であ

る。それによって，共創プロセスの一般化を図ることが可能となる。また，そこでは，企業と顧客がおかれた文脈も明らかにされる。

(4) 共創される文脈価値

価値共創において最も重要なのは，共創される文脈価値そのものを解明することにある。そこでは，文脈と価値の関係，文脈価値が生まれるプロセス，また，交換価値との差異に関して明らかにする必要がある。

そして，これらの研究課題を1つひとつ解明していくことで，新しい価値共創マーケティングを理論化し，実践に結び付けることができる。それには，様々な業種・業態に属す企業を事例に取り上げて調査・分析していくことが必要である。例えば，製造業，流通業，サービス業の区分，また，B to BおよびB to Cにおける差異も念頭において研究課題に取り組んでいく必要がある。

第5節　おわりに

価値共創マーケティングは，モノおよびサービスのマーケティングを単に包括するものではない。それは，モノのマーケティングにとっては，交換（取引）後における顧客の消費プロセスという新しいマーケティングの舞台が示されたことになる。また，生産と消費の同時進行を本質とし，もともと顧客の消費プロセスと深く関わってきたにも関わらず，モノのマーケティングおよび市場システムの論理のもとで取り扱われてきたサービスのマーケティングに新たな光があてられたともいえる。

しかし，価値共創マーケティングは，こうしたモノおよびサービスのマーケティングのそれぞれの延長線上にあるのではない。交換価値ではなく文脈価値という，これまでとはまったく異なる価値に対する考え方に立つものである。すなわち，価値共創マーケティングは，顧客の消費プロセスで共創される文脈価値に向けたマーケティングであり，それには，企業と顧客の直接的な相互作用が条件となる。そして，企業と顧客の共創関係を起点として，モノへの関与

をどうするかの問題を含め，すべての仕組みを考えていくマーケティングを意味している。すなわち，サービスの受け手である顧客は企業との共創によって価値創造を成し遂げるのであり，そこには，サービスの与え手として，顧客のプロセスに創造的かつ主体的に適応する企業の姿がある。したがって，こうした企業による共創行為は，価値創造者である顧客を起点とする顧客ロジック（Customer Logic）[1]のもとで展開されるのであり，これこそが企業に新たに求められる価値共創マーケティングの真意である。

　以上，本書の第Ⅰ部では，価値共創マーケティングを理論化し，また，実践に結び付けていくための土台となる議論を展開した。続く第Ⅱ部では，価値共創を起点としたマーケティングが必ずや行き着く企業システムの問題に焦点を当てていく。

(注)
1) 村松[2010]で述べたC-Dロジック（Customer-Dominant logic）に代わり，ここで新たにCロジック（Customer Logic）の考え方を示したのは，それが，与え手としての企業，受け手としての顧客という価値共創における企業・顧客間関係を適切に言い表すものだからである。そこには，企業と顧客は対峙するものではないという思いが込められている。

（村松潤一）

第Ⅱ部

価値共創と企業システム

　第Ⅰ部では，本書における価値共創の考え方が示された。そのことを受け，この第Ⅱ部では，企業システムとの連動を図るとともに，そのもとでのマーケティング研究の課題を明らかにする。

　価値共創は，いうまでもなく顧客との接点が極めて重要であるが，特定の部門が顧客との価値共創を担うというより，それは，組織全体による取り組みとして理解すべきものといえる。マーケティング研究においては，すでにマーケティングを軸とした企業システムに関する議論が行われている。マネジリアル・マーケティング，戦略的マーケティング，そして，市場志向研究がそうである。しかし，これらの議論は，必ずしも成功している訳ではなく，その理由としては，以下のことが考えられる。

　第Ⅰ部で明らかにしたように，これまでのマーケティングでは，市場でのより良い交換（取引）がそのゴールとされ，市場において，企業と顧客が対峙するモデルが念頭に置かれてきた。そして，交換後の顧客はその視野に入っていなかった。しかし，顧客が市場での経済交換に臨むのは，あくまでも手段であり，その目的は自身にとってのより良い社会生活にある。

　一方，価値共創の考え方においては，そうした理解がその背景として含まれている。なぜなら，価値共創においては，企業と顧客はサービスの与え手と受け手の関係にあり，市場での交換時ではなく，交換後の企業と顧客の関係において依拠するものが，価値創造者たる顧客の価値判断にあるからである。これまでのマーケティングは，まったくこのことを見落としてきた。むしろ，ここ

で焦点を当てるべきは，顧客の消費プロセスで展開される顧客との価値共創である。したがって，企業行為として行われる，全社をあげてのマーケティングも，顧客が社会行為として企業と取り組む価値共創を起点として行われるべきであり，今日，そのための理論的・実践的なマーケティング体系の構築が不可欠となっている。

　すなわち，第Ⅱ部が主題とするのは，顧客との価値共創を起点とした，いわば価値共創型企業システムともいうべきものの理論的・実践的基盤の提示であり，そのもとでの積極的な議論展開である。そこで，以下のような章構成をもって，この新たな課題に挑むことにした。

　まず，第10章の「**価値共創型企業システムとマーケティング研究**」では，顧客との価値共創を起点として企業システムのモデルが，マーケティングの本質概念である市場創造と統合との関係において示される。すなわち，顧客との共創領域を拡大することが市場創造につながること，また，組織における統合には内部統合と外部統合があり，それぞれにおいて取り組むべき統合がなされてはじめて価値共創型企業システムが成立することが述べられる。

　そして，こうした顧客との関係，あるいは価値共創を起点として企業システムが構築されるという視点に立つなら，歴史と伝統をもち，わが国固有の業態である総合商社は，これまでのようなコミッション・マーチャントとしてではなく，まさにビジネス・クリエーターとして評価されることになる。**第11章の「価値共創型企業システムの源流―総合商社―」**では，マーケティングにおける価値共創の考え方をもとに総合商社の再評価を試みる。

　ところで，顧客との接点が価値共創において重要となることは，これまで述べた通りであるが，小売業やサービス業では，すでに顧客との接点が確保されている。一方，製造業においては，基本的に顧客との直接的な接点はみられない。そこで，**第12章の「サービス業・小売業の価値共創と企業システム」**では，本来的に，顧客との接点を持ち合わせてきたサービス業と小売業が，価値共創という視点から，それをどう活かし，価値共創に取り組むことが可能か，また，そのもとでどのように企業システムが構築されるかについて，理論的に考察する。続く，**第13章の「製造業の価値共創とマーケティング」**では，顧

客との接点を製造業はどう設定するか，また，価値共創にどのように取り組むことができるかについて，先行事例研究を批判的に検討し，顧客との直接的な相互作用，消費概念の拡張といった視点から，論理的な思考実験を試み，製造業による価値共創マーケティングを展望する。

そして，最後に，**第14章の「サービス業による価値共創型企業システムの構築—島村楽器を事例として—」**では，島村楽器を事例として取り上げ，サービス業から始まった同社が，何を動因として，楽器の小売り，さらには，製造にまで取り組むことになったのか，また，価値共創型企業システムとして，同社をどのように解釈することが可能かを明らかにする。

(編者)

第10章

価値共創型企業システムとマーケティング研究

第1節　はじめに

　これまでのマーケティングと新しいマーケティングは，明らかに異なっており，それぞれ，価値所与マーケティング，価値共創マーケティングとして特徴づけられる。

　しかし，両者には共通の課題がある。すなわち，マーケティングが永きにわたって言い続けてきた，マーケティングを中心とした企業システムを提示することである。価値所与マーケティングにおいては，それは，すでにマネジリアル・マーケティングとして理念化され，その後，PIMSやPPMといった戦略論理と手法を取り込んだ戦略的マーケティングとして体系化が進んだ。しかし，それらは，あくまでもより良い交換の達成をその射程に置いたものに過ぎなかった。そして，今日，価値は顧客の消費プロセスで共創されるのであり，そうした考え方のもとで新しいマーケティングを可能にするマーケティング・システム，企業システムが求められている。

　そこで本章では，価値所与マーケティングとは，いわば志向論としてのマーケティングであったと総括し，それとの対比から，価値共創マーケティングは，起点論の考え方に立つものであることを指摘する。そして，それを取り込

んだ企業システムを価値共創型企業システムとしてモデル化し，そのもとでの新たなマーケティング研究の課題を示すことにする。

第2節　価値所与マーケティングと志向論

　これまでの価値所与マーケティングは，マーケティング研究，理論，実践がモノのマーケティングから始められたこともあり，典型的にはメーカーと最終消費者というように，企業と顧客が「時間と空間」において離れた位置関係にあることを前提としていた。そして，そこでの研究課題は，いかにして企業はその時間的・空間的距離を克服するかにあった。しかし，翻って考えるなら，市場創造を本質とするマーケティングが，その焦点に置くのは，当然ながら消費者，すなわち，顧客である。したがって，「時間と空間」の克服も，対顧客という明確な方向性があってはじめて意味がある。そして，このことを強調するなら，これまでのマーケティングは，企業が離れた顧客をただひたすら目指す，すなわち，志向するという意味で，いわば，志向論の考え方に立つものであった。

　周知のように，Taylor [1911] は，企業（工場）の内部管理の問題を扱ったが，同時期の Shaw [1915] は，企業の外部管理を問題として取り上げた。志向論の考え方に基づくマーケティング研究は，生産された製品を所与としながら，流通を経たマーケティング行為を通じて，いかに顧客に近づくかの問題を扱うものとして，まさにこの時期に成立した。したがって，そこにおいては，製品は所与であり，企業によって決められた価値が当該製品に事前に埋め込まれていたことから，価値所与マーケティングと呼べる。

　そして，流通あるいは販売という局面での取引リスクを抑えるには，当該製品が顧客の意向に適合する必要があり，企業経営として考えるのは，当然ながら，生産ではなくマーケティングに焦点を置いた経営である。生産された製品の処理，つまり，流通，販売ではなく，顧客に受け入れられるものを生産することにマーケティングとして関与するということであり，そのことによって取

引リスクを削減しようとした。一般にいわれる生産志向，販売志向，そして，マーケティング志向へとマーケティングの考え方が転換してきたのは，この意味において当然のことであった。

　そして，取引リスクの削減には，マーケティングの本質を見極める必要がある。それは市場創造を担うマーケティングは，企業経営において唯一の対外的活動であり，McCarthy [1960] がいうマーケティング努力の対象が顧客にあることと深く関わっている。端的にいえば，マーケティング志向をより厳密に規定するなら，それは，顧客志向ということができる。マーケティング・マネジメントは，Howard [1957] を経て McCarthy [1960] に至ったように取引相手である顧客を中心とした枠組みを構築したのであり，企業・顧客間における取引リスク削減は理念的には一種の到達点に達した。

　ところで，かつて，Keith [1960] は，企業経営における生産志向から販売志向を経たマーケティング志向への転換をコペルニクス的転回と名付けたが，それはまさに，企業中心の考え方からの脱却を主張するものであった。そして，顧客志向は，企業経営におけるマーケティング志向を前提として，マーケティング志向の考え方をさらに精緻化した表現としての意味をもっている。また，生産志向ではなくマーケティング志向の重要性を具体的な事例をあげつつ述べたのが Levitt [1960] であり，それが，いわゆる「マーケティング近視眼」論として結実したのは周知の通りである。彼は，販売とマーケティングの概念的な違いを主張し，買い手ではなく売り手に，要するに，製品ではなく顧客に焦点を置くべきだということをわかりやすく説いた。

　こうしてマーケティング志向が精緻化されていくのと同時に，一方では，マーケティング戦略の公式化が図られた。Oxenfeldt [1958] は，市場戦略は，①標的市場の確定，②マーケティング・ミックスの構成，からなるとしたが，それは，緻密なリサーチによって顧客ニーズを明らかにするとともに，いわゆる市場細分化によって標的市場を特定し，さらにマーケティング・ミックスを構築することを示唆したものである。もともと，市場細分化は，効率達成を意図するものであり，それによって標的市場の特定はより効果的なものとなる。

　また，Kotler [1967] は，標的市場において展開されるマーケティング類型に

は,「無差別的マーケティング」,「集中的マーケティング」,「差別的マーケティング」の3つがあることを演繹的に提示したが,これによってマーケティングはさらに顧客への適合度を高めることに成功した。

そして,顧客志向を内実としたマーケティング志向に新たな研究領域を与えたのが,Narver and Slater [1990],Kohli and Jaworski [1993] による市場志向研究である。とりわけ,後者は,市場からの情報生成,組織内での普及,市場への反応という枠組みのもとで,市場志向に基づく行動とその成果の関係を測定しようとした。すなわち,これまでに理念化され,体系化されてきたマーケティングを中心とした企業経営に関する研究の実証化がここに至ってはじめて開始された。

第3節　価値共創マーケティングと起点論

1. 志向論の到達点と限界

これまでみてきた志向論に立ったマーケティングの,いわば実質的な到達点というべきものを,協働型マーケティングおよび顧客参加型製品開発に見出すことができる。

上原 [1999] は,「消費者が財の生産過程に直接介入するシステムのもとで,消費者と企業の協働関係が構築され,その関係の中で両者による価値創造活動が展開される,といった相互制御行為(協働行為)の展開」(279頁)として,新たに協働型マーケティングを説いた。ここで重要なことは,企業と消費者が相互制御関係にあるということであり,彼は,消費者による生産過程への介入をそうした関係として捉えている。ただし,この相互制御関係それ自体は,サービス・マーケティングの本質でもあり,逆にいえば,この消費者による生産過程への介入を向かい合った相互制御関係として捉え,それを協働型マーケティングとして呼んだ。

それでは，これまでのマーケティングはどのように位置づけられるか。上原によれば，それらはすべて操作型マーケティングであったという。つまり，企業はあくまでも操作対象として消費者をみてきたというのである。すでに確認したように，マーケティング・マネジメントは，顧客を努力対象として位置づけるものであり，それは，統制不可能要因そのものである。したがって，もし，操作対象として顧客をみてきたのであれば，それは，マーケティングというより，行為主体たる企業それ自体に起因する考え方である。この点は，マーケティング研究が強く主張すべきことである。

　協働型マーケティングの特徴は，次のようにして明らかにできるが，それは直ちに問題点を指摘することにもなる。協働型マーケティングは，企業と消費者の向かい合った相互制御関係をもって成立するとされているが，具体的には，メーカーの製品開発に特化した議論となってしまっている。しかし，この相互制御関係は，サービス・マーケティングに固有の考え方であり，もし，それを前面に出すのであれば，サービス・マーケティングとの違いについても積極的な議論が必要である。他方，企業と消費者の向かい合った相互制御関係という視点からすれば，メーカーと消費者による製品開発は，サービス業におけるサービスの現場と同じであると考えられる。そして，その共通性をもとに，両者をともに協働型マーケティングと呼ぶことはできたのであり，その結果として，包括的なマーケティング理論の構築に考えが及ばなかったのは不幸なことであった。おそらく，それは，有形財と無形財を峻別することで，伝統的なモノのマーケティングとサービスのマーケティングを区分するという，当時の時代背景によるものではないかと推察される。そして，また，最近，特に注目されている顧客参加型製品開発も当然ながらこの議論の範疇に入る。

　なぜなら，協働型マーケティングも顧客参加型製品開発も，より良い交換を意図し，交換価値に焦点を置いたものであり，事前に価値を埋め込むという点で価値所与マーケティングである。そのために，いくら企業と顧客が向かい合おうとも，それは，企業が顧客を志向した結果であり，そのもとで文脈価値が共創されるわけではなく，それは，あくまでも志向論に立ったマーケティングでしかない。この意味において，これまでのマーケティングが依拠してきた志

向論は，今日的な限界を持っているといわざるを得ない。

2. 起点論の考え方と価値共創マーケティング

　価値所与マーケティングおよび志向論に代わるものとして，価値共創マーケティング，そして，新しく起点論を主張することができる。そこで，この新しい考え方である起点論とはそもそもどのようなものなのか，以下，志向論との比較から明らかにしていく。

　前述したように志向論とは，顧客に近づくための論理を提供するものであり，近づくのは，まさに企業そのものであった。つまり，広い意味における生産という自己の論理を貫徹するために，企業は顧客を志向したのである。これに対して，顧客と接している企業は，時間的・空間的な広がりのなかで顧客との相互関係を創り上げていくのであり，企業と顧客は面としてのつながりを持つ。今後，企業は，その現場を起点としたマーケティング・システム，企業システムの構築を図っていく必要が出てきた。

　なお，ここで留意したいのは，これまでもリサーチ等を通じて顧客と接し，その顧客を「起点」として製品開発をはじめとした一連のマーケティングを展開してきたという主張である。確かに，その場合，顧客が「起点」となってはいるが，それは，顧客のデータがマーケティングの「起点」となっているだけであり，そのゴールは，あくまでもより良い交換にあり，顧客の消費プロセスで行う相互行為としてのマーケティングではない。この意味で，起点の考え方を誤解してはならない。

　ところで，Howard [1957] は，マーケティング・マネジメントの本質が顧客への創造的適応にあることを主張したが，それは，企業が顧客に適応するのであって，マネジメント，すなわち，管理・操作の対象として顧客をみているわけではない。マーケティング・マネジメントにとって顧客は努力対象であり，4Psをはじめとするマーケティング諸手段こそがマネジメントの対象なのである。しかし，志向論に立ったマーケティングでは，マーケティング諸手段と同様に顧客を位置づけ，顧客を志向したのは，離れた顧客を管理・操作するため

だったのではないかと考えられる。しかし，接している企業と顧客の間にそうした関係は成立しない。なぜなら，接したことで，志向することも，管理・操作することも必要なくなったからである。また，そこでは，接した企業が顧客に即時的に適応することが可能となり，まさに，創造的適応の舞台を企業は得たといえる。そして，こうした新たな企業と顧客の関係のもとで新しいマーケティングの論理を提供するものが起点論なのである。また，志向論から起点論への移行は，マーケティングにおける第二のコペルニクス的転回といえ，価値所与ではなく，企業と顧客が顧客の消費プロセスで接しながら，一緒になって顧客にとっての価値を創り上げるという意味において，価値共創マーケティングと呼べる。

　言い換えれば，価値共創マーケティングは，顧客の消費プロセスにおける相互作用的な共創行為を起点としたマーケティングであり，そのことは，顧客との価値共創を起点とした新しいマーケティング・システム，そして，企業システムの構築を急務とさせている。

第4節　価値共創型企業システム

　そこで，以上の議論を踏まえ，起点論の考え方と価値共創の関係を改めて明らかにし，そのもとで，価値共創型企業システムのモデル化を図るとともに，マーケティングとしての新たな研究課題を提示する。

1.　起点論と価値共創

　価値共創は，いうまでもなく，顧客の消費プロセスで企業と顧客によって行われる。両者は常に向かい合っており，直接的な相互作用関係にある。そして，そこで共創された価値は，顧客が独自に判断する。したがって，企業のマーケティングとしては，顧客の消費プロセスに入り込むことで直接的関係を創り上げ，相互作用関係のもとで，いかにして顧客との価値共創を進め，文脈価

値に結び付けていくかが課題となる。

　具体的には，価値共創はナレッジとスキルの適用を意味するサービスの交換によって成り立つのであり，そこには，与え手としての企業と受け手としての顧客が存在する。そして，サービスがそうであるように，価値共創も顧客によって起動し，顧客による文脈価値の判断をもって1つの区切りをつけ，さらに，時間的・空間的広がりをもって展開していく。

　つまり，価値共創の一翼を担う企業のマーケティング行為は，顧客の消費プロセスのもとで顧客の判断を受けながら行われることを意味している。したがって，新しい価値共創マーケティングもこの顧客の消費プロセスにおける相互作用のもとで行うものであり，そうしたマーケティングを軸とした企業システムを構築することが不可欠である。

　しかし，顧客との価値共創を起点とするといっても，マーケティング行為を担う企業の主体性を否定するものではない。それは，モノのマーケティング，価値所与マーケティング，そして，志向論に立ったマーケティングのように，リサーチによって顧客のニーズをいくら探ろうが，また，顧客が製品開発にいくら深い関わりを持って参加しようが，モノあるいは価値が事前に企業のもとでつくられてしまう，いわば生産プロセスで行うマーケティングとはまったく異なっている。顧客との価値共創を起点とするというのは，顧客にとっての価値が創造される場，すなわち，顧客の消費プロセスで展開される相互作用のマーケティングを起点とするということであって，そこに企業の意志が反映されないというということではない。むしろ，価値共創に取り組むのは企業の意志であり，マーケティングの市場創造性は，企業と顧客の共創領域を拡大するところで発揮されるのであり，それは，企業にとって極めて主体的な行動なのである。

2. 価値共創型企業システムのモデル

　これまでみてきたように，マーケティングの本質がその市場創造にあることは言を俟たない。しかし，マネジメントあるいは戦略の視点から見るなら，マ

ーケティングの本質を市場創造だけに求めることはできない。そこには，新たに加えるべき重要な概念があるが，それを見出すには，マネジメントとしてのこれまでのマーケティング研究を振り返る必要がある。

改めて考えるなら，マーケティング研究，理論，実践においては，かなり早い時期に 4Ps からなるマーケティング・ミックス概念が提示されたが，それは，実質的にはマーケティング諸手段をどのように統合するかを問うものであった。また，マーケティングを軸とした経営というのは，当然のこととして，マーケティングによる他の経営諸機能の統合を必要とする。さらに，多角化した企業にあっては，全社マーケティングの貫徹のために企業，事業，製品からなる戦略レベルの統合は不可欠である。そして，いわゆる，マネジメントのプロセス的な統合も重要である。さらに，垂直的マーケティング・システムは，まさに垂直的な企業間関係を広く統合の視点から捉えるものである。

このように，マーケティング研究，理論，実践において「統合」は，マーケティングの本質を言い表すもう1つの重要な概念なのである。すなわち，マネジメントの視点から見たマーケティング研究において，その議論の中心にあった概念は市場創造と統合の2つである（村松[2009]）。

そこで以下，市場創造および統合という概念を顧客との価値共創との関連において検討し，そのことを踏まえて，新たに価値共創型企業システムのモデル化を試みる。

(1) 市場創造

マーケティング・マネジメントが意図するものは，統制可能なマーケティング諸手段を用いた統制不可能なマーケティング環境への創造的適応である。そして，端的にいえば，創造的適応とは，単なる適応ではなく「創造的」な適応を意味するものであり，ここでは2つの視点からこの問題を考える。1つは適応ということであり，いま1つは，マーケティング努力の対象たる顧客の集合体としての市場である。

まず，適応は，その行為主体のスタンスによって受動的適応と能動的適応に区分される。このことからすれば，創造的適応は，積極的に市場にアプローチ

するという意味で能動的適応によって可能となる。したがって，単なる適応という場合は，まさに受動的適応ということになる。一方，これまでマーケティングは，伝統的に市場を顕在市場と潜在市場に区分してきた。いうまでもなく，顕在市場は市場が顕在化した状態をいい，また，潜在市場はいまだ顕在化していない市場をいう。したがって，この区分にしたがえば，顕在市場には，先の受動的適応，すなわち，単なる適応が，また，潜在市場には能動的適応，すなわち，創造的適応が充当するものと考えられる。

　以上のことを踏まえるなら，創造的適応というのは，顕在市場への単なる適応である受動的適応ではなく，潜在市場への積極的なアプローチを意味する能動的適応に重点がおかれていると判断できる。すなわち，マーケティングの本質はまさにこうした意味における市場創造にこそある。言い換えれば，新たな市場創造による適応を創造的適応の本意と解釈できる。

　そして，これを顧客との価値共創という視点からみると，受動的な適応においては，それがそのまま価値共創につながるのはいうまでもないが，創造的適応においては，より一層高い成果が得られると考えられる。なぜなら，価値共創は，企業と顧客の直接的な相互作用によってなされるが，そこでのやり取りは，潜在市場への能動的適応においてこそ不可欠だからである。そして，それを具体的にいうなら，先に述べたように共創領域を拡大することにあり，それは市場創造というマーケティングの本質を成就することを意味している。もちろん，そこには，共創に応じた顧客からの報酬が得られるという前提がある。

(2) 統　合

　これまでのマーケティングにおける統合には，先に見たように，4Ps，経営諸機能，戦略レベル，マネジメント・プロセス，企業間の5つがあるが（村松[2009]），顧客との価値共創という視点から，これを捉え直す必要がある。

　マーケティング努力の焦点は顧客にあるが，マーケティングは市場創造という行為の中で顧客との接点を模索し，交換（取引）関係の構築を図ってきた。そして，4Psの統合という形でその努力を具体化させてきたが，いくつか検討するべき問題がある。というのも，4Psモデルは，いわゆる価値所与のもとで

の志向論的マーケティングの所産なのであり，新たに価値共創マーケティングの視点から見直す必要がある。

　さて，モノのマーケティングにとって有用だったこの 4Ps のもとでは，まず最初に製品が決められ，それに続く意思決定として他の P が位置づけられていた。しかし，起点論のもとでは，決して，「まずは製品」というわけではない。むしろ，重要なことは，顧客とどのようにして接点を築き，価値共創を行っていくかが先決的な意思決定問題である。したがって，そこで統合されるべきは，まずは，価値共創の 4C アプローチである。すなわち，contact, communication, co-creation, value-in-context からなる顧客へのアプローチを企業は統合的なマーケティング行為として的確に推進していく必要がある。特に，co-creation は，企業と顧客の相互作用そのものであり，そのプロセスを統合的にマネジメントすることは極めて重要といえる。そして，その円滑な展開のためにマーケティングによる経営諸機能の統合を必要とする。このレベルにおけるマーケティングは，上位の事業および企業レベルの戦略と相互に関連しており，そこに戦略レベルの統合が存在する。また，計画・策定された戦略は，当然のこととして，実施，統制されなくてはならず，ここにマネジメント・プロセスの統合がある。

　一方，このような内部統合は，組織内への円滑なマーケティング・マインドの浸透があってはじめて可能になる。より具体的にいえば，組織の全域でマーケティング・マインドが共有されるということである。また，マーケティングの展開の仕方によっては，企業内における統合のみならず，その視野をサプライチェーンやディーラー・チェーンにみられるような組織間，すなわち，企業間関係の把握と統合にまで拡大することが必要となってくる。これを外部統合という。

　ところで，こうした垂直的な事業あるいは企業間関係は，これまでのマーケティング研究においては，垂直的マーケティング・システム（Vertical Marketing System: 以下，VMS）として理解されてきた。すなわち，VMS は「運営の経済性および市場効果の極大を達成するためにあらかじめ構築された，専門的に管理され集中的にプログラム化される仕組み」（Kotler [1980] p.429，邦訳 519 頁）

とされるが，それは，本来，モノのマーケティングのもとで論じられたのであり，その主体は，モノを生産するメーカーが第一に念頭に置かれている。すなわち，生産から流通，言い換えれば川上から川下に向けられた仕組みが本来的なVMSといえる。しかし，今日では，小売業や卸売業がその主導者となる場合もあり，そこには，逆統合されたVMSがみられる。そして，これを顧客との価値共創を起点とした垂直的な統合システムということで考えるなら，顧客の消費プロセスで行われるのは，価値共創のための企業と顧客のサービス交換そのものであり，それに伴うグッズへの関与の有り様によって，サービス業が主導する小売業，卸売業，製造業を垂直統合するシステムが構築されるということになる。しかし，それを主導する企業は，サービス業，小売業，卸売業，製造業のいずれでも良く，要は，垂直的顧客関係 (Vertical Customer Relationship) の構築がすべてに優先され，その後，事業あるいは企業間関係が決まってくる。その意味で，この新しい考え方は，垂直的顧客システム (Vertical Customer System: 以下，VCS) と呼ぶことが相応しい。

　以上みてきた市場創造および統合は，マーケティング研究，理論，実践においてその本質を規定するものであることはいうまでもない。

　そして，価値共創を内実とした市場創造も，また，それを実現する企業システムを支える統合も，いわゆる企業文化と深い関わりがある。一般に，企業文化は「組織を特徴づける共通の経験，歴史，信念，行動様式」(Kotler [2000] p.42) といわれており，それは，まさに市場創造や統合といった鍵概念を生み，育む土壌にあたるものといえる。そして，企業文化の中核には，経営理念があり，その経営理念を編成原理としつつ，経営文化（戦略）と組織文化（組織）として構造化される（梅澤 [1990] 63頁）。これを価値共創型企業システムということでいうなら，企業理念とは，いわゆる，マーケティング理念に置き換えられる。なぜなら，マーケティング理念は，マーケティングを軸としつつ，他の経営諸機能をマーケティングの視点から統合する考え方であり，価値共創型企業システムの基本思想にあたるものだからである。そして，そのもとで構造化された経営文化が戦略を，また，組織文化が組織を導くことになる。

(3) 価値共創と全社マーケティング

　もともと，マーケティング研究の初期においては，ミドル・マネジメントが行うマーケティング・マネジメントとトップ・マネジメントが行うマネジリアル・マーケティングが明確に区別されていた。そして，後者については，その後，戦略的マーケティングとして改めてマーケティング研究のなかで取り上げられた。また，いわゆる市場志向研究もこの部類に入ると考えられる。というのも，マーケティング機能による機能間調整，あるいはマーケティングの組織的対応が市場志向研究における主題となっているからである。

　さて，これまでみてきたように価値共創の考え方は，顧客の消費プロセスで価値が相互作用的なマーケティングによって共創され，顧客によって価値判断されるというものである。さらに，消費概念の拡張によって，サービス交換に伴うグッズへの共同関与もその範疇に入る。そして，共創された価値に対しては新たな報酬授受システムが機能していく。いうまでもなく価値共創にとって重要なのは，顧客との接点での相互作用であるが，それは組織全体についていえることである。また，モノへの共同関与や報酬授受システムを含むものとして価値共創を捉えるのであれば，価値共創マーケティングを軸としてすべての機能が統合される必要がある。つまり，何よりも顧客の消費プロセスで相互作用的に行われるものこそが，マーケティング行為なのであり，さらに，そこで共創される文脈価値が顧客によって独自判断されることを考えるなら，マーケティングの即時的行為が極めて重要なものとなる。すなわち，すべての組織は，こうしたマーケティング行為に強く依存することで成立し，維持されるのであり，このことをもって価値共創は全社マーケティングであると理解される必要がある。

(4) 価値共創型企業システムのモデル

　このように市場創造の視点から企業と顧客の関係を捉え，また，統合という視点から，マーケティング諸関係をみていくことができるが，そのことは，図表10-1のように価値共創型企業システムとして示すことが可能である。

図表 10-1　価値共創型企業システム・モデル

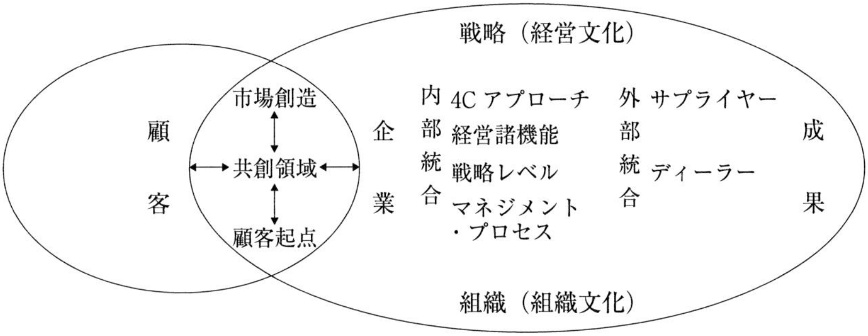

```
            戦略（経営文化）
  ┌─────────────────────────────────┐
         市場創造    内  4Cアプローチ   外  サプライヤー
  顧            企 部             部             成
         共創領域   統  経営諸機能    統
  客            業 合  戦略レベル    合  ディーラー    果
         顧客起点       マネジメント
                      ・プロセス
            組織（組織文化）
```

出所：筆者作成。

　すなわち，企業は4Cアプローチによって，まず，顧客と何らかの形で接点を持つことから始める。今日，顧客と接点を持つことはすべての企業に公平に与えられている。しかし，消費財の生産・流通における既存の業態を前提とすれば，製造業は，本来的に最終消費者としての顧客と接点はないが，小売業とサービス業はすでに持ち合わせている。一方，顧客の消費プロセスへの入り込みという点からすれば，サービス業は，その接点ですでにサービス提供なされている。言い換えれば，価値共創が行われている。したがって，製造業は，いかにして接点を作り，そして，消費プロセスに入り込み，さらに価値共創を開始できるかが課題であり，小売業は持ち合わせている接点をもとに，いかにしてさらなる消費プロセスへの入り込みを行い，顧客との価値共創に取り組むかが課題となる。

　そして，共創される価値が文脈価値であることを考えると，今日の企業においては，顧客との価値共創を起点に企業システムが構築されることになる。一方，市場創造は，これまでマーケティングの鍵概念の1つとして指摘されてきたが，顧客との価値共創という考え方は，それを一層鮮明に示したものといえる。

　つまり，価値共創型企業システムにおいては，まず，顧客との相互作用を通じて共創領域を拡大し，以て市場創造を図る。そして，そのことを可能にする

ために，4Cアプローチ，経営諸機能，戦略レベル，マネジメント・プロセスといった内部統合，さらには，サプライヤー，ディーラーといった外部統合を進める。こうして，固有の文化性を持った戦略と組織によって企業システムは一体化し，さらに，成果システムを組み込むことで価値共創型企業システムが構築される。

(5) 価値共創型企業システムと日本企業の国際競争力

以上みてきたように，顧客との価値共創を起点にするというのは，企業が生産プロセスに顧客を取り込む志向論と違い，顧客の消費プロセスに入り込み，そこで展開される価値共創から，また，それを構築し，維持するための企業システムを創り出すことを導く。これを企業からみれば，顧客との垂直的関係，すなわち，VCS の構築と維持の問題であり，それは，すべての企業に均しく与えられた機会である。しかし，このことに取り組むかどうかは企業の意志の問題となる。

こうした顧客との関わり，言い換えれば，企業間，企業・顧客間における垂直的関係は，これまで久しく，日本企業の特徴とされてきたが，繰り返すまでもなく，そこでの顧客との関係は，志向論的あるいは価値所与的なものであった。価値共創型企業システムは，同じく顧客との垂直的関係によって立つものだが，そこでは，顧客の消費プロセスに入り込んで垂直的な関係が構築されるのであり，企業と顧客による共創関係をもとにして，逆に企業システムを創り上げていくという点で大きく異なっている。そして，こうした顧客との垂直的関係は，これまでの日本企業と同様に長期に及ぶものであり，その構築と維持については，日本企業にとって極めて容易なことといえる。問題は，志向論および価値所与の考えから脱却し，言い換えれば，これまでの成功体験を捨て，起点論および価値共創の考え方に立つことが日本企業にできるかどうかにある。

3. 価値共創型企業システムの研究課題と調査・分析対象

最後に，価値共創型企業システム・モデルの精緻化を図っていくために，研究課題，そして，調査・分析対象を明らかにする。

まず，研究課題として浮かぶのは，(1)価値共創と内部統合の関係，(2)価値共創と外部統合の関係，(3)価値共創と経営・組織文化との関係，(4)価値共創と企業成果の4つである。以下，順にこれらをみていく。

(1) 価値共創と内部統合の関係

内部統合の対象となるのは，4Cアプローチ，経営諸機能，戦略レベル，マネジメント・プロセスである。すでに述べたように，4Cアプローチは，contact, communication, co-creation, value-in-context からなっており，このプロセスと価値共創の関係をみていく必要がある。例えば，統合によってプロセスが円滑に進行することと価値共創の達成の関係は重要な研究課題となるが，これには，マネジメント・プロセスへの統合的関与の問題も深く関わっている。また，当該企業システムが顧客との価値共創を起点としたものであることから，マーケティングによる他の経営諸機能の統合の程度をみていく必要がある。また，このことに関連して，多角化を伴う場合は，当然ながら戦略レベルの統合という問題があり，統合のレベルおよび有効性と価値共創の関係をみることも重要といえる。

(2) 価値共創と外部統合の関係

価値共創型企業システムは，顧客との垂直的な関係を構築し，それをもとにして企業システムが創り上げられるが，その際に当該企業の業種・業態は問わない。要は，顧客との価値共創を起点として，事業をどこまで後方に遡るかが重要なのであり，その意思決定によって，サプライヤー，ディーラーとの関係が決まり，その結果，企業間関係を含む価値共創型企業システムの態様が明らかとなる。したがって，そこでは，当該企業がVCSを発展させていくプロセ

スとその動因を明らかにする必要がある。一方，その態様と価値共創の成果との関係も合わせて問われることになる。

(3) 価値共創と経営・組織文化との関係

そして，こうした顧客との価値共創を起点とした企業システムを支えるのが経営文化，組織文化であり，その態様と価値共創の成果の関係も大きな研究課題となる。

(4) 価値共創と企業成果

最終的に，顧客との価値共創を起点とする企業システムが，企業にどのような成果をもたらすかについて明らかにする必要がある。これは，いわゆる価値共創の報酬授受システムと深く関わる研究課題と言える。

以上の研究課題が解明されるなら，価値共創型企業システムのモデル化が可能となる。そのための調査・分析の対象となるのは，様々な業種・業態に属す企業の事例であり，その際には，製造業，流通業，サービス業の区分，B to BおよびB to Cにおける差異も重要となる。

第5節　おわりに

価値共創の考え方が登場したことで，マーケティングを軸とした企業システムのモデル化は，今日，マーケティング研究，理論，実践において，改めて重要な課題となっている。本書で示したモデルは，今後，理論的・実証的研究を繰り返す中で，より洗練されていくが，今，再び，強調しておきたいのは，このモデルは，モノづくりのみに固執してきた日本企業に，新たなる飛躍の機会を与えるものだということである。その意味においても，この価値共創型企業システム・モデルは，今後，多くの理論的・実証的研究を経て，精緻化されていくことが急がれている。

（村松潤一）

第11章

価値共創型企業システムの源流
─総合商社─

第1節　はじめに

　総合商社は，わが国経済において常に目立つ存在，華やかなイメージを持つ業態として，注目を集めてきた。戦前は財閥商社として，わが国資本主義の確立を推進し，戦後は高度経済成長と企業活動の国際化を牽引した，わが国独自の業態であり，今でも経済社会において大きな存在感を持っている。同時に，過去何回もその存在の否定論，つまり斜陽論や不要論を提示されて，存在意義を疑われ，冬の時代と呼ばれる経営的に厳しい時期も経験してきている。しかし近年は業績を大きく向上しており，直近の2013年度連結決算も，総合商社の業界団体である一般社団法人日本貿易会が挙げる大手7社[1]合計で，当期純利益が前期比13%増の約1兆5,000億円となり，好調が続いている（日本貿易会[2014a]）。

　総合商社に関する学術的な研究は，1960年代から本格化し，これまで極めて多数の書籍・論文が蓄積されてきた。

　しかし，総合商社の存在意義，つまり果たしている役割の核となる部分，機

能の本質を,それを実現している機能や活動のプロセスとともに分析し,何らかの理論的枠組みを基に明確に示した分析はない。

　本書が提示しようとしているマーケティング理論を軸にする企業システムとして総合商社を捉えることによって,初めて,その存在意義を合理的に説明できるのではないかと考えられる。そこで,過去の研究の蓄積の上に立ちつつ,今まであまり試みられてこなかったマーケティングの視点による総合商社機能の本質論を,「総合商社再論」としてまとめ,総合商社が価値共創型企業システムの源流であることを示す,それが本章の目的である。

第2節　文献レビューと分析の枠組み

1. 総合商社とは

　総合商社は,海外にはほとんど存在しないとされる日本独自のものであることから,統計的にも捉えにくい。この業態は,日本標準産業分類などで卸売業として分類されている。それはこの業態を適切に分類するカテゴリーがないためで,総合商社をこの枠に閉じ込めて見ようとしてしまうこと自体,機能の一部分しか捉えておらず,本質を見えにくくしている。

　学説による総合商社の捉え方としては,川辺[1991]による以下の特徴付けが合理的と考えられ(139-140頁),それを肯定する見解もある(田中[2012])。

① 取引商品が多種類にわたること
② 国内および海外に多数の支店・出張所をもち,その取引分野が国内商業・輸出入貿易および三国間貿易(外国間貿易)にわたること
③ 取引高が巨大であること
④ 一方で機械・技術・原材料を産業に提供し,他方ではその製品のための市場を開発するという活動を通じて,産業に対するオルガナイザーの役割を果たすこと

⑤　一手販売権の獲得などのための資金の供与によって，多くの子会社・関係会社をもち，持株会社的性格を備えること
⑥　近代的経営管理システムを有すること

また日本貿易会[2014a]は，「商社とは」で，以下のように説明する（1頁）。
①　商社のコア機能はトレード（商品の売買・仲介）にあり，「ミネラルウォーターから通信衛星まで」といわれる幅広い業種の商品を取扱う。
②　商社は，川上から川下に至るあらゆるトレードの最適化を目指して，多種・多様な機能，グローバルな物流・販売拠点網を展開し，現在ではトレードをコア機能にバリューチェーンの構築や事業投資を地球規模で行う，世界に類のない業態へと変化・発展するに至っている。

これらの一般に認められていると考えられる説明を見ても，取引商品が多く取引高が巨大で，グローバルにトレード・物流を行い，市場開発のオルガナイザーであり，バリュー・チェーン構築や事業投資を行い多くの子会社・関係会社を持つ事業体…，としか描かれていない。これでは，総合商社の存在意義は何なのか，どのような価値を経済社会に提供するのか，明快に理解できにくい。それが，総合商社論が今もなお明確な方向性を示せずにいる大きな理由なのではないか，と感じている。

2.　文献レビュー

ほとんどすべての総合商社に関する先行研究は，本書が示そうとする価値共創型企業システムの枠組みで見ると，ビジネス創造としての価値共創，市場創造と機能や活動の統合を合わせた企業システム構築が完了して，現実のビジネスが稼働しオペレーショナルな業務が流れる段階となり，財務的な実績が目に見える状態になってからの結果，それに基づいて総合商社を語っている。

特に，公開される財務情報を基にした分析は，実績が目に見える状態になってからの姿を対象とする。それでは，実績が結実する原因を作る段階，最も重

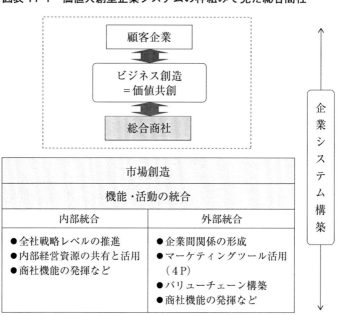

図表11-1　価値共創型企業システムの枠組みで見た総合商社

出所：第10章図表10-1を基に筆者作成。

要で本質的なプロセス，総合商社がリスクを取って支援しビジネスが創造されるプロセスにまで，分析の目が届きにくいのではないか，と思われる。

　ここで価値共創とは，何らかの価値を創造したいと考えている顧客に，自らのナレッジとスキルを提供し，顧客とともに新たな価値を創造することをいう。したがって，総合商社による価値共創は，顧客企業の意向に柔軟に沿って，自社のナレッジとスキルを機能・活動の形で提供し，多くの場合，顧客のための新たなビジネスを一緒になって創造することである。

　価値共創型企業システムとは，そうした顧客企業との価値共創を起点として構築された企業システムである。つまり，顧客とビジネス創造することにより新たな市場を生み出そうとする総合商社は，その実現のために，組織内外において様々な機能や活動の統合を行い，結果，企業システムが（再）構築されることになる。

ここで重要なことは，第一に，総合商社が顧客企業との関係において，自らの組織を変革することのできる能力や柔軟性を持っていることである。つまり，顧客のニーズに応えて「何でもする」存在である点が，鍵となる特色である。そして，第二に重要なことは，ここで共創されるビジネスは新たな市場を伴うものであり，それには，顧客企業にとっての市場と，総合商社独自の市場とがあることである。総合商社はここで顧客企業とともにビジネス創造した経験やノウハウを活かして，他の企業とのビジネス創造と企業システム構築に乗り出すかもしれないが，その新しい動きこそが，総合商社にとっての市場創造と呼べるものとなる。一方，共創されたビジネスが展開される中で，例えば，そこで生み出された製品の流通に多くの総合商社は関与するのであり，主としてここで得られる利益を背景として，総合商社の役割が論じられてきた。これも，総合商社にとっての市場創造といいうる。しかし本来は，顧客企業のビジネス創造という共創行為にこそ，総合商社の本質的機能を見出すべきである。

いずれにしても，膨大な過去の研究成果を見ると，学ぶべき点は多々ある。主要な研究成果を紹介しつつ，これまでどのようなアプローチによって何が議論されてきたのか，坪本 [2015] を参照しながら簡潔にまとめていきたい。

(1) 経済史的アプローチ

経済史的な総合商社論は，マルクス主義経済学の独占理論の影響を受けたものである。産業資本の独占段階になると，商業資本は産業資本に従属する存在として部分的に機能を代行するだけの存在になる，とする。

先駆的研究者とされる秋本は，わが国経済構造の特異性つまり前近代的性格から，戦前の産業資本独占段階においても商業資本が独自性を強く残す中で総合商社が発展したこと，三井物産が第一次世界大戦前後に総合商社としての形態を完成したこと，をまとめた（秋本 [1961]）。

金融資本分析の柴垣は，1890 年代の三井物産が単なる産業資本の奉仕者ではなく，流通独占による産業資本の補強者としての地位にあったとし，日本資本主義自身の特質に着目して流通機構を考察するべきとする。その特質とは，第一に日本の貿易依存度の高さ，第二に企業・農業経営の零細さ，第三に財閥

金融資本の支配体制が多角的な形であるがための商社の総合化体質，である。第三の点は，商社が財閥金融資本と関連しつつ財閥傘下企業の「総合」商社（財閥商社）として発展したことを示す（柴垣 [1965]）。

なお，商社否定論の多くは，このような独占理論の影響を受けている。

(2) 産業組織論的アプローチ

産業組織論あるいは企業集団論の観点による研究である。

土井 [2006] は，商社ビジネスは企業の課題解決の仕組み作りのソリューション・サービスをアウトプットとし，外部で経営コンサルティング業，銀行業などと競合し，社内で内部化・自前主義と競合するとした。さらに総合商社は進化的な組織であり革新的ソリューション・サービスを提供し続けることを求められる，としてその機能の本質に触れている。また，取引費用説によっては，商社の革新性や競争優位は説明できないとする。

1990年代には，奥村 [1993] などが企業集団と総合商社の関係に関する議論を展開したが，公正取引委員会 [2001] によれば，企業グループにおいて，集団内仕入比率（総仕入高のうちメンバー企業からの仕入高の割合）は，1999年に 6.4% まで下がっており，企業集団自体がその存在意義を失っているように見える。

(3) 経営史的アプローチ

1960年代以降，経営史的な議論も活発に行われた。

初期段階では，中川 [1967] が総合商社の機能の本質論を展開した。中川は，ガーシェンクロン・モデルを前提に，戦前の総合商社が発展した理由として，第一に，日本と先進工業国との間に大きな国際的較差があり，商社も最初から「組織化された企業者活動」として大規模に組織化されざるをえず，そこに日本独特のジェネラル・マーチャントつまり総合商社への発展の第一歩があった，第二に，工業化初期の日本では外国為替取引，海上保険，海運などの補助的業務が未発達であり，総合商社がこうした業務も兼営した，と指摘した。

これに対して森川 [1976] は，第一の点を認めつつ第二の点は否定し，商社の

経営戦略が高価な人材をフル稼働させて人件費負担を吸収することであったとする，人材フル稼働説を提示した。「中川・森川論争」と呼ばれる著名な議論である。さらに森川は，明治初期からの貿易商社が常に商品・取引地・業務の多面化，総合化を追求する傾向は，今日の総合商社に至るまで一貫しており，過去と現在の商社活動に共通の特徴があること，今日の総合商社が戦後の発展過程で戦前の総合商社をモデルとして意識していたこと，を指摘している。

同じく中川 [1967] の第一の点を貢献と認めた橋本は，総合商社の誕生について，当時の国際交通システムを与件とし，創造的適応として新事業領域を開拓し組織的革新を遂行した企業家活動であったとした。また，総合商社のネットワーク外部性によってわが国産業企業は投資額を節約し，貿易・卸売事業に習熟する負担から解放されて成長テンポを高め，総合商社は貿易利益を内部化しつつ産業企業の成長を促進する歴史的貢献を果たした，とした（橋本 [1998]）。

比較経営史の米川 [1983] は，戦前，営業基盤が脆弱な専門商社は，シュンペーターのいう革新的営業活動に手を染めざるを得ないため，総合商社化したと述べた。

山崎 [1987] は，それまでの研究が戦前日本における総合商社化の必要性・必然性の面からの議論であったとし，総合商社が成立し発展しえた条件を考察した。特に，三井物産の総合商社化成功の理由について4つの結論を与えたが，中でも，リスク管理組織によって大リスクの見込み商売を小リスクのコミッション・ビジネスと有機的に結合させることができた点を重視した。

その他，戦前の総合商社，特に三井物産に関する数多くの研究は，同社が貿易における商権回復に努め，綿業や石炭業の育成，子会社投資による事業養成を行っていたことなどを示している（例えば，栂井 [1974]，松元 [1979] など）。

(4) 流通論的アプローチ

島田 [1990] は，わが国で関係性マーケティングが十分議論されていない時代，「商社は商権によって成り立つ」とし，総合商社の機能を分析した（103頁）。同書では，産業財を中心に，主要な取引先との関係は取引先変更コストの問題から容易に解消できない，総合商社は地位の安定のため商権を求めると

し，総合商社が新しい商権を生み出す過程についても定式化を試みていた。

島田[2003a]によれば，総合商社は「関係性の下で取引先の役に立つ働きをし，それに見合う収益を得るため商権を求める」（6頁）。商権とは，「特定の相手との関係において生まれるものであり，しかも一種の独占的性格があるもの，そこでレント（利得）が発生するもの」，そしてレントは，「革新的行動の対価として存在する」（島田[2003b] 269-270頁）。

田中[2004]は，近年の総合商社の商権の劣化，口銭収益の減少，事業投資収益の増加により，伝統的な商権ビジネスから事業投資型ビジネスへのシフトが進んでいるとしている。しかし，総合商社はベンチャーキャピタルにはならない，商権ビジネスを再構築している，とする。

1990年前後の総合商社を分析した曽我[1992]は，総合商社が，マーケティングの展開力を活かして消費財部門での川上化や川下化を国際的な一大商品供給網の確立として進めた，とした。この動きは，現在三菱商事が強調するバリューチェーンを作る機能（藤山[2013]など）そのものである。

(5) 財務分析を中心にするアプローチ

商社否定論を含む多くの総合商社論が，その時々の財務業績を基に語られてきた。

その代表例として，孟[2008]は，総合商社の中核的なコア機能が商取引機能であることは共通理解とした上で，近年のビジネスモデルの変化により，財務的には事業投資機能が総合商社のコア機能になりつつあるとした。

確かに，総合商社の収益基盤は，事業投資収益の比重を高める方向に向かっている。直近の状況を知るため，2013年度連結決算を10年前の2003年度と比較すると（単位：10億円），総合商社7社の営業利益は597から1,307に2.19倍，受取配当金＋持分法による事業投資損益は241から896に3.72倍と，営業利益の重要性は変わらないとしても，明らかに事業投資収益の比重が大きくなっている。日本貿易会自身は，「商社の基本は，…伝統的なトレードであり，商社の事業投融資は，市場や顧客のニーズを把握し，バリューチェーン（価値創造の連鎖）の川上，川中，川下の多層的な流通段階において，トレー

ドの拡大を狙いとしている面も」あるとする（日本貿易会 [2014a] 21 頁）。

　日本貿易会「総合商社原論特別研究会事業」の研究結果をまとめた「総合商社の研究」において示されている現在の姿と将来の課題（田中 [2012] 235-236 頁）のうち，ここで重要なのは，以下の3点である。

① 収益モデルがトレードから事業投資に向かっているが，単なる投資会社とは一線を画す。
② トレードの重要性は変わらず，事業投資はトレードを円滑に進めるために行っている。
③ 現在の高収益は，資源需給ひっ迫の恩恵，他の分野の収益獲得が課題。

　これに続いて田中 [2012] は，あえて「収益モデル」を念頭に置いて総合商社を表現するなら，「総合事業運営・事業投資会社」であるとした（240頁）。
　こうした財務分析を中心にするアプローチは数多く行われるが，原因として

図表 11-2　総合商社の役割：原因と結果のイメージ

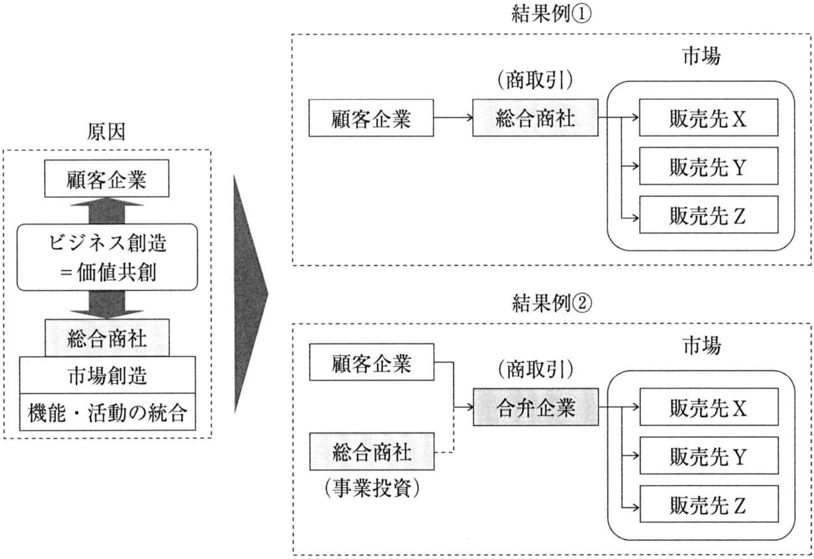

```
原因                          結果例①
┌─────────────┐              市場
│  顧客企業   │        （商取引）  ┌─────────┐
│     ↕       │  顧客企業→総合商社→│ 販売先X │
│ ビジネス創造 │                   │ 販売先Y │
│ =価値共創   │                   │ 販売先Z │
│     ↕       │                   └─────────┘
│  総合商社   │
│  市場創造   │              結果例②
│機能・活動の統合│               市場
└─────────────┘  顧客企業   （商取引）  ┌─────────┐
                       ↘              │ 販売先X │
                  総合商社 → 合弁企業 →│ 販売先Y │
                 （事業投資）          │ 販売先Z │
                                       └─────────┘
```

出所：筆者作成。

の総合商社がリスクを取って支援しビジネスが創造されるプロセスによって，結果つまり商取引や事業投資などによる財務収益が実現する，その結果の姿に着目しすぎるため，総合商社の機能の本質を捉えることができにくいのではないか，と考える（図表 11-2 参照）。

(6) 戦後の商社否定論：商社冬の時代など

御園生 [1961] が唱えた「商社斜陽論」は，マルクス主義経済学の独占理論を受けて，近代的産業が確立し独占が成立すると商社独自の活動領域は意義を失うという論理で，総合商社が代理商化あるいはコミッション・マーチャント化するとした。しかしそもそもコミッション・マーチャントは，創業期から三井物産が規則として定めていたあり方であり（石井 [2003] など），戦前の三菱商事についても同様である（橋本 [1998]）。また戦後の総合商社鉄鋼部門の紐付き取引はその典型であり，高度経済成長期，総合商社が幅広い機能をも活かしつつ，コミッション・マーチャントとして発展したことは事実である。

商社否定論は，その後もわが国産業の構造変化に伴い，総合商社の業績が悪化する度に繰り返されてきた。

石油ショック後の景気停滞期に，「商社—冬の時代」（日経ビジネス編 [1983]）が出版され注目を集めた。軽薄短小化の時代に対応できず，先端分野には出遅れ海外市場はカントリーリスクにさらされている，先端分野に本格進出するしかないとされた。ただしそこでは，リスクを取って捨て金を負担してメーカーに協力し，新規事業を展開する役割は期待されている，との指摘もあった。

同時期に「総合商社の崩壊」（美里 [1984]）も出版され，悲観論を述べつつ，生き残るためには川下部門でのセールスに参入するべきであるとし，独立採算制を別組織によって実現することを推奨した。川下から川上に至るバリューチェーン構築，部門別の子会社の設立（例：2003 年の三菱商事と当時の日商岩井による鉄鋼総合商社・メタルワン設立）など，一部は現実化している。

さらに 1990 年代に入りインターネットが普及すると，中間介在者としての商社不要論がいわれ，2000 年前後にはメーカーが取引で「中抜き」を増やすという事実があった。投資活動についても，目的が，投資から上がる利益獲得

に変化してきたとも指摘されている（木山[2011]）。

しかし現実の総合商社は，否定論にもかかわらず，2000年代に大きく業績を向上した。今，こうした商社否定論は影を潜めている。

(7) 総合商社自身による総合商社論

総合商社自身も，日本貿易会を中心に研究を進めてきており，8つの機能を挙げている（図表11-3参照）。しかしこの整理では，全体構造がよく見えない。ただこの8つの機能は，多くの研究において引用されており，現時点で総合商社機能の通説といえるようである。

その他にも，日本貿易会による研究結果は多数公開されている。例えば，日本貿易会の特別研究事業の結果をまとめた「商社の未来像」で中谷は，商取引機能の重要性を肯定しつつ，この機能がグローバル化や情報革命などによって弱体化したと述べた（中谷[1998]）。中谷はまた同書で，「21世紀における商社の役割とは，『グローバル・ビジネス・クリエーター』としての役割である」

図表 11-3　総合商社 8 つの機能

機　　能	説　　明
商取引機能	グローバルな商取引を推進する商社のコア機能。
情報・調査機能	広範多岐にわたる情報を収集・分析し，日々のビジネス活動に反映する機能。
市場開拓機能	需給動向を分析し，グローバルな市場を開拓する機能。
事業開発・経営機能	様々な機能を駆使し，事業の開発・育成とグループ経営強化を目指す機能。
リスクマネジメント機能	蓄積したノウハウを活用し，ビジネス上のリスクを最小限に止める機能。
ロジスティクス機能	物流事業に参入し，全体最適の物流システムを目指す機能。
金融機能	商社独自の金融機能を提供し，その深化・拡大を目指す機能。
オーガナイザー機能	各種機能を有機的に組み合わせ，大型プロジェクトを推進する機能。

出所：日本貿易会ホームページ[2014]。

とし,「ビジネスの創造者」としての役割を強調した（中谷[1998] 10頁）。

2004年に日本貿易会の特別研究会がまとめた書籍で，小村は，総合商社はかつては貿易会社として貢献したが，今は，海外・国内を問わず,「ソリューション・プロバイダー」としての役割が重要であると述べた（小村[2004] 13頁）。

また先述のように，田中[2012]は，収益モデルを念頭に，総合商社を「総合事業運営・事業投資会社」と表現した。

その他，上野[2011]は，三菱商事のビジネス・モデルは，様々な「機能を使って，取引先と長期的な関係をつくり出した上で，提供した機能とかサービスに対する対価をトレーディング収益あるいは配当収益の形で継続反復的に回収する」ことだとして，総合商社の商権の仕組みを述べている（28頁）。

藤山[2011]は，例として電気自動車を挙げ，総合商社はメーカーになる危険を冒して前進することでバリューチェーン全体を強くすることもある，とビジネスを生み出す努力を描いている。藤山[2013]は，現在の総合商社の活動は，川上から川下まで最適に流れるバリューチェーンを作ることであるとし，また総合商社はコンサルティング会社と投資会社と貿易会社の3つの機能を持っている複合企業で，顧客の「暗黙」のニーズに応える，とする。

最近では，2014年の*Financial Times*紙で，日本貿易会のAkira Kimura（木村昭）が，総合商社とはamoebas（アメーバ）あるいはubiquitous business enabler（至る所でビジネスを可能にする存在）と述べていることが注目される（McLannahan [2014]）。要は，総合商社は顧客のニーズに応えて「何でもする」存在，ある意味で自我なく顧客の事業展開を支援する，ということであろう。

3. 先行研究の問題点および分析の枠組み

以上のように，先行研究を概観すると，総合商社論の過去多くの研究成果には，存在意義として革新的なビジネス創造を挙げ，顧客のニーズに応えリスクを取ってあらゆる機能を活かして活動することによる貢献に対して得られる商

権の確立，そしてそれに基づく収益回収のプロセスを示すものがあり，合理性ある議論として評価できる。

　しかし，総合商社が一貫して果たしてきた存在意義を，その基礎となる価値，機能や活動プロセスとともに，全体構造として理論的枠組みによって説明する努力は十分ではなかった，ということは言えそうである。

　ここで，総合商社の存在意義つまり機能の本質は，リスクを取って顧客のニーズを満たしビジネスを創造することであり，総合商社は，ビジネス創造に向けて，可能なあらゆる機能と活動を統合し市場を創造する能力と柔軟性を持つ企業システムである，と規定する。中谷[1998]が21世紀における商社の役割として示した「ビジネスの創造者」という役割は，実は総合商社が一貫して果たしてきた存在意義でもある，という理解である。

　総合商社が新しいビジネスを始める際，新聞発表などではほとんどの場合，「○○商事は現地企業と『組んで』新しい事業を展開することを発表した」などと表現されるように，顧客企業とともに動きを起こしている。総合商社は，顧客企業との密接な関係を基にして，ビジネス創造つまり顧客企業との価値共創を行うために，自社の機能と活動を統合して市場創造し，価値共創を起点とした企業システムの構築を行うことを，存在意義，役割の本質としている，と考えられる。

　以下，この理論的枠組みによって，総合商社のビジネス創造事例を捉え直し，全体を構造化する。それにより，総合商社の存在意義を合理的に説明し，総合商社が価値共創型企業システムの源流であることを明らかにする。

第3節　価値共創の企業システムとしての総合商社

　図表11-4の枠組みを用いて，総合商社のビジネス創造の3つの事例を捉え直し，構造として示す。

図表11-4 価値共創型企業システムの枠組み

顧客	誰の価値を共創するのか
市場創造	価値共創によってどのような市場が創造されたか ●総合商社にとっての市場 ●顧客にとっての市場
統合	内部統合／外部統合　どのような機能を統合しリスクを取って活動したか

出所：筆者作成。

1. 三井物産による清国綿糸輸出ビジネスの創造（明治中期）

　三井物産（物産）は明治期，紡績機械や原料棉花の輸入や製品の販売を通じて，わが国綿業の確立に大きな役割を果たした。その一環として，顧客である鐘淵紡績会社など創業期の綿業会社を支援し，清国綿糸輸出ビジネスの創造を実現した。

　物産は，内部統合としてリスクを取った先行投資的な市場開拓活動を行い，上海・香港支店を通じて清国での販路拡大に努力し，特に上海支店に大阪店社員を出張させ協力した。また商取引においてもリスクを取り，清国で商標を広めるため，内地関係では口銭なしの取扱いを行った。

　外部統合としては，すでに顧客である綿業会社と，機械や原料の輸入や製品販売を通じて密な企業間関係を構築しており，それがこの市場創造の基になっていた。また，鐘淵紡績など綿業会社に助言して新製品製造を促し，「三井発売」と印刷した自社の独自商標を付して発売・輸出した。

　結果，わが国綿業会社は清国の輸入綿糸市場で大きなシェアを占めるまでになり，価値共創の企業システムを基にしたビジネス創造は成功した。戦前の総合商社の数多くの働きは，このようなビジネス創造であった。また三井物産は，総合商社として綿糸布輸出という自社の市場を創造拡大することができ，清国に続きインドにも市場を広げていった。

なお，この部分は，主として，栂井[1974]の記述を基にしてまとめた。

2. A社による製品の輸入品代替・新規ビジネスの創造（昭和高度経済成長期）

総合商社A社において，かつて隆盛を極めたある製品事業について，メーカーでありA社の顧客であるB社との価値共創として，機能や活動の統合と市場創造を通じてA社がどのようにビジネスを創造したのか，実例を簡略化して述べる。

高度経済成長期の初め，海外からの技術導入によって，顧客であるメーカーB社が導入技術に基づき画期的な製品を開発・生産した。すでに大手海外メーカーの製品が輸入されそれなりの市場を獲得しており，大きな潜在力を持った製品であることは理解できたが，輸入品代替あるいは新しい用途の開発をB社単独で行う力はなかった。そこで，A社はB社の事業展開を支援した。

市場としては，既存の輸入品を代替する市場に独自の新しい市場を加え，特に当時わが国で発展が顕著であったエレクトロニクス関連の市場を中心に開拓した。

機能・活動の内部統合として，①A社社長以下の戦略的な意思決定によりB社が生産した製品の全量買取・在庫を実施し（B社は開発と生産に注力），②担当営業組織を新たに作って，③代理店の与信管理を行った。

外部統合としては，①B社営業マンとの二人三脚で市場を開拓し，②実質的な総代理店としての商権の下，A社主導で製品の代理店網を組織し全体としての流通システムを完成，③代理店に対する商社金融の付与（A社には短サイトでの支払，販売先の代理店には長い支払サイトを許容）を行った。また，④B社と共同で代理店会を組織し，プロモーションも行った。

結果，エレクトロニクス用途を中心にビジネスが稼働し始め，高度経済成長期，関連産業の大きな成長もあって売上・利益が拡大し，この事業はA社・B社双方の稼ぎ頭といわれる存在になり，市場が創造され機能の統合を通じた価値共創型企業システムができ上がった。

A社は，このような国内総代理店形式の事業を他社製品についても展開す

ることで，総合商社にとっての独自市場を拡大していった。

　しかし，商社の冬の時代といわれる1980年代になると，B社が独自営業力を強め，高度な技術知識が必要とされる領域の大企業向け取引を中心に事業を主体的に運営するようになり，A社商権は次第にB社にバトンタッチされていった。

　この部分は，A社元担当者へのインタビュー等を基に，全体を抽象化してまとめた。

3. 三菱商事による中国の医療材料流通効率化ビジネスの創造（現在）

　三菱商事（商事）は今，中国の不効率な医薬品，医療材料・機器の流通や病院内の物流管理業務を効率化するビジネスを，創造しようとしている。

　三菱商事は2005年，メディパルホールディングス（以下，メディパル）と包括業務提携契約を締結し，国内において病院支援事業の展開や調剤薬局事業への参入などで協力してきた関係を活かし，2009年にメディパルとともに，中国最大の医薬品卸である国薬控股股份有限公司（国薬）と包括提携した。

　この顧客である国薬との合弁で，2013年，上海市に医療材料流通会社「国薬控股菱商医院管理服務（上海）有限公司」（国薬菱商）を設立し，リスクを取って40％を保有する投資を行った。中国全土に病院顧客網を有する国薬単独では難しい医療材料流通の効率化市場を，自社の支援により創造する。

　内部統合としては，三菱商事社長以下の意思決定として，ヘルスケアをテーマに関連部門が集まるタスクフォースを形成して全社戦略的に推進を行い，子会社エム・シー・ヘルスケア社[2]のノウハウを移植した。外部統合としては，メディパル・国薬との提携の上に立ち，顧客である国薬の持つ病院顧客網を活かしたマーケティング活動やサプライチェーン構築，国薬との共同による国薬菱商への投資を行った。なお，ここでは，三菱商事と国薬の関係を軸にした価値共創型企業システムを実現するツールとして，合弁企業・国薬菱商を捉えている。

　この価値共創型企業システムの構築によって，三菱商事は，中国における医

第11章　価値共創型企業システムの源流　187

図表11-5　価値共創型企業システムの枠組みで見た3つの事例

事例	1. 三井物産：清国綿糸輸出ビジネスの創造	2. A社：輸入品代替・新規ビジネスの創造	3. 三菱商事：中国の医療材料流通効率化ビジネスの創造
顧客	わが国主要紡績企業	メーカーB社	中国最大の医薬品卸・国薬
市場創造	●総合商社としての、綿糸布輸出の市場創造 ●顧客のために、清国綿糸輸出市場を創造し、大きなシェアを獲得	●総合商社としての、国内総代理店事業の市場創造 ●顧客のために、国内で輸入品代替市場・新用途市場を創造し、事業の柱に	●総合商社としての、効率的な中国医薬品等流通市場の創造 ●顧客のために、中国の医療材料の流通を効率化する業務の市場を創造
統合　内部統合	●先行投資的な市場開拓活動：上海・香港支店を通じ清国での販路拡大。上海支店に大阪支店社員を出張 ●内地関係では口銭なし	●全社戦略的な意思決定により製品の全量買取・在庫 ●担当営業組織の新設 ●代理店の与信リスク管理	●全社戦略的な意思決定でヘルスケアをテーマに関連部門が集まるタスクフォース形成 ●子会社エム・シー・ヘルスケア社のノウハウ移植
統合　外部統合	●綿業会社との機械や原料の輸入や製品販売を通じた緊密な企業間関係 ●鐘淵紡績など綿業会社に助言して新製品を製造 ●「三井発售」の自社独自商標を付して発売・輸出	●B社営業マンとの二人三脚による市場開拓 ●製品の代理店網を組織し流通システムを完成 ●代理店に対する商社金融の付与 ●共同で代理店会を組織し、プロモーションも実施	●メディパル・国薬という大手医薬品卸企業との企業間関係 ●国薬の持つ病院顧客網を活かしたマーケティングとサプライチェーン構築 ●国薬商社への投資

出所：筆者作成。

薬材料流通の効率化というビジネスを創造しようとしている。さらにその上で，総合商社としての市場創造の範囲を，医薬品，他の医療材料や他地域での効率的な流通に広げようとしているようである[3]。

第4節　発見事実と考察

1.　発見事実

　実証の結果，価値共創型企業システムの観点を用いると，総合商社の存在意義がビジネス創造であり，そのために総合商社は柔軟性を活かし，機能や活動の統合を行って顧客企業の市場を創造し企業システムを構築するという全体構造を，合理的に説明できることが確認された。また総合商社は，そのビジネス創造の経験やノウハウを活かして，他企業とのあるいは他製品のビジネス創造と企業システム構築という，自社にとっての市場創造に積極的に取り組む。
　このような観点で明治期の事例を改めて見ると，総合商社は，歴史的に価値共創型企業システムの源流であった，といいうるのである。

2.　考　察

　以上から，総合商社は，ビジネス創造による顧客との価値共創のための，機能・活動の柔軟な統合による市場創造を基にした企業システムそのものであり，歴史的にもその源流として位置づけられることが理解できた。総合商社はこの価値共創システムとしてビジネスを創造し，その上で，結果としての商取引による口銭収益や事業投資による受取配当金と持分法投資損益を獲得する。それが実績となって表に出て，総合商社の企業業績になる。
　ここで重要な課題となるのが，繰り返される商社否定論が，顧客企業と総合商社により共創された価値に見合う報酬システムの欠如から生まれているので

はないか，という点である。つまり，総合商社の存在意義であるビジネス創造が行われた結果として，その価値を認めた上で，これまでは商取引による口銭収益，最近では事業投資による受取配当金と持分法投資損益が報酬として，主要な収益源となってきた。しかし原因に対する結果を基にした報酬の支払システムには，明確に規定され合意された仕組みがなかった。そのことが，商取引機能だけを見ると付加価値が薄いこと（藤山 [2013] など），そもそも業態としての存在意義が理論的に明示されていなかったことなどもあり，総合商社が「不当な」暴利をむさぼる存在として，批判されがちになる背景になっているのではないだろうか。

第5節　おわりに

　本章では，総合商社の本質的な機能はビジネス創造であり，そのために価値共創型企業システムとして機能すること，歴史的にもその源流であることが理解できたが，さらに多くの事例による実証が必要である。

　さらに，このシステムの下で，総合商社の貢献に対する報酬システムが議論され明確に整理されることが，今後また商社否定論が再燃することがないためにも必要なのではないだろうか，と考えている。

（注）
1) 業界団体である一般社団法人日本貿易会は，正会員のうち，売上高の大きい上位7社，つまり，三菱商事，三井物産，住友商事，伊藤忠商事，丸紅，豊田通商と双日を「商社」つまり本章の「総合商社」として取り上げている。
2) エム・シー・ヘルスケア株式会社：医材一元管理（Supply Processing and Distribution=SPD）による価格削減ノウハウを武器に，日本全国の約200の基幹病院からSPDを受託する国内最大の医材流通事業会社である。
3) この部分は，日本貿易会 [2014b]（139-145頁），三菱商事 [2013a]；[2013b] の記述を基にまとめた。

（埜本一雄）

第 12 章

サービス業・小売業の価値共創と企業システム

第 1 節　はじめに

　価値共創は，顧客の消費プロセスで行われる。したがって，価値共創マーケティングを考える上では，顧客との接点が重要となり，その接点をもとにした企業と顧客の直接的相互作用に注目する必要がある。しかしながら，製造業は，本来的に顧客接点を有しておらず，いかにして顧客接点を持つかが第一に問われる。一方，サービス業と小売業は，もともと，顧客接点を有しており，その意味で，製造業より価値共創を実現しやすい。そして，サービス業の場合，顧客接点のもとで，サービス提供と顧客の消費は同時進行しており，すでに消費プロセスに入り込んでいる。また，小売業の場合も，店頭において顧客接点を有している。とはいえ，これまで，伝統的には製造業や卸売業から仕入れたモノを顧客に販売してきたのが小売業であり，顧客接点の活用は，販売時点で形成された顧客情報の収集，利用に留まっている。言い換えるなら，価値共創の視点から見れば，本来持ち合わせた顧客接点は，必ずしも十分に活用されているとはいえない。いずれにせよ，サービス業や小売業は，顧客接点を持つ優位性をもとに，いかにして価値共創マーケティングに取組むことができるかについて，十分に議論する必要がある。

また，価値共創は，企業の特定部門だけが行うというより，全体として取り組むべきものである。したがって，価値共創を行っている企業のマーケティング・システム，さらには企業システムがどのように構築されているかという点も，興味深い論題の1つとなる。

　以上のことを踏まえ，本章では，すでに顧客接点を持っているサービス業と小売業の価値共創，また，それに基づいた企業システムについて検討する。

第2節　理論的枠組みと課題設定

　新しい価値共創マーケティングは，顧客の消費プロセスにおける企業との直接的な相互作用を前提としており，企業はその相互作用の一翼をマーケティング行為という形で担っている。そして，こうした顧客との価値共創を起点として構築された企業システムを特に価値共創型企業システムと呼ぶ。本章は，市場創造の視点から企業と顧客の価値共創，そして，統合の視点から価値共創と企業システムの関係を捉えていく。

　周知のように，市場創造は，顕在市場への単なる適応である受動的適応ではなく，潜在市場への積極的なアプローチを意味する能動的適応に重点が置かれる。ここでいう積極的なアプローチは，価値共創の4Cアプローチに従って明らかにしていくことが可能である。すなわち，contact, communication, co-creation, value-in-context といったプロセスからなる4Cアプローチを通じて，企業は価値共創を実現し，顧客との共創領域を拡大することで市場創造を達成する。また，当然ながら，こうした4Cアプローチは，企業と顧客の価値共創をプロセスとして捉える視点を与えている。つまり，企業はまず，顧客と接点を築き，そこで共創の実現と継続を保証できるコミュニケーションを行う。その上で，直接的な相互作用を通じて共創を行い，結果として，顧客の文脈価値が生成される。

　したがって，市場創造と4Cアプローチの視点からすれば，すでに顧客接点（contact）を持つサービス業の価値共創は，まずは，どのようにコミュニケー

ション (communication) をとっていくかから始まる。また，小売業も顧客接点を持っているが，第9章で述べたように，顧客の消費プロセスは，生活の全局面に及ぶものであり，「使う・利用する」ために「買う」および「作る」という行為も含まれる。したがって，小売業の場合は，すでに持ち合わせている顧客接点をもとにどのようにして「使う・利用する」という消費プロセスに入り込むかが，そして，そこでどのようなコミュニケーションを取るかが，まず問われ，次にそのもとで小売店頭でのコミュニケーションの在り方を考える必要がある。

　いずれにせよ，サービス業と小売業は，顧客と接する際にサービスを提供している点で共通している。顧客との価値共創を起点とする企業システムにとって，サービスの現場，いわゆるサービス・エンカウンターが，すべての起点となる。言い換えるなら，価値共創を取り込んでいるサービス業と小売業の企業システムは，4Cがどのように統合されているかを明らかにすることでその全容をみることができる。そこで本章では，価値共創型企業システムのモデルをもとにサービス業と小売業の価値共創について議論していくが，それを単純化するなら，図表12-1のようになる。すなわち，サービス・エンカウンターで行うマーケティング活動を支援するために，4Cアプローチ，経営諸機能，戦略レベル，マネジメント・プロセスといった内部統合，さらに，企業間関係の調整といった外部統合が必要となる。また，顧客と価値共創を行うかどうか

図表12-1　サービス業と小売業の価値共創型企業システム

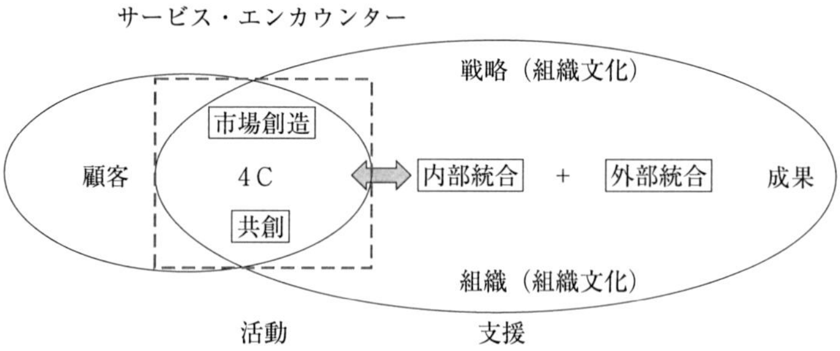

出所：図表10-1を基にして筆者作成。

は，企業の意思決定の問題であり，企業の文化性と深く関わっている。そして，顧客と価値共創を行い，価値共創を起点にしてシステム構築を図る企業にとって，それは，どのような成果がもたらされるかについても検討する必要がある。

以上のことを踏まえ，本章における研究課題の精緻化を図るなら，次のようになる。

第一に，サービス業と小売業の 4C アプローチ，すなわち価値共創マーケティング活動を解明する。具体的には，すでに有している接点（contact）をもとに，どのようにして顧客の「使う・利用する」という消費プロセスに入り込むか，また，サービス・エンカウンターでは，どのようなコミュニケーション（communication）が求められるか，そして，そこで行われる共創（co-creation）はどのようなメカニズムを持つか，その結果，どのような文脈価値（value-in-context）が生成されるか，といった一連の問いをそれぞれ解明していく必要がある。

第二に，サービス業と小売業の価値共創と企業システムの関係を明らかにする。具体的には，サービス業と小売業による価値共創の特性を踏まえ，またそれを強調しつつ，価値共創と内部統合，外部統合，企業文化，そして，企業成果との関係について，それぞれ議論することが重要といえる。

第 3 節　価値共創マーケティング活動

1．顧客接点による消費プロセスへの入り込み

価値共創の実現を前提とするなら，顧客の消費プロセスに入り込むことができなければ，顧客接点を有することそれ自体に意味がない。言い換えれば，第 10 章で述べたように垂直的顧客関係（Vertical Customer Relationship）の構築がまず以てなされる必要がある。また，顧客の消費プロセスに入り込むことの

目的は，顧客の文脈価値の生成に影響を与えることにある。

　サービス業の場合，サービス生産に伴い，消費が発生している。いわゆる生産と消費が同時に進行している。例えば，美容室に行って髪をセットしてもらう際に，従業員のサービス生産プロセスと顧客の消費プロセスが重なっている。一方で，顧客の消費プロセスは，そこで終わるわけではない。髪型をセットしてもらった顧客が，美容室から出た後で他から高い評価を得られた場合，サービスに対する満足感は高まっていく。言い換えると，顧客の文脈価値はサービスを受ける時だけではなく，その後も生成される。顧客接点で提供されたサービスがこのような2つの段階で，顧客の文脈価値の生成に影響を与えることができる。さらにGrönroos [2006] も指摘するように，消費は価値創造をサポートするあらゆる要素を包含することを考えれば，サービスの生産と消費に関係する他の主体やモノも価値の生成に影響を与えるといえる。したがって，サービスの現場において使用されるモノの購買や開発・生産を共同で行うこと（共同関与：第9章参照）もある。すなわち，顧客の消費プロセスは，広範に及ぶのであり，また，そこには企業と顧客の相互作用プロセスが伴うのである。

　これを小売業にあてはめてみると，まず，顧客と接する販売現場がサービス・エンカウンターとして理解される。そこにおいて，サービスの生産と消費が同時進行することになる。また，販売現場における企業と顧客の相互作用は，モノを販売した後の消費プロセスに影響することができる。また，「使う・利用する」という消費プロセスに入り込んだなら，そこもサービス・エンカウンターとして捉えられる。これは，サービス提供そのものの現場となる。そして，この「サービス業」を起点とするなら，先に述べたようにそこでの相互作用プロセスで，顧客がモノを「買う」ことを必要とすれば，「小売業」の現場に戻るということになる。そして，いずれの場合も，顧客との相互作用プロセスでモノを「作る」ことに関与したとなれば，共同開発・生産を行ったと理解できる。そして，様々な相互作用プロセスでの知見あるいは経験は顧客の文脈価値の生成に影響する。

　サービス業と小売業は，生来的に顧客接点を有している。サービス業も小売業も4Cアプローチに基づく価値共創は，contactからではなくcommunicationから始まると考えて良い。そして，サービス・エンカウンターを通じて，顧客の文脈価値生成に影響を与える方法として，次の3つがある。

　①　サービス・エンカウンターでのサービスの質を高めることで，サービス提供と同時進行している顧客の消費プロセスに直接的に影響する。

　価値共創ということを意識しているかどうかは別として，殆どのサービス業および多くの小売業は，この方法を通じてサービス・エンカウンターを活用していると思われる。したがって，サービスの質の向上を価値共創としてまず認識することが重要となる。

　②　サービス・エンカウンターでのサービスの質を高めることで，サービスが提供された後の顧客の消費プロセスに間接的に影響を与える。

　もともと価値共創は，交換後の世界に光をあてたものであり，その意味での価値共創という視点に立てば，むしろ，サービス・エンカウンターでのコミュニケーションが，その後の顧客の文脈生成に影響を与えると考えるのはごく自然なことである。したがって，サービス・エンカウンターでは，そのことに十分留意したサービス提供，コミュニケーションの展開が求められる。

　③　すでに持ち合わせているサービス・エンカウンターをもとにして，顧客に向けた情報発信やモノの共同関与を通じて顧客に影響を与えることができる。すなわち，これは，すでに接点のある「既存顧客」とはいえ，新たなサービス・エンカウンターのもとで価値共創に関わる影響を顧客に与えることを意味している。

　そして，②および③は，特にサービス業と小売業に市場創造の方向性を示している。サービス・エンカウンターの活用を可能にするのは，顧客と接する際のコミュニケーションおよび相互作用である。

2．コミュニケーション

　価値共創は直接的な相互作用を伴うものであり，その継続を保証できるコミュニケーションが求められる。サービス・エンカウンターにおいて，企業と顧客の双方向のコミュニケーションは直接的な相互作用であり，価値共創の実現

に直接的に関わっている。しかし，こうしたコミュニケーションには，必ず始まりがあるのであり，それらへの応答を持って直接的な相互作用と見なすことができる。したがって，企業から顧客に向けた情報発信も顧客からのフィードバックがあれば，そこには直接的な相互作用があったといえ，価値共創のためのコミュニケーションとして捉えることができる。以上のことから，サービス業と小売業において，文脈価値生成に影響を与える方法としては，次のような3つのコミュニケーションが識別される。

　第一に，サービス業と小売業の店内において，顧客がお金を支払うに至るまでのプロセスで感じられる価値を高めるために，従業員と顧客が対面して行うコミュニケーションがある。例えば，旅行会社の店舗で，従業員は顧客とコミュニケーションするなかで，顧客と一緒に感動的な旅を描き，旅行計画を立てる。実際に出発する前に，顧客に旅行の気分を感じさせることで，旅行をもっと楽しんでもらう。こうした状況におけるコミュニケーションは従業員の高いナレッジとスキルが要求される。

　第二に，サービス業と小売業の店内において，退店後の消費プロセスに影響できるコミュニケーションがある。消費プロセスにおける特定のシーンを顧客と共有し，そこで使われる情報を対面コミュニケーションの形で，事前に顧客に提供する。いわゆる顧客の文脈価値を高めることを目的とするコミュニケーションである。例えば，アパレル小売店でドレスを販売する際に，従業員がドレスの楽しい着方を顧客に教える場合がある。すなわち，顧客は従業員から友達のウェディング・パーティに参加する時にはドレスに付いているリボンをネックにまわした方が優雅だとか，デートに行く時は，リボンを後ろに締めた方が可愛いなどのアドバイスを受ける。その結果，顧客はモノを購入した後の消費プロセスでモノをもっと楽しむことができ，より高い文脈価値を感じることができる。この場合，1つ目のコミュニケーションと同じように，従業員のナレッジとスキルが特に要求される。

　第三に，店内でのサービス・エンカウンターを活かして構築された顧客関係をもとに，ダイレクトメールやSNSなどの手段を通じて，当該顧客に情報発信することで，直接的な相互作用の機会を獲得するようなコミュニケーション

がある。顧客のフィードバックや顧客の参加があれば，このようなコミュニケーションが価値共創に関わってくる。ここでの顧客参加には，情報共有の他に，場合によっては，モノへの共同関与も含まれる。そして，どこまで顧客に参加してもらうかというのは，企業の意思決定の問題である。

3. 直接的な相互作用による共創

　サービス・ロジック（Service Logic: 以下，Ｓロジック）に基づけば，直接的な相互作用は価値共創の前提条件である。したがって，顧客との直接的な相互作用によって，顧客の文脈価値の生成にポジティブな影響を与えれば，それは価値共創であり，逆にネガティブな影響となれば価値破壊となる（Grönroos [2011] p.290）。例えば，旅行会社が提案したコースを利用する顧客が，当地でレストランを変更したいと旅行会社の従業員と連絡を取る。すでに予約済みのコースであり変更できないという対応と，要望に応じて調整するという対応では，文脈価値の生成に異なる影響を与えるであろう。

　したがって，顧客が旅行中に旅行会社といつでも連絡できる体制を整えることは，直接的な相互作用の場を提供することを意味している。その相互作用の場における企業の対応は，その企業が顧客の価値創造について，どのように考え，位置づけているのかという点と深く関わってくる。特に，サービス業と小売業は，製造業と比べて，多くの顧客接点を有していることを考えれば，サービス・エンカウンターでのコミュニケーションといったような直接的な相互作用が，文脈価値にネガティブな影響を与える可能性が高くなる。この意味で，顧客と直接的に接する従業員のナレッジとスキル，サービス・エンカウンターを支援する企業のナレッジとスキルが重要となる。企業は強い意志と高い能力をもって顧客にアプローチする場合，価値共創が実現しやすいと考えられる。

　さらに，価値共創は，顧客側の意志と能力にも大きく依存している。顧客に強い意志はあるが能力が低ければ，企業は，直接的相互作用の場において顧客の水先案内人となるマーケティングを実施する必要があると考えられる。逆に，能力は高くても弱い意志しか持たない顧客には，動機付けを目標とする相

互作用が望ましい。さらに，意志も弱く能力も低い顧客に対しては，企業は積極的な提案を通じて，顧客と直接的な相互作用の可能性を探索するべきである（村松 [2009] 137-138 頁）。以上のように，企業および顧客の意志と能力を充分に分析した上で行う直接的な相互作用は，文脈価値にポジティブな影響を与える可能性が高いといえ，価値共創の実現に貢献できる。

また，モノへの関与も企業と顧客の相互作用として取り上げる必要がある。すなわち，顧客は消費するために，企業と一緒にモノの購買，開発・生産に関わる。しかも，そのプロセスで獲得された知見や経験は文脈価値の生成に影響を与えることになる。

4. 文脈価値

価値共創マーケティングの目的は，顧客の文脈価値を共同で創造し，さらに，それを高めていくことにある。したがって，文脈価値の生成プロセスを解明することにより，価値共創マーケティングを展開する可能性や方向性を示すことができる。

文脈価値は，顧客が判断する価値である。Sロジックの観点からすれば，顧客の文脈価値は，顧客と企業が共同して創造される場合と，顧客が単独で創造する場合に分けられる。このことをサービス業や小売業にあてはめてみると，

図表 12-2　サービス業と小売業における文脈価値の生成

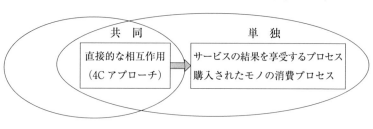

出所：筆者作成。

図表12-2のようにまとめられる。企業との共同によって創造される文脈価値は、直接的な相互作用ないし4Cアプローチを通じて実現される。また、顧客が単独で創造する文脈価値は、サービス・カウンターで受けたサービスを顧客が享受するプロセス、もしくは購入されたモノの消費プロセスにおいて生成される。

しかしながら、文脈価値そのものは、顧客の消費プロセスで生成するのであり、いくら企業が共創という形で関わっても、その判断が顧客によってなされる以上、文脈価値を巡る企業と顧客の間には、情報の逆非対称性が成立する。そして、その価値判断は、様々な文脈のもとでなされることを考えるならば、企業としては、文脈価値生成プロセスや文脈そのものの解明が重要となる。

第4節　価値共創と企業システム

価値共創に取り組む企業は、顧客との価値共創を起点にして企業システムを構築することになる。サービス業と小売業の場合、どのようにしてサービス・エンカウンターを支援するかということが、企業システム構築の原点となる。

本節では、顧客との価値共創と企業の内部統合、外部統合、企業文化、そして、企業成果の関係を議論することで、価値共創と企業システムの関係を明らかにする。

1.　価値共創と内部統合

サービス業と小売業における価値共創は、サービス・エンカウンターで行われる。したがって、サービス・エンカウンターを軸として様々な内部統合について考えていく必要がある。

その意味では、サービス・エンカウンターで顧客と接する担当者をどのように位置づけるかということが重要となるが、インターナル・マーケティングは、サービス現場を担当する従業員の満足を高めることに焦点が置かれてい

る。この点は，価値共創マーケティングにおいても同様である。すなわち，顧客との価値共創は十分な従業員満足からもたらさせる。また，担当者が顧客との相互作用を円滑に進め，高いレベルで価値共創を行うには，大幅な権限委譲を伴うマネジメントが必要である。また，それは，サービス現場をマニュアル化しないことにも通じている。もともと，価値共創は，オーダーメイドで行われるものであり，顧客への即時的対応がより良い相互作用を生む。その結果，顧客にとっての価値である文脈価値の共創に至る。そして，その際の価値共創が4Cアプローチに基づいて行われるのはいうまでもない。このようにみてくると，サービス・エンカウンターの担当者には高い能力が求められ，価値共創，相互作用のためのナレッジとスキルを向上させるための教育が欠かせない。

次に，サービス業と小売業による価値共創型企業システムの戦略構造が多段階に及ぶ場合は，戦略レベルの統合，すなわち，企業戦略，事業戦略，機能戦略の垂直的統合が必要となる。そして，これは，全社マーケティングの問題に結び付く。すなわち，機能的にみれば，全社マーケティングはマーケティングの視点から他の経営諸機能を統合することを意味しており，そのことによって全社マーケティングに到達することができる。さらに，事業戦略は，経営の多角化と関連しており，多くの場合，それは外部統合の問題につながっていく。

2. 価値共創と外部統合

サービス業と小売業にとって，顧客との価値共創を実現させるには，他の企業の協力が必要不可欠となっている。

改めるまでもなく，サービス業の場合，その円滑な業務遂行にあたって，当然ながら，外部の諸企業と密接な関係が構築されている。例えば，旅行会社は顧客の価値ある旅を演出し達成するためには，交通会社，ホテル，レジャー施設などと連携する必要がある。あるいは，サービス・エンカウンターで用いるモノの購入，開発・生産に顧客と一緒に関わる場合，外部企業との関係構築を必要とする。これらはすべて価値共創を行うサービス業における外部統合の問

題となる。

　一方，小売業の場合，伝統的にモノの仕入れ先との取引関係が構築されてきた。さらに，近年，小売業主導の商品開発，いわゆる PB 商品の開発が多く現れており，小売業は深くモノの開発・生産に関与するようになってきている。しかし，これらの事例は，価値共創における外部統合の範疇には入らない。価値共創として，外部統合を考えるには，顧客の消費プロセスで行われる企業と顧客の相互作用を軸とする必要がある。したがって，まずは，顧客の消費プロセスへの入り込みに伴うサービス業への事業多角化があげられる。また，そこでのサービス提供に付帯するモノの購入のために小売事業への参入，さらには開発・生産に伴う製造業への参入が考えられる。すなわち，小売業が価値共創へ取り組むことを意思決定した後に，これらの事業展開があり得るのであり，その場合においては，小売業による外部統合ということになる。

　以上のことから，サービス業と小売業の事業展開の可能性は図表 12-3 のように示すことができる。

　まず，サービス業である。タイプ S I は，価値共創をよりよく実現させるために，顧客の文脈価値の創造プロセスで使われるモノを販売する場合をいう。例えば，美容室で，顧客にヘアケアのグッズを販売する。タイプ S II は，価値共創をよりよく実現させるために，同じく，文脈価値の創造プロセスで使われ

図表 12-3　価値共創を起点とした事業展開

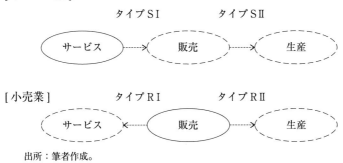

出所：筆者作成。

るモノを顧客と共同で開発・生産することが考えられる。

　次に小売業である。タイプRⅠ型は，サービス業に事業を拡大する場合がこれにあたる。例えば，モノを購入した顧客に，直接的にサービスを事業として提供する。タイプRⅡは，モノの開発・生産に共同で取り組むことが考えられる。

3. 価値共創と企業文化

　顧客との価値共創を起点にした内部統合と外部統合を支えるのは，企業の文化性である。価値共創を支援するという視点から見れば，顧客との価値共創という考え方を組み込んだ企業理念がまず望まれる。価値共創において企業と顧客は与え手と受け手の関係であり，企業は常に顧客のために為すべきことは何かを考える。そうした受け手の顧客を軸に与え手の企業を位置づける考え方こそが価値共創型企業の企業理念といえる。そして，企業理念はその具体的展開を担う戦略（経営文化）と組織（組織文化）によって実体化されるが，そのことは，顧客接点重視の程度，情報伝達の効率性，そして，顧客接点に対する支援の柔軟性という点において表面化する。

　顧客接点を最も重要な地位に置く企業は，顧客接点の状況に合わせて行動する。また，顧客と接する従業員のモチベーションを高めることは日常業務の重要な部分となる。オープンな経営文化と組織文化のもとで，顧客接点の情報がスムーズに伝達され，企業全体，もしくは企業システムに共有される。さらに，共有された情報を処理し，対応するには，インフォーマルな組織の方がフォーマルな組織より，反応と意思決定が速く，柔軟性が高い。極端に言えば，組織全体が１つの部署，すなわち現場対応部署になり，すべての人的，物的資源が価値共創を支援するために機能するようになってくると，企業と顧客のより高いレベルでの価値共創が期待できる。

　いずれにせよ，サービス業と小売業は，もともと顧客接点を持っていたのであり，顧客からすれば当該企業の企業文化は，企業との直接的なやり取りを通じて，身近に感じ取れるものだったといえる。しかし，今日，顧客との価値共

創を進めるサービス業と小売業にとって，改めて顧客接点の重要性を認識する必要がある。

4. 価値共創と企業成果

　価値共創への取り組みは，当然ながら，企業としてその成果を問うことになる。確かに，価値共創の達成によって，ブランドイメージが向上したり，顧客満足度が高まったりするだろう。しかし，交換価値に代えて，文脈価値の生成にマーケティングの焦点を置くなら，その活動に対する成果を見極める必要がある。しかし，そうした視点からの研究は行われていない。

　それでは，企業成果という視点から，価値共創をどのように考えたらよいか。それには，第9章で指摘したように，まず，生成された文脈価値に見合った報酬授受システムを構築することが不可欠となる。例えば，生成した文脈価値に応じて価格が決まるのであれば，大きな文脈価値を得た顧客は，それに見合う高い報酬を企業に支払うことになる。そして，このことは企業による価値共創の積極的な取り組みの動因となる。その結果，企業としては，大きな成果を得ることになる。したがって，サービス業と小売業は，生来的に持ち合わせている顧客接点で前述したような方法で積極的に価値共創に取り組む必要がある。また，企業システムを構築していくなかで，より良い価値共創の達成に向けた意思決定を繰り返すが，とりわけ，外部統合にあたっては，どれだけの事業に垂直的に関与するかが重要となる。なぜなら，新たな事業の取り込みは，同時に収益機会の拡大を意味しているからである。言い換えれば，こうした視点からも価値共創による成果は得られるといえる。

第5節　おわりに

　本章は，第10章で提示された価値共創型企業システムの枠組みをサービス業と小売業にあてはめて理論的考察を行った。顧客との接点を持つというの

は，サービス業と小売業の大きな特徴であり，価値共創にあたって優位な立場にある。しかし，接点を持っているだけで，それを有効に活用しなければ，価値共創にはつながらない。本章は，価値共創に向け，顧客接点をどのように扱っていくかを理論的な視点から述べ，その上でサービス業と小売業の価値共創，さらに価値共創を起点とした企業システムについて検討した。したがって，ここでの議論は，価値共創型企業システム・モデルの精緻化に貢献するとともに，議論を踏まえた実証研究のための理論的枠組みを同時に提示しているもといえる。

（村松潤一，大藪亮，張婧）

第13章

製造業の価値共創とマーケティング

第1節　はじめに

　サービス・ドミナント・ロジック（Service Dominant Logic: 以下，S-D ロジック）（Vargo and Lusch [2004]）の提唱を機に，顧客との価値共創という視点からマーケティングの研究がなされている。しかしながら，企業はどのようにして価値共創を行うべきかについて具体的な示唆は乏しい。マーケティングが持つ本来の意味からすると，企業が抱える課題を克服し，新しい市場創造への活路を見出す議論が待たれる。

　グッズ・ドミナント・ロジック（Goods Dominant Logic: 以下，G-D ロジック）の視点で製造業の企業活動を言い表すと，より良い交換を行うためにあらゆる手段を用いて製品を開発・生産し，販売するということである。交換時点で顧客が価値を感じ取り，対価を払ってでも交換するという状態を作り出すことをゴールとする。そのために企業は他社製品と比べて，いかに優れているかを競う。それに対して顧客は，交換段階において考えうる価値と価格などの諸条件を勘案した上で，どの製品と交換を行うかを判断する。そこに対しては過去自らが経験したことや他人の評価などが影響を与える。近年インターネット上において種々の製品に対する使用評価が散見されるが，それは顧客が将来を想定

して価値が生まれるような，より良い交換を行いたいという願望を満足させるものである。したがって，交換を前提とした製品価値は，顧客の努力を事前の情報収集に向かわせる。当然ながら顧客は自らの使用段階を想定しながら，交換すべき製品を見極めようとする。企業もそれらを考慮に入れ，使用のシーンも見据えた，顧客にとっての価値を想定し，それが可能となるように製品開発を行う。企業は競争優位を求めて，時にはマーケット・リサーチを行い，使用段階における顧客の欲求や抱える問題点を明らかにする努力を行う。その結果として，製品に新たな機能追加などの交換価値の増大を図っている。

ここで1つの大きな疑問が生まれる。上記の事柄はあくまで顧客が交換時点で判断しているに過ぎない。顧客は未来に発生する欲求について交換時点にどこまで把握しうるであろうか。仮に企業が事前に顧客の欲するものをマーケットリサーチにより理解していようとも，交換以降に発生する顧客の欲求と合致しているという保証はない。また，顧客の持つナレッジやスキルがどの程度のものか，知りうるはずもない。したがって，製品に埋め込まれた価値を引き出すことができるかどうかも全く未知のものである。

顧客の視点で重要になるのは，製品の使用段階である。そこでこそニーズが発生し，それを満足することで価値が生まれる。しかしG-Dロジックにおいては，製品の使用に関して事前に想定することに留まっており，それに起因した機会損失は否定できない。これは企業のビジネス機会損失に限ったものではなく，顧客にとっても使用時点の価値そのものの機会損失をも意味する。それに対して価値共創概念は，顧客の使用段階に直接相互作用を行うことを本質としており，G-Dロジックが抱える課題に対する解決に向けた道標となりうる。

本章では，製造業に対して価値共創概念を適用し，具体的試案を提示することを目的とする。まず，これまでの先行研究における価値共創の定義およびそれを構成する要素について述べる。それを踏まえ製造業への適用を行う際の具体的な課題を指摘する。続いて交換以降に顧客との接点を持つ所謂製造業のサービス化の具体事例を批判的に検討する。実際に企業で行われている実例から，製造業への適用における課題に対する解決策を述べる。以上を踏まえ，価値共創概念を製造業に適用した試案を提示する。

第 2 節　価値共創概念を製造業へ適用する際の課題

1. 価値共創の定義と構成要素
　　──先行研究レビュー──

　第 9 章でも述べられている通り，価値共創という概念は S-D ロジックとサービス・ロジック（Service Logic: 以下，S ロジック）という 2 つの枠組みの中で語られている。製造業への適用を視野に入れ，主にグッズの役割，企業と顧客の役割，および価値共創プロセスについて 2 つのロジックを対比的にレビューする。

　S-D ロジックにおいてグッズはサービス提供の伝達手段であり，企業は価値提案者および共創者として，顧客は価値共創者と位置づけられる（Vargo et al. [2008] p.147）。S ロジックにおいては，顧客が価値創造者と位置づけられ，企業は促進者であり，両者の接点がなければ，企業と顧客の間は閉じられた関係となっている（Grönroos [2011] p.286; [2013] p.142）。価値創造のプロセスに企業が直接相互作用したときのみを価値共創と捉えている（Grönroos [2011] p.290）。そこでのグッズの扱いは，資源の束の 1 つである（Grönroos [2006] p.324）。企業から提供されたグッズ，サービスともに資源であり，顧客がこれらを統合し価値を創造する（Grönroos [2006] p.286）。

　Grönroos [2011] は顧客の消費プロセスによりロジックを区分している。製品を使うだけであれば，供給する企業にとっては閉ざされたシステムである。一方，サービスとともにそのプロセスに埋め込まれた製品を使用するならば，企業の視点から見ると開かれたシステムとなる（p.286）。つまり，企業が直接的相互作用を行うことで顧客の価値創造プロセスに入り込むならば，顧客と価値共創する機会を得る（p.293）。S-D ロジックが企業から供給されているものをすべてサービスとしているのに対し（Vargo and Lusch [2004] p.2; [2011] p.1），よりミクロな視点で特性の理解を図ろうとしている。S ロジックにおいてサービ

ス企業は製品の位置づけを，サービス・プロセスを促進する資源とし，製造業は製品提供にサービスを付加すると位置づけている（Grönroos [2011] p.286）。サービス・マーケティングを製品マーケティングに適応する際，Sロジックでは消費概念を拡大し，生産プロセスにおいて顧客が相互作用することまで含めている（Grönroos [2006] p.326）。特に製造業の視点で考えると，価値共創概念適用のためには生産領域はどのような変更を必要とするのか，具体化する必要がある。Sロジックでは価値共創における相互作用を直接的な対話的プロセスであり，使用と同時並行するとの見解である（Grönroos [2013] p.142; [2014] p.209, p.217）。ここでは積極的な相互作用こそが直接的な相互作用であり，受動的なアフターサービス等は含まれていない（Grönroos [2011] p.290）。S-Dロジックの相互作用はこれらを包含しているが，相互作用の積極性までは言及していない。

　S-Dロジックではプロセスすべてを相互作用としている。この点でSロジックは顧客との相互作用について細部に入り込んでいる。価値共創は直接的な相互作用を行う場合のみとし，直接的な相互作用を持たない場合，企業は単なる価値の促進者として位置づけられている（Grönroos [2006] p.323）。相互作用は価値共創を行うためのプラットフォームである（Grönroos [2011] p.290）。

　S-Dロジックにおいてサービス概念ですべてを捉えようとするコンセプトを，Sロジックではより現実に即したものに具現化しようとしている。価値創造のプロセスにおいて，企業は生産者であり，顧客は価値創造者である（Grönroos [2011] p.291）。価値創造が閉じた状態は交換の概念に等しい。使用価値を前提としているが，そこでの相互作用がないことは，事前に価値を想定して埋め込んでいることと相違ない。ここに直接的相互作用を消費プロセスの一部として導入し，より現実に即した形のプロセスを描いている。すべてを共創とするS-Dロジックはあまりにも漠然としすぎており，企業の関与の余地がどこにあるのかが特定できない。Sロジックのプロセスは，従来通りの企業システムを出発とし，そこへ直接的な相互作用プロセスを付加することにより新市場創造への示唆を与えている。つまりこれまでの生産と交換という製造業の企業活動を出発点とし，閉じられた顧客の価値創造のプロセスのどこかに入り

込むという視点を持つことで，製造業は新しいマーケティングの機会を得ると解釈できる。

　Sロジックにおける価値共創概念は，企業における行動変化を生むという観点では，製造業への適用に対して親和性が高いと考えられる。したがって，本章においてはSロジックを基礎とし，「価値共創とは企業と顧客の間に，直接的，積極的，対話的な相互作用が行われ，そのプロセスは使用と同時並行するもの」と定義する。そこにおいてグッズはサービスとともに価値共創を行うための資源とする。

　一方，Sロジックでは，顧客の価値が生まれるまでのプロセスをより精密に描いているものの，どのように直接的な価値共創を行うのか，という大きな課題が残されている。企業の視点に立つと直接的な価値共創実現に際し，製造業は何をすればよいのかという具体的示唆を必要とする。

2.　製造業への適用における課題の具体化

　製造業においても顧客の使用段階を考えて製品の生産は行われている。しかし，サービス概念を基礎とした価値共創を製造業に適用する際，使用段階における製造業とサービス業の違いを認識する必要がある。サービス業は顧客との直接的な接点を持っているため，直接的に顧客と相対し常に価値共創を行うことができる。しかし，製造業は交換価値を前提にしているため，直接的接点を持たない。前述したように，使用プロセスにおいて直接的，積極的，対話的な相互作用が必要になることから，顧客との直接的接点をどのように設定するか，そこでどのように価値共創を行えばよいかを具体化する必要がある。ここでは，具体化に当たり製造業が直面すると想定される4つの具体的な課題を述べる。

(1)　量の問題

　日常生活において，いかに多くの製品があるかについては，容易に想像できる。金額的に高価なものでもかなりの量の交換が日々行われている。大量生産

の現代において交換される量は膨大である。例えば、日本自動車販売協会連合会によると2013年に販売された自動車はおおよそ500万台である。単年の販売だけを見てもこれだけの量があり、実際の使用者数は膨大である。これらすべての顧客に対する直接的な価値共創の場を設定することの困難は議論を待たない。

(2) 物理的な距離の問題

　サービス業においては生産と消費の場が、顧客と企業によって共有されている。例えば、理容院などにおいては、顧客がサービスを受けるために店を訪れ、そこで共創が行われる。しかしながら、製品に関しては、通常顧客が自らの使用シーンに自由に持ち込み、場所の特定は困難である。交換をこれまで前提としてきた製造業においては、使用段階での接点は全く設定されておらず、生産と消費の場は物理的に離れており、直接的な共創は困難である。

(3) 顧客のナレッジとスキルの把握の問題

　顧客は、製品に埋め込まれた価値を、自らのナレッジとスキルを活用して引き出している。逆に、顧客が求めている価値がその製品に埋め込まれていようとも、顧客がそれを引き出すためのナレッジとスキルを持ち合わせていなければ意味をなさない。顧客自身に関する情報は顧客にしかなく、企業はそれを事前に知るすべを持たない。サービスにおいては直接的に相互作用を行うため、対話を行い、顧客の持っているナレッジとスキルを把握することができる。直接的な相互作用を通してのみ、顧客のナレッジとスキルを把握することができる。交換を基礎とした製造業にはこのような機能がなく、把握の困難を生じる。

(4) 企業のナレッジとスキルの拡張性の問題

　顧客が何を求めているかについて、企業が事前に知ることは限界がある。仮に顧客が使用するシーンにおいて、それを知ったとしても、それが自社の持つナレッジとスキルで対応できる保証はどこにもない。使用段階における価値を

求めようとした時，顧客が求めるものは一律ではなく，むしろ多様性に富んでいると考える方が現実的である。つまり，価値共創概念を用いる際には，自社が持つナレッジとスキルの拡張の必要性が発生し何らかの対応が必要となる。

第3節　製造業のサービス化における具体的事例の批判的検討

1. 製造業における変化の概要

　藤川 [2012] によると製造業のサービス化について，持続的な競争優位の戦略的活動と位置づけ，積極展開する例が目立つことを指摘している。サービス事業を製品発売後仕方なく行うコストセンター的なアフターサービスとして捉えるのではなく，製品発売後に顧客価値の増大を実現するものと捉えている。志方ほか [2011] もケアベッド市場のケーススタディにより製造からサービスまで含んだシステムにより優位なビジネスを行うことができることを示した。製造業のコモディティ化という言葉にも象徴されるように，製品そのものにおける差別化が難しくなってきている（延岡ほか [2006]）。各社とも他社をベンチマークし，製品の機能は常にキャッチアップされ，顧客の視点からは各社の製品に差が見出しにくい状況となっている。そこで競争優位を確保するために，交換以降の使用段階に入り込み，顧客価値の増大を目指した取り組みがなされている。

　交換以降に実際に製造業が顧客との接点を持ち，新しい取り組みを行っていることは，具体的な示唆に富む。本節では実際の事例を通して，前節で提示した4つの課題について解決の手段を検討する。さらに先に述べたSロジックの価値共創という視点から見た際，これらについての研究事例に対して批判的に検討を行う。

2. 事例研究

(1) コマツの KOMTRAX の事例

　小松製作所株式会社（以下，コマツ）の KOMTRAX は建設機械の情報を遠隔で確認できるシステムである。車両内のネットワークで情報が収集され，装備されている通信システムにより車両情報が送信される。また GPS が装備されており位置情報も送信される。情報の受け手となるサーバー側のシステムで，送信された情報を蓄積し，インターネットを通じて顧客や販売代理店に情報が提供される。コマツは 20 万台以上の建設機械すべてをリアルタイムで把握でき，KOMTRAX のデータをもとに建設現場の生産性を分析し，顧客である建設会社の作業効率改善やコスト削減につなげている（藤川 [2012]，増田 [2012]）。建設会社にとって建設現場の生産性は重要であり，購入後の価値たりうる。

　この事例においては，部分的であるが直接的相互作用の具体的姿が見受けられる。燃料費削減の提案を例にとると，企業は顧客が使用している製品の状態をまずは確認してから，削減の提案を行う。増田 [2011] は「IT やロボット技術を活用したサービスマネジメントシステムを導入して顧客の行動を「見える化」し付加価値の高いソリューション提供を行う製造企業が現れてきている」(10 頁) と指摘している。システムとしては，企業が IT を活用し顧客の情報を収集し，それを基に顧客との接点を受け持つ代理店等の販売窓口が顧客に対して提案を行う。ここに 1 つの製造業の価値共創プロセスの具現化が見て取れる。量の問題に対しては IT の活用および代理店・販売店といった人的なネットワークを活用している。また使用している場面すべてではなく時間をおいて接点を持つことによって，量的な困難となることを現実的なものにしている。そこでは直接的な対話が行われており，物理的距離に起因する課題解決が図られている。直接的な対話を行っていることから，顧客のナレッジとスキルは理解可能である。

　本事例はこれまでの建設機械に対して KOMTRAX というシステムが 1 つの

特徴であるが，これを導入することによって顧客との相互作用を可能にしている。これが意味するところは，相互作用に必要な製品開発を行い，生産しているということである。これまでの価値共創の概念では，製品はナレッジとスキルが埋め込まれたもの，あるいは顧客が価値創造を行うための資源との捉え方がなされているが，企業が顧客との価値共創を行うことを目的とした資源と捉える必要がある。つまり価値共創の適用にあたり，共創を目的とした製品の機能拡張が必要である。増田[2012]は製造業が独自のソリューション提供にビジネス・モデルを変える場合，外部資源の活用，とりわけM&Aを含む他社との連携が不可欠であることを述べている。この事例では通信技術を持つ米モジュラーマイニング社を買収している。

(2) ブリヂストンのリトレッドの事例

　事業用のタイヤビジネスにおけるコモディティ化に対して，株式会社ブリヂストン（以下，ブリヂストン）は，顧客の購入後に関わることで新たな価値の提案を行っている。「エコバリューパック」というタイヤ販売とサービスを組み合わせたビジネスである。新品タイヤ購入以後，プロがタイヤのメンテナンスを行う。空気圧管理，ローテーション，など安全確保や使用期間の適正化を目的とした管理を請け負う。交換時期が来れば，タイヤを引き取り，リトレッドという再生作業を行い返却する。これらの一連のサービスにより，顧客はトータルのコスト削減と安全性を手に入れる。この事例では，製品の購入以降すべてをパックにして販売している。製品の補修を目的とし，アフターサービスを付帯した製品の販売は多く見られるが，この事例では企業側が積極的に顧客の使用段階に入り込んでいる。ここではSロジックで展開される3つのプロセスが見て取れる。企業がタイヤを生産し，走行シーンでは企業が関わらない閉じた顧客の価値創造が行われる。使用と使用の間に，安全性やコスト削減を目的としたメンテナンス，タイヤ再生といったサービスを行う場面においては，企業が顧客と直接的な相互作用の場を設定し，価値共創を行う。

　メンテナンスを請け負うことにより，顧客との直接対話が行われ距離的な問題は解決されている。ただし，メンテナンスという性格上，実質的には走行し

ていない場面での接点に限定される。一方このような限定された接点により，企業はすべての対象者と接触することができ，量的問題を解決している。直接対話がスキルとナレッジの把握につながる。また使用実態，顧客が抱える問題点の把握もできる直接的な相互作用である。それがリトレッドというサービスを行いやすくするための製品改良にまで結びついている（増田 [2012]）。この事例でも米バンダグ社の M&A により，ナレッジとスキルの拡張を行っている。バンダク社は，プレキュア製法と呼ばれる金型が不要で整備も小規模で済む技術を持っている。これにより少量多品種生産が可能であり，市場への拡大展開が可能となっている。

(3) ネスレのアンバサダーの事例

　ネスレ日本株式会社（以下，ネスレ）は「ネスカフェアンバサダー」というサービスを 2012 年から展開開始している。アンバサダーとは無料でコーヒーを入れる機器を借り受け，オフィスで使用する人を指す。ネスレはそこで消費されるコーヒーで利益を得る。顧客自身がコーヒーを入れ，一杯 20 円という安価な価格をメリットとして導入された。そこではアンバサダーと呼ばれる顧客自身がオフィスでコーヒーを提供しやすいよう企業がいくつかのサポートを行っている。チケットや記録シートを提供し集金のサポートをする。あるいは定期的にコーヒーを送付する仕組みなども持っている。それに加え，2014 年 9 月に株式会社イトーキと共同で立ち飲み用のテーブルを導入した。安さだけが評価されたわけではなく，コーヒーを通じてオフィスでのコミュニケーションが円滑になったとの実態があり，専用のテーブルがほしいという要望が，アンバサダーから寄せられていた（日経ビジネス編集部，2014 年 9 月 11 日，web 掲載記事）。これを踏まえ，ネスレは単にコーヒーや周辺のものを収納できる仕組みだけでなく，天板の半分にガラスを使用し，メモを書いたり消したりできる工夫を施している。この事例では，アンバサダーとオフィスの他の顧客とがコミュニケーションという価値を共創している。価値を共創するための資源として専用テーブルを企業が提供していると解釈できる。ネスレは 14 万人以上のアンバサダーを獲得し，アンバサダーに直接顧客と価値共創してもらうとい

う仕組みを形成している。これはオフィスという人が集まるコミュニティに置いて，その一員が相互作用するという形態で，量と距離の問題を解決している。そこでの企業の位置づけは，いわば価値共創者の支援である。顧客の声を元にテーブルを新規に提供しているという実態は，相互作用において共創者が価値を理解し，さらに顧客のナレッジとスキルを把握していると解釈できる。そして価値共創を行うために，イトーキという他社とコラボレーションを行い，企業のナレッジとスキルの拡張を行っている。

　ここでの価値共創の仕組みは独特である。顧客自身が価値共創者となり，価値を顧客に提案し，顧客からフィードバックを受け両者で価値を共創する。顧客は企業の側の価値共創者としてふるまう。一方企業は，顧客に対しての直接価値提案を行わず，価値共創者との接点を持ち，フィードバックを受け，価値共創者が共創しやすくなるための製品提案を行う。ネットワーク・マーケティングとして，顧客が販売者となり，さらにその顧客が販売者として顧客そのものが販売員となる例がいくつかの企業で見られるが，そこでは交換する場を増加させるための工夫に留まっている。ネスレのケースでは顧客価値を生み出すという点で共創的行為が行われ，ネットワーク・マーケティングと異なる。

3．事例研究からのインプリケーション

　まず3つの事例研究を元に前述の4つの課題への解決手段を整理する。量的および距離的な課題は，3つの方法が採られている。IT技術の活用，営業網の人的資源の活用，および人の集合する場における共創者としての顧客の活用である。顧客のナレッジとスキルの把握については，いずれも直接的な接点を持つことにより解消している。企業のナレッジとスキルの拡張については，M&A，コラボレーションと言った他社のナレッジとスキルを活用している。

　第2節では，価値共創とは企業と顧客が直接的かつ積極的に相互作用を行う場合を指し，使用プロセスと同時並行的に行われると定義した。例えば，建設機械を使用している，そのシーンのどこかにおいて企業と顧客が直接的相互作用を行い，何らかの価値を生み出す。あるいはタイヤを使用している時，つま

り，車を走行させているシーンのどこかで直接的相互作用を行い何らかの価値を生み出す。これを達成することが価値共創である。増田 [2012] は，ブリヂストンの事例を踏まえ，「製造業がサービス分野に乗り出す際にカギとなる概念は「グッズ・ドミナント・ロジック（GDL）」から「サービス・ドミナント・ロジック（SDL）」への転換である。自らの事業をモノ作りからコト作りへと定義しなおすことである」と述べている（1頁）。また藤川 [2012] は，製造業のサービス化の事例について，サービス事業を製品発売後に行うコストセンター的なアフターサービスとして捉えずに販売後の使用段階において顧客価値の増大を実現していると指摘している。コマツの例を始めいくつかの事例についてS-D ロジックにおける使用価値の拡大，双方向的・協業的な価値共創との解釈を示している。これらの研究においては，S-D ロジックに示される交換後全般にわたった広範囲についての価値共創を拠り所にしており，また相互作用についても触れられていない。S-D ロジックの規定するところの価値共創は漠然としており，精緻化を求めることが困難である。ややもすると交換後に起こることすべてが価値共創との誤解を生み，議論の精緻化が進まない。本章では，精緻化に向けた議論をクリアーにするために，製品そのものの使用に限定し，直接的相互作用を行うことまで絞り込んでいる。第1節では使用時の重要性を述べ，そこに G-D ロジックにおける機会損失があるとの見解を提示した。しかしこれは企業活動の領域をサービスに拡大し，ビジネスを拡大することを意図したものではなく，製品使用における価値を生み出すことを目的としている。この立場に立った場合，S-D ロジック的な広範囲にわたった価値共創概念は，本来事業における新しいマーケティング行為を生むことにはつながらない。重要な点はここで顧客との直接的かつ積極的な相互作用を行い，顧客単独では創造し得なかった価値を共同で創造することである。

　次節では，前述の4つの課題解決を踏まえ，製品そのものの使用段階における価値共創適用の試案を提示する。

第4節　製造業における価値共創の適用

1. 製品使用段階における価値共創概念適用に向けた課題解決手段

　コマツやブリヂストンの例では，製品を使用しているシーンでの直接的相互作用は行われていない。あくまでも使用していない時間を利用して，あるいは使用をマネジメントする人に対して共創が行われている。唯一ネスレの事例では，アンバサダーが，コーヒーを入れ，周囲の人とコーヒーを消費する現場で価値を周囲の人と共創している。前述の通り一般的な製品では顧客の量と物理的な距離の問題が行く手を阻む。大量生産物の対象は量的に膨大となり，直接的に相対することを考えると企業の人的資源ではまかなうことができない。使用時に相互作用するということは，量と距離の制約が阻害要因となる。製品のこのような特徴を踏まえると企業と顧客が同時に同じ時間と空間を共有することは困難である。ネスレの事例では，アンバサダーがそれを解消するための仕組みとなっている。現在数が14万人を超えるのは，いかに企業側の価値共創者の数が必要かを物語っている。また使用現場に入り込んでいるという点においては物理的距離の側面でも解決が図られている。しかし，この事例には特殊性が含まれている。職場という顧客が集合する環境が前提となっており，サービス業と条件が同じである。通常サービス業において時間的，空間的な問題が起きないのは顧客が店舗に集合する，あるいは顧客のところに出向く，という形で直接的な相互作用の場を設定しているからに他ならない。同様なことがネスレの事例で言える。オフィスという場がその役割を果たしており，正にサービス業の特徴の1つである消費と生産の同時性を実現している。製品の場合一般的には使用する場所と時間はすべての顧客によって異なる。それを前提とした課題解決が求められる。すなわち使用価値を目指す限りにおいては，サービス業が持つ消費と生産の同時性と量的，距離的課題解決の両立が要求される。

この意味においては営業網，アンバサダーという人的資源には限界がある。

　ここで注目すべきは，コマツの事例でも活用されており，近年急速に発展しているIT技術である。コマツのKOMTRAXに関しては，時間や距離的な制約はなく，接点を持っている。持ち運びを前提としたスマートフォン，あるいは車における通信システムなどは使用の場所，時間に関わりなく，全く別の場所とリアルタイムに模擬的な対話がなされている。しかもユーザーの数は膨大であるにも関わらず，量的な問題は起きていない。この技術を活用すると価値共創の実行に可能性を見出せる。直接的という視点で考えると，すべてのITが該当するわけではない。一般に行われるネットワーク上での情報検索などはどこかに置いてあるものに一方的に接触するだけである。しかし，所謂ソーシャルネットワークでは，時間的な差はまちまちであるが，人が仮想的に集合する場を形成しており，情報や意見の交換がなされている。これが顧客の量および物理的な距離の問題解決の1つの手段となり得るのではないかと考える。端的に言えば，顧客と企業が時間的，空間的に場をともにするという本質的な環境作りを，顧客の隣にIT機器があることで代替するという考え方である。

　しかしながら，すべての製品所有者がすべての使用シーンにおいて価値共創するとなると，量の問題は解決されない。ここでSロジックにおける指摘を再度踏まえる。共創とは積極的な相互作用であり，顧客は自らの意志で独自に閉じた価値の創造をするか，開いた価値共創するかを必要に応じて選択することができる。したがって，すべての使用シーンにおいて価値共創するのではなく，顧客が意志を持ったシーンに限定すると，現実的なところに収束する。

　次に共創する顧客の価値については，ニーズの多様性，顧客のスキルとナレッジも均一でないことを踏まえると，一般的には単一企業の持つスキルとナレッジではカバーしきらず，拡張の必要がある。ITとの組み合わせについては，スキルとナレッジを持った企業がそこに直接的に参加することが求められる。

2. 製造業における価値共創概念適用の試案

　前述したITを活用したソーシャルネットワークの仮想的な場を共創の場へ

と変化させ使用する。ここに企業と顧客がネットワークシステムを介して集合する。そこで顧客のニーズに端を発した対話がなされ，顧客のナレッジとスキルに応じた対応を企業側が行う。単なる補足的な情報提供で良い場合もあれば，企業が直接遠隔操作を行い，製品のコントロールを行うといったことが考えられる。技術的観点では，すでに医療の現場では遠隔操作による手術も行われており，物理的には現実の可能性はあると言えよう。例えば，車について仮想実験をする。車に搭載される通信機器を活用して，ネットワーク上にある共創の場につながる。そこで顧客自らがニーズを発信する。すると共創の場にいる企業の共創者が顧客と対話的な相互作用を行い，顧客のニーズとともに顧客が持つナレッジとスキルを把握する。例えば，顧客のスキルでは駐車が難しければそれを遠隔操作により企業が代行する。あるいは子供が車酔いすれば，酔いにくい車のセッティングを遠隔で操作することや，あるいは酔いにくいための運転の仕方をその場で指南することを行う。それで解決できなければ，同じ共創の場に参加している異業種が必要な薬を薬局で購入する提案をする。共創の場において複数企業が参加するという拡張性がこれまで促進できなかった価値を生み出すことに貢献する。例えば，上記のような車酔いのような使用している段階において，医療のナレッジを持った第三者が参加することで，自動車メーカーだけでは解決できなかった顧客の問題解決という価値の実現につながるであろう。

　さらに付け加えるならば，上記を例にとると従来の車には搭載されていない遠隔操作機能を設置している。これが意味するところは，共創の場で生まれた新たなる問題，つまり顧客のニーズは理解できたもののそこで企業側が価値共創できないという問題解決するために，製品を改良する必要性を示唆する。企業内の仕組みという視点で見れば，共創者から製品開発・生産者へのフィードバックがなされ，共創を意図した製品開発・製造することが必要となる。

第5節　おわりに

　これまでS-DロジックおよびSロジックという2つの枠組みで価値共創が述べられてきた。S-Dロジックはマクロ的に社会全体を捉えようという方向性が見られる。一方Sロジックではサービスを3つの構造と捉え，顧客と企業の役割は各々，価値創造者，価値促進者と捉えている。価値共創はその中でも両者が直接的かつ積極的である場合に限定されることを提起した。企業への適用という視点では，具体性のあるSロジックに親和性を見出した。これらを実際のサービス化した製造業に当てはめるとさらなる理論の発展性を要す。具体的には顧客の量と距離という物理的な問題に関する議論である。直接的かつ対話的な価値共創の場をどのように企業が作れるか，については現時点想定できる1つの方法はITを使った共創のコミュニティづくりである。異なるスキルとナレッジを持った異業種のコミュニティへの参加が顧客との共創できる価値の幅を広げる。企業は対話によって顧客の持つスキルを認知し，顧客からのフィードバックというサイクルが価値へと導く。

　重要なことは使用時点における対話的共創のコミュニティ作りであり，製造業のモノ作りも交換志向から共創志向へと変化が要求されるであろう。今後は価値共創が生み出す新たなる価値とは何か，顧客の感じた価値に応じた対価の理論など，価値共創に関する本質的議論は尽きない。特にモノづくり企業が本質的な能力を最大限引き出し，新しいビジネスへの理論的発展が期待される。

（清野　聡）

第14章

サービス業による価値共創型企業システムの構築
―島村楽器を事例として―

第1節　はじめに

　価値共創型企業システムとは，顧客との価値共創を起点として構築された企業システムをいう。そして，その態様は企業の意思決定の内容に依存する。顧客との価値共創は，いうなればサービスの世界であり，当該企業がそこに留まるか，あるいは，小売業や製造業といった他の業態にまで関与する範囲を拡大するかといった問題が存在している。

　価値共創をマーケティング研究，理論，実践の視点からみるなら，4Cアプローチが示すように，まずは，顧客との接点をどのように創り上げるかが重要となる。生産と消費が同時進行するサービス業は，すでに顧客との接点を持っており，小売業は，交換（取引）にあたって顧客との接点を有すものの，それは，価値共創の前提となる顧客の消費プロセスへの入り込みを直ちに意味するものではない。さらに，メーカーは，顧客との接点を持たないことが通例であるが，直接販売を行う場合は，小売業と同様の意味における接点を持っている。したがって，モノに焦点を置いてきた小売業やメーカーが，新たに価値共創を取り込んだマーケティングを展開するには，第一に，顧客の消費プロセス

で顧客との接点を持つことが不可欠となる。しかし，サービス業の場合は，価値共創に伴うモノをこれまでのように必ずしも所与のものとするのではなく，むしろ，今後は，モノの購入，開発・生産にどのように関わるかを考えていくことが重要となる。そして，そのことこそが，サービス業がサービス業に留まるか，あるいは小売業やメーカーにまで統合的に関与するかの意思決定となるのであり，結果として，多様な価値共創型企業システムが構築されることになる。

　このように考えてくると，本質的に顧客との価値共創を伴うサービス業がどのようにして価値共創型企業システムを構築しているかを明らかにすることは，大変興味深いものといえる。その意味からするなら，ここで取り上げる島村楽器株式会社（以下，島村楽器）は最適な研究事例といえる。なぜなら，音楽教室からスタートした同社は，今日，楽器の販売，そして，自社ブランドの楽器を製造・販売する企業となっており，それは，まさに顧客との価値共創を起点とし，事業を垂直的に拡大することで新たな企業システムを構築した企業だからである。

　ただし，サービス業に留まっても，サービス業であるがゆえに，実質的には顧客との価値共創を行っているといえ，これも当然ながら，価値共創型企業システムとして捉えることができる。

第2節　研究枠組みと課題の設定

　第10章で示した価値共創型企業システム・モデルに基づき，島村楽器の活動に対して検討を加えるが，顧客との価値共創という視点からすれば，内部統合，外部統合，企業文化，企業成果といった4つの課題領域がある。しかし，関心の中心にあるのは，いうまでもなくサービス業として創業した同社が，どのようにして今日の価値共創型企業システムを構築したかということである。そこで，これらのことを踏まえ，まずは研究枠組みと研究課題を設定することから始める。

1. 研究枠組み

　繰り返すなら，島村楽器を取り上げる最大の理由は，同社がサービス業から小売業，そして，製造業へと垂直的に事業を拡大することで新しい企業システムを構築した典型事例だからである。しかし，垂直的顧客関係（Vertical Customer Relationship: 以下，VCR）の考え方からすれば，それを構築することは，サービス業はもとより，小売業，卸売業，製造業のいずれの場合も可能であり，それを1つのシステム，すなわち，垂直的顧客システム（Vertical Customer System: 以下，VCS）として捉えることが重要となる。したがって，ここで取り上げる島村楽器は，サービス業による VCS の構築事例そのものであり，さらに，その統合の範囲が小売業，製造業にまで及ぶものだということになる。

　これまで述べてきたように，価値共創は顧客の消費プロセスで行われるのであり，そこでの直接的な相互作用に基づくマーケティング行為が企業に求められている。したがって，多くの企業にとって VCR の考え方に基づいた VCS の構築は急務の経営課題であり，同時に，その先端に位置する顧客の消費プロセスで行うマーケティングを理論的に明らかにすることが強く求められている。本事例研究は，何よりも，サービス業から始まった同社がどのようにして，垂直的に事業を逆統合し価値共創型企業システムを構築したか，また，同社の価値共創型企業システムとはどのようなものか，について明らかにするものである。そして，そのことを以て，価値共創とマーケティング研究の接続をより推進させるものとする。

2. 研究課題

　以上のことを踏まえるなら，本事例研究で明らかにすべき研究課題は，次のように設定することができる。

　第一に検討すべきは，サービス業から他業態へと事業を拡大していった経緯

とその動因である。多くのサービス業がサービス業に留まるなか，同社は，小売業，製造業へと事業を逆垂直統合し，今日の価値共創型企業システムに至ったのであり，同社をして何がそうさせたのか，また，そのプロセスとは何かを明らかにする必要がある。

第二に現在の価値共創型企業システムそのもののメカニズムが解明されなければならない。いうまでもなく，それは，市場創造と統合という2つの視点から明らかにしていく必要がある。まずは，顧客との価値共創がどのように行われ，それは，どのように市場創造に結び付いているかということである。他方，統合という視点からすれば，そこでの価値共創を構築・維持するために，どのような内部統合と外部統合が行われているかを明らかにすることも重要である。本章では，内部統合については，主として，マネジメントの視点から解明するものとし，また，外部統合については，サービス業としての音楽教室，そして，小売業，製造業，また，物流等における企業間関係を明確にしていく。

第三に同社はどのようにしてVCSとしての価値共創型企業システムを生み，それを維持・発展させている企業文化とはどのようなものかについて考える必要がある。

そして，第四に顧客との価値共創に基づく同社の企業システムと成果との関係を何らかの視点から検討する必要がある。

第3節　事例研究

1. 島村楽器の概要と調査方法

(1) 島村楽器の概要

まず最初に，島村楽器の概略について明らかにする。島村楽器が設立された

のは 1969 年であり，それは，1962 年に音楽教室として開始されたサービス業が楽器販売，すなわち，小売業に乗り出した最初の年でもあった。そして，楽器製造を手掛けるようになったのが 2001 年である。

　同社の発展は 5 つのフェーズに分けて考えることができる（同社 HP による）。すなわち，音楽教室からスタートした同社が楽器販売に参入し，今日の同社店舗の原型ともいえるライトミュージック 1 号店をオープンさせた創業期（1962 年〜 1978 年），単なる物販業とは違うライフスタイル提案型の総合楽器専門店としての評価が定着し出した店舗販売初期（1979 年〜 1988 年），パルコへの出店を契機に全国展開に舵を取った多店舗展開期（1989 年〜 1998 年），商品，物流，人材を軸とした経営戦略の実践を図った本格的企業経営期（1999 年〜 2002 年），規模の拡大より質の最大化を目指し，音楽教室，販売，製造，イベント，教育など様々な分野から経営理念を実現し続ける独自価値創造企業経営期（2002 年〜）である。そして，2013 年 12 月の時点で，全国に 121 店舗，音楽教室単独の店舗を含めると，147 店舗を有す企業にまで島村楽器は発展した。

　同社は，モノではなくコトを重視している。1976 年，最初にライトミュージック 1 号店をオープンした際には，本格的な練習スタジオも併設された。そして，音楽を楽しむ場を提供するため，その後の出店も基本的に音楽教室と練習スタジオが併設されている。また，店舗から楽器を購入した顧客には，一定水準になるまで指導するように心掛けている。これらのことは，「音楽の楽しさを提供し，音楽を楽しむ人を 1 人でも多く創る」という経営理念の反映であり，モノを売ることだけを目的にするような小売業とは根本的に異なっている。このことについて，同社の創業者で現在の代表取締役会長である島村元紹氏は 1997 年に受けた雑誌インタビューで，次のように述べている。「楽器店は物販業で，楽器を売るのが商売で，その手段として教室を開くというのが一般的ですが，私は教えるというソフトを目的に音楽ビジネスの世界に入ったことが，同社のその後を決定付けたと思います」（『商業界』50（8），1997 年，126 頁）。サービスから事業をスタートした同社が価値共創型企業システムとして成長していく原点ともなる考え方がここに見事に示されている。

(2) 調査方法

　島村楽器の経営は，すでに，実務界では多くの注目が寄せられ，また，創業者による積極的な情報発信もあって多くの2次資料が存在している。そこで，本事例研究では，それらを収集し，検討することから始めた。そして，この予備的調査によって島村楽器に対する一応の理解が得られた時点で，それらについて改めて確認するとともに，新たに顧客との価値共創という視点から，同社に対するインタビュー調査を試みた。

　まず，2013年11月16日，同社の広島パルコ店において，店頭での顧客と関わり方を中心に当時の九州地区・広島地区担当エリアマネジャーの木下雅洋氏にインタビューした。続いて，2014年3月13日と2014年6月20日の2回，同社の代表取締役社長である廣瀬利明氏にインタビューした。1回目は同社のグランフロント大阪店で，会社全体についてインタビューし，2回目は広島大学東千田キャンパスにて，顧客との価値共創の視点から同社をどのように捉えるべきかについてインタビューした。

　そして，インタビュー調査で得られたデータに対して検討を加えていったが，その他のデータに依る場合も含まれる。なお，インタビュー調査のデータは，文字化した時点で，インタビューイに確認してもらっている。以下，研究課題毎にその結果について明らかにしていく。

2. 経緯と動因

　本事例研究で，何よりもまず明らかにしたいのは，サービス業から開始した同社が小売業を経て製造業にまで関与することになった経緯とその動因である。

　家業の文具店を継いだ創業者島村元紹氏が，1962年に音楽教室を始めることになったのは，日本楽器製造（現ヤマハ）の勧誘があったからである。もともと音楽好きの同氏であったが，これは大きな決断である。しかし，同社が発展していくなかで，メーカー系列に入るということがどのような意味を持つこ

となのかを知るのは，ずっと後になってからである。一方，順調な滑り出しを見せた音楽教室であったが，しばらくすると通うのを止める生徒が出始める。その理由は，家で練習ができず，なかなか上達しないというものであった。そこで，生徒の親や音楽教室の講師からの提案もあり，1969年に同社として初めて楽器の販売を手掛けることになった。これが，小売業への参画の経緯であり，また，その動因である。

　そして，楽器の販売から，さらに製造へと事業を拡大したのは2001年である。同社が1990年代にパルコに出店するようになってから，出店企業の経営者たちが集まる会議に創業者の島村が参加するようになり，日本の専門店トップクラスの企業と交流するなかで，アパレル専門店の間では製造販売小売業（以下，SPA）方式が一般的に受けられていることを知った。その頃，楽器業界ではまだそのような動きはなかったが，同じ専門店という分類で考えると，取り扱う商品に独自性を出すために製造にも関与していく必要があると同社は判断した。そして，SPA宣言をし，本格的にストア・ブランド（Store Brand: 以下，SB）の生産に力を入れ，旗艦ブランドであるSBの「ヒストリー（History）」シリーズを開発したのが2001年である。現在では，28種類のSBを展開するまでに至っている。流通チャネルにおけるメーカーの力が強い楽器業界にとって，楽器の製造まで手掛けるのは，同社としては，極めて重要な経営意思決定である。いずれにせよ，同社は，こうした経緯と動因のもと製造業に関与することになったのである。

　ところで，SBの生産は，要請に応じてくれるメーカーがないと実現できない。当時，日本のギター生産は台湾，韓国，中国に移っていたため，日本国内の技術力のあるメーカーの生産ラインは空いている状態にあった。そうしたなか，同社のSB生産の要請を最終的に受け入れたのは，国内の非常に技術力の高いギターメーカーであった。さらに，2005年から，メーカーのブランド，かつ島村限定の商品ナショナル・ストア・ブランド（National Store Brand: 以下，NSB）の開発が加速された。電子ピアノ大手のヤマハ，カワイ，ローランド，カシオの4社はすべて島村限定モデルを生産している。島村限定モデルは島村楽器の商品に対する要望を受け入れて生産されたものである。例えば，電

子ピアノの操作パネル，ボリューム，音量，音色を日本語で表示したり，同社が指定した楽曲や音色を内蔵したりするモデルがある。通常，操作パネルなどの表示は，世界中のどの地域でも販売できるように英字での表示が一般的であった。

3. メカニズム

(1) 共創（市場創造）

　同社は音楽教室と小売店舗において，顧客と接しており，第12章で提示された価値共創型企業システムの枠組みに基づいて同社における顧客との価値共創について明らかにする。

　まず，同社は，サービス・エンカウンターで顧客と直接的な相互作用を通じて価値共創をしている。音楽教室は，生産と消費が同時進行する場であり，楽器の演奏方法を企業が教え，顧客が学ぶ。企業によるサービス・プロセスにおいて様々なサービスが即時的に提供され，顧客の音楽生活の創造に寄与している。また，小売店頭では，ただ単に楽器を販売するだけでなく，顧客の消費プロセスに注目しながらコミュニケーションが行われている。楽器を買うためではなく，楽器を使うことで生活を豊かにするというストーリーがそれぞれの顧客にあり，顧客は音楽を楽しむための1つの方法として来店する。同社の従業員はそのことを十分に認識した上で，顧客のそれぞれのストーリーを読み取り，音楽生活を支援している。

　これらのことに加え，音楽教室と小売店舗における顧客接点を活用して，さらに顧客の消費プロセスに入り込んで，顧客と一緒に価値共創をする事例がみられる。例えば，音楽教室の顧客を対象に，毎年「ユアステージ」という発表会を代表とするイベントを開催している。その出発点は，楽器を演奏する人は，誰かに聞いてもらうことで，モチベーションが一層高まり，より楽しい音楽生活が得られるということにある。「ユアステージ」は2004年から始まり，2005年からサントリーホールの小ホールで行われるようになった。音楽教室

の会員は参加費を支払い，1人ずつ演奏する。発表会のために，音楽教室の先生と一緒に曲を選び，一生懸命に練習する。時に200人を超える多くの聴衆の前で上手く演奏することで，1人で楽器の演奏を学ぶだけより，高い達成感が得られるようになる。また，地方からの顧客は発表会に出席する際に，家族旅行を兼ね，東京見物を楽しんで帰るパターンも少なくない。その他に，2，30人規模の発表会が多く開催されており，音楽仲間を見つけては，FacebookなどのSNSでつながったりすることで，音楽の楽しさをよりよく味わう機会が作られている。

　また，同じ顧客接点の活かし方において，小売店舗で2つの事例が明らかとなった。まず，小売店舗で販売した後に，必ず顧客と直接連絡して，音楽生活を支援していく。調査のなかで「販売した後から本当にお客様との関係は始まる」という印象的な言葉を何度も聞いている。例えば，従業員は販売時から遅くとも1週間後に顧客に電話を掛けて，「購入された楽器を楽しんでいますか。困ったことはありませんか」と声を掛ける。店舗毎にユーザー・ノートが作られ，個々の顧客に対応できるような体制が整えられている。このような直接的な相互作用を通じて，顧客が抱えている問題を解決したり，顧客に適切な支援を提供したりする。これらは，顧客の文脈価値の実現を店頭で最優先していると考えることができる。

　ところで，同社は，これまでCDの販売は一切していない。しかし，顧客が自主製作したCDについては，店頭で販売するようにしている。これは委託販売の形を取っており，若干の手数料を徴収して，残りの分を当該顧客に渡す。事業収益としては大きなプラスにはならないが，デビューこそしていないものの，地域のバンドに対して，彼らの音楽を多くの人に聞いてもらう機会を提供している。すなわち，顧客同士，音楽をシェアできる場を提供することで，顧客の文脈価値の生成に関わっている。

　さらに，同社にはオーダーメイド・システムがある。小売店頭で，従業員と顧客は直接的な相互作用を通じて，一緒に楽器をデザインする。現場の情報をオーダーメイド・システムを通じて生産に反映し，その顧客のための楽器を生産する。これは，顧客のより高い文脈価値を実現させるために，店頭の顧客接

点を活用する共同生産の事例である。基本的に，オーダーメイドは企業の価値共創マーケティング活動として捉えることができる。

以上みてきたように，顧客との共創領域の拡大を通じて顧客との直接的な垂直的関係が強化され，その継続性が図られている。さらには，新たな顧客も含めた水平的な顧客間関係が構築され維持されている。そして，これらのマーケティング行為による共創が同社にとっての市場創造につながっている。

(2) 内部統合

それでは，こうした顧客との価値共創を可能にする企業システムを支えるマネジメントとはどのようなものか。

同社の音楽教室は，当初，ヤマハによる運営の仕組みを導入していた。それは，セミ・フランチャイズ的なものであり，同社が場所を提供し，備品を用意する。そして，講師はヤマハから派遣され，カリキュラムもヤマハによるものであった。その一方，こうしたメーカーの論理のもとで考え出された音楽教室の仕組みは，同社が目指している顧客第一，接客第一の考え方と合わないこともあると考えるようになった。そこで，顧客との相互作用をより一層高めるために，同社は自ら講師を雇用し，独自に音楽教室の仕組みを作ることにした。例えば，講師との定期的なミーティングを行うことにしたが，その結果，顧客の意見が適切に収集されるようになり，顧客との双方向のコミュニケーションができるようになった。つまり，音楽教室の講師を組織メンバーとし，一丸となった顧客との価値共創を可能にしたのである。

次に，小売店頭で顧客との直接的な相互作用を行いながら，まだ音楽を始めていない顧客には，音楽という世界に踏み込むきっかけづくりを積極的に行っている。例えば，同社主催のイベントや音楽教室を紹介し，音楽や楽器に触れ合う機会を作っている。さらに，すでに音楽生活を楽しんでいる顧客には，コンテスト，発表会などの情報を提供する。同社は心の底から音楽が好きな従業員が，顧客の立場に立ち，楽器の使い方，音楽の楽しみ方などのナレッジやスキルを持って接客することを特に大切にしている。これは従業員教育においても繰り返して取り上げられるテーマとなっている。それを裏付けるように，同

社の標語の中に「モノを売る前にコトを売り，コトを売る前にヒトを売る」というのがある。販売より，むしろ，顧客との信頼関係の構築を重視している。

　また，楽器の品揃えについて，同社は画一的なチェーンオペレーションは行っていない。各小売店舗の店長が店頭で並べたい商品を申請する形となっている。予算の範囲内で，顧客の声を反映し，地域特性に適した商材を仕入れている。顧客の音楽生活を支援するという立場から，顧客の求めている楽器や関連品を調達し，顧客の抱えている悩みを解決している。例えば，顧客が求めているピックや楽譜などが店舗になくても，全店ですぐに在庫が確認できるようになっている。また，それらが廃番になっていた場合は，できる範囲で調達するようにしている。これに加え，顧客のニーズに応じて，地域特性を活かしたイベント企画などの権限が店長に大きく与えられている。店長をはじめ，従業員一同，何が顧客の音楽生活を充実させることになるか常に考えて顧客と接している。

　そして，サービス・エンカウンターで得られた情報は，主として3つのルートを通じて全社で共有されている。第一に，客観的なデータとして，POSデータが収集され共有されている。第二に，主観的ではあるが，オフィシャルなコミュニケーションの手段として，定例の会議があり，そこで情報共有が図られている。さらに，各店長は，毎週日曜日締めで，顧客の動き，接客の中から感じたことを「週報」の形で月曜日に本社に提出している。これらは，店舗から本社に至る情報ルートである。第三に，本社の従業員が全国の店舗に出張する際に，店頭の従業員とコミュニケーションすることを通じて情報を把握する。社長，営業部長を含め，月の半分ぐらいは各店舗に出向き，情報の収集と対応に努めている。

(3) 外部統合

　サービス業，小売業，そして，製造業である同社は，それぞれの機能が統合された企業システムといえる。

　しかし，価値共創型企業システムの原点はサービス業としての音楽教室であり，そこで展開される顧客との価値共創に応じて，小売り，そして，製造を手

掛ける今日の企業システムが構築された。したがって，顧客との価値共創が機能間統合における先導的役割を担っている。とりわけ，音楽教室と小売店舗は一体化，言い換えれば，内部化しており，同社の場合，顧客との価値共創は，サービス機能と小売機能が統合される形で展開されている。重要なことは，小売機能にサービス機能が付加されたのではなく，サービス機能を軸として小売機能が統合されている点にある。そのことこそが，同社が音楽教室からスタートし，また，音楽の楽しさを提供するという経営理念のもと，価値共創型企業システムに至らしめた由縁である。多くの一般的な楽器店は，たとえ，音楽教室が「併設」されていても，そのようなことは考えないし，行われないだろう。

　そして，こうした「サービスのための小売り」という考え方は，さらに，「サービスのための製造」という考え方にまで及ぶ。確かに，同社には楽器業界におけるSPAを目指すという意図があったが，むしろ，それは，顧客の音楽生活の創造に応えるという基本的な考え方に大きく依存していた。同社のオーダーメイド・システムは，まさに顧客との価値共創における共同生産そのものであり，同社からすれば機能統合に至っている。また，これとは別に，同社はSBとNSBの製造を手掛けており，前者のSBは同社が主導して開発し，メーカーに生産してもらうもので，品質確保のために全品検品を行っている。そして，問題が生じたら，すぐに生産を止めて解決する体制も整えられている。また，NSBはメーカーと協力して開発されるものである。いずれにせよ，同社はサービス現場の情報をメーカーと共有することで，良好な関係を構築しているといえる。ただし，SBとNSBは，それだけであれば，基本的に顧客を生産プロセスに巻き込むものであり，価値共創とは言えないが，同社では，サービス・エンカウンターでの顧客との価値共創によって得られた情報がSBおよびNSBの生産に活かされている。そして，顧客のそうした経験が文脈価値の形成に影響しているのはいうまでもない。

　一方で，こうした事業に対する姿勢は，小売事業における商品の調達と物流にも現れている。同社は店頭での品揃えを各店舗が自主的に行っており，メーカー主導の流通チャネルに束縛されないようにしている。また，物流に関して

いえば，1990年に物流子会社ホットラインミュージックを設立し，小売店舗における適時・適量の商品仕入れを可能にさせ，顧客の快適な音楽生活を損なうことのないようにしている。こうした点も，外部統合の具体例として理解して良いだろう。

以上のように，同社は音楽教室というサービス現場を軸として顧客との価値共創に取り組み，さらに，小売業，製造業に関わることで価値共創型企業システムを構築し，また，確実な成長軌道を描きながら，今日に至っている。

4. 企業文化

同社の企業文化は，その経営理念である「音楽の楽しさを提供し，音楽を楽しむ人を1人でも多く創る」という考え方のもと，顧客第一主義，接客第一主義を徹底するところに如実に表れている。言い換えれば，顧客との価値共創を支えるという企業文化のもとですべての企業システムが構築されている。そして，それゆえに，サービス業から始まり，楽器の販売・生産にまで事業を拡大することができたのであり，楽器販売だけを手掛ける他社とは，この点において，本質的な相違がある。

したがって，同社は，顧客の音楽生活を支援することにつながるのであれば，すぐには採算が取れない事業も積極的に展開している。例えば，同社の店舗は，音楽教室の他に，基本的にスタジオを併設している。スタジオを作るには，数百万円がかかる。投資回収の観点から考えると不合理的ではあるが，バンドの顧客に練習できる環境を提供し，顧客に喜んで来店してもらうために，スタジオ併設のための投資を継続的に行っている。また，同社はコンサート，発表会など様々なイベントを開催している。企画から実行まで相当のコストがかかり，イベント単体ではあまり利益は得られないが，その分，同社は，楽器販売によって採算を補っている。

また，同社の本社は，ワンフロアで会長，社長，取締役，そして，他の部署の従業員が集まっている。サービス現場からの情報の伝達が速く，本社ですぐに共有できる。売上の向上ではなく，音楽を広めることがゴールであり，その

ため，オープンで意見交換できる社風が形成されている。納得できないこと，困っていることがあれば，直接，電話，メールで会長，社長に連絡できる。また，ボトムアップの形で具現化した企画も少なくない。

5. 成　果

　それでは，こうした価値共創型企業システムは，同社にどのような成果をもたらしているのか。といっても，生成された文脈価値に見合う支払いを受け取る報酬授受システムが同社に構築されているわけではない。そこで，別の視点からこの問題について考える。

　第一に，同社の価格システムには際立つものがある。楽器販売を始めた当初，扱い商品は，当然ながら他店と同じメーカーのピアノやギターであった。しかし，価格は他店より5%高く設定され，さらに，楽器店が多く集積する御茶ノ水から電車でわずか15分しか離れていない場所での出店であった。この高い価格設定は，同社の経営理念を反映したものであった。すなわち，楽器販売を通じて初めて接点を持った顧客に対して，音楽生活を全面的に支援することの表明こそが，この5%に込められた意味なのである。これを端的にいえば，他店で購入するより高い満足を与えられるということであり，その満足は，購入後のいわば楽器の使用段階で生まれるのであり，それは，文脈価値そのものなのである。それゆえに，顧客は繰り返して来店することになる。

　第二に，顧客の文脈価値を高めることを通じた水平的な顧客関係の拡大がある。音楽教室，楽器販売におけるサービス・エンカウンターでは，顧客と価値共創するなかで強い信頼関係が生まれ，それがもとで，顧客が顧客を呼ぶ形で広がりのある顧客関係が構築され，さらに，拡大している。そして，そのことが楽器の購買者の獲得につながることもある。しかし，留意すべきは，顧客の横への広がりは，同社からみれば，あくまでも顧客にとっての音楽仲間を増やすことであり，文脈価値の生成を促していることである。また，従業員は顧客から評価を得ることでモチベーションが高まり，良い接客へとつながり，総じて，顧客の文脈価値の生成に寄与するという好循環が生まれている。

第4節 考　　察

1. 経営理念と企業文化

　小売業，製造業へと関与していったその背景には，同社の経営理念があったのはいうまでもない。すなわち，同社は音楽教室から始まったのであり，音楽教室の生徒にとって良いことは何かということから，あるべき事業の方向性が生み出されていった。このことは，顧客のために為すべきサービスとは何かを考えることが重要だと指摘した Grönroos [2006] に通じている。つまり，サービスの考え方からすれば，与え手として企業があり，受け手として顧客があるが，両者の関係は，顧客によるサービスの外部化から始まるのであり，企業は，そのことにどのように対応するかが問われる。これを企業から見れば，顧客のために為すべきサービスとは何かを企業が常に考えることとなる。言い換えれば，同社によっては，より良いサービスのための小売り，そして，製造なのであり，企業と顧客のサービス関係を起点とした事業展開を行ったということになる。すなわち，これこそが，顧客との価値共創を起点とした企業システムなのである。その意味で，価値共創型企業システムを企業文化の視点から捉えることは極めて重要といえる。こうしたことから考えるなら，同社の SPA 宣言とそれに伴う製造業への参画も，小売業発ではなくサービス業発であったことに留意しておきたい。

2. 価値共創型企業システムと成果

　そして，同社の価値共創型企業システムのもとでは，短期的な採算性の考え方は排除される。それは，同社がサービス業から始まった企業であり，単なる物品販売業とは本質的に異なることと深く関係している。なぜなら，交換価値

を意図した楽器店であれば，その成果は，通常，販売高という基準で評価される。しかし，サービスを軸とした同社は，投資に対しても長期的な視点から顧客との関係をみており，それは，もともとサービスが時間軸を持った行為であることと無縁ではない。むしろ，今後は，共創された価値に見合う報酬授受システムをどのように構築し，価値共創型企業システムに組み込むかが問われている。

3. 垂直的顧客関係と水平的顧客関係

一方，同社の事例から，VCR（垂直的顧客関係）に加え，新たに水平的顧客関係（Horizontal Customer Relationship: 以下，HCR）という概念を導き出すことができる。HCR は，顧客同士のつながりを意味するものであり，顧客との価値共創は，企業との顧客の間に VCR を構築していくが，同時に顧客と顧客の間に HCR をもたらす。それは，企業と顧客の両方の視点から，みることができる。

第一に，企業は，顧客と価値共創を行うが，同社の場合，顧客との価値共創のための仕掛けが，幅広い顧客に対する接点を与えており，4C アプローチでいう contact のプロセスを担っている。なぜなら，発表会をはじめとする顧客のための様々なイベントは，同時に顧客と顧客の新たなつながりを生むからである。

第二に，顧客の文脈価値の生成に際して，そうした顧客が当該顧客にとっての文脈として機能していることである。発表会における気持ちの高揚は，彼らの存在抜きにはあり得ない。その意味で，こうした HCR は，企業の共創行為において十分に意識する必要がある。

第 5 節　おわりに

本章は，島村楽器を事例として取り上げ，同社がどのようにしてサービス業

から，小売業，製造業へと事業を拡大し，価値共創型企業システムを構築したかについて明らかにした。

　そこから言えるのは，同社は，価値共創型企業システムの原型であるということである。なぜなら，サービス業から始めた同社は，顧客接点の構築を第一義とする価値共創の4Cアプローチにまさに適っているからである。したがって，すべての企業あるいは事業は，現存の業態から発想するのではなく，顧客との直接的なサービス関係を構築することから開始すべきであり，それを軸とする顧客との価値共創の視点から，企業あるいは事業のシステムを組み立てていく必要がある。

　一方，今回の事例研究では，顧客との価値共創で極めて重要な直接的な相互作用，そして，共創された文脈価値がどのようなものかについては明らかにできなかった。顧客との価値共創および文脈価値をどのように記述していくのかは，調査方法の検討を含め，今後の研究課題としたい。

　　　　　　　　　　　　　　　　　　　　　（村松潤一，大藪亮，張婧）

〈参考文献一覧〉

〔**日本語文献**〕

秋本育夫 [1961]「貿易商社」松井清編『日本近代貿易史 （第二巻）』有斐閣，129-241 頁。
浅沼萬里 [1997]『日本の企業組織―革新的適応のメカニズム』東洋経済新報社。
阿部周造編著 [2001]『消費者行動のニュー・ディレクションズ』関西学院大学出版会。
荒川祐吉 [1960]『現代配給論』千倉書房。
石井寛治 [2003]『日本流通史』有斐閣。
石井淳蔵・栗木契・嶋口充輝・余田拓郎 [2004]『ゼミナール　マーケティング入門』日本経済新聞社。
井上崇通 [2012]『消費者行動論』同文舘出版。
井上崇通・村松潤一編著 [2010]『サービス・ドミナント・ロジック―マーケティング研究への新たな視座―』同文舘出版。
上野征夫 [2011]「変化する総合商社　変容をつらぬく理念＝三綱領」三菱商事株式会社編『現代総合商社論―三菱商事・ビジネスの創造と革新』早稲田大学出版部，19-43 頁。
上原征彦 [1999]『マーケティング戦略論―実践パラダイムの再構築』有斐閣。
梅澤　正 [1990]『企業文化の革新と創造』有斐閣。
奥村　宏 [1993]『日本の六大企業集団』朝日新聞社
小野譲司 [2012]「価値共創時代の顧客戦略」『AD STUDIES』第 39 号，29-35 頁。
小村智宏 [2004]「時代を映す商社のビジネス」日本貿易会「商社とニューフロンティアビジネス特別研究会」編著『商社の新実像―新技術をビジネスにするその総合力―』日刊工業新聞社，7-23 頁。
川辺信雄 [1991]「商社」米川伸一・下川浩一・山崎広明編著『戦後日本経営史　第Ⅲ巻』東洋経済新報社，137-220 頁。
菊池一夫 [2012]「S-Dロジックの経験的研究への取り組み」明治大学経営品質科学研究所編『経営品質科学の研究：企業活動のクオリティを科学する』中央経済社，135-137 頁。
木山　実 [2011]「商社『冬の時代』の再来と『夏の時代』への転換」大森一宏・大島久幸・木山実編著『総合商社の歴史』関西学院大学出版会，209-226 頁。
桑原武夫・日経産業消費研究所編 [1999]『ポストモダン手法による消費者心理の解読』日本経済新聞社。
久保田進彦 [2001a]「リレーションシップ概念の再検討」『中京商学論叢』48（1）121-177 頁。
久保田進彦 [2001b]「リレーションシップ・マーケティング研究の理論的課題『リレーションシップの形成と維持の条件』が語るもの」『中京商学論叢』48（1）179-241 頁。
久保村隆祐 [1965]『マーケティング管理』千倉書房。
酒井泰弘 [2008]「非対称情報と市場経済のワーキング―リスクの経済思想の視点から―」

『彦根論叢』第374号（秋山義則教授追悼号）。
志方宜之・玄場公規・上西啓介 [2011]「製品にサービスを組み合わせたビジネスの競争優位性」*The Japan Society for Science Policy and Research Management*, Vol.26, No.3/4, pp.209-219。
島田克美 [1990]『商社商権論』東洋経済新報社。
島田克美 [2003a]「事業と経営における総合商社の論理」島田克美・黄孝春・田中彰『総合商社─商権の構造変化と21世紀戦略─』ミネルヴァ書房，1-20頁。
島田克美 [2003b]「商社商権の変化と経営戦略の諸方向─総合商社再生への道を問う─」島田克美・黄孝春・田中彰『総合商社─商権の構造変化と21世紀戦略─』ミネルヴァ書房，267-294頁。
嶋口充輝 [1996]「これからの市場戦略─関係性マーケティングのすすめ」『IDR研究資料』流通問題研究協会，第130号，31-53頁。
清水　聡 [1999]『新しい消費者行動』千倉書房。
下川菜穂子 [2008]「サービス・ドミナント・ロジックの発展過程と残された課題」『商学研究科紀要』第67巻，109-122頁。
柴垣和夫 [1965]『日本金融資本分析』東京大学出版会。
杉本徹雄編著 [2012]『新・消費者理解のための心理学』福村出版。
曽我信孝 [1992]『総合商社とマーケティング　'80年代後半の戦略転換』白桃書房。
曽我信孝 [1995]「商社独占論」阿部真也・但馬末雄・前田重朗・三国英実・片桐誠士編著『流通研究の現状と課題』ミネルヴァ書房，41-57頁。
垰本一雄 [2015]「総合商社論の課題：存在意義と基礎になるプロセスの構造化」『安田女子大学紀要』第43巻，299-309頁。
田口尚史 [2010]「サービス・ドミナント・ロジック：間接的サービス供給における4つの価値共創パターン」『横浜商大論集』第43巻第2号，90-121頁。
田口尚史 [2011a]「購買者研究から使用者研究への焦点のシフト：サービス・ドミナント・ロジックからの含意と研究アジェンダ」『茨城キリスト教大学紀要Ⅱ社会・自然科学』第45号，211-229頁。
田口尚史 [2011b]「サービス・ドミナント・ロジックの基本的枠組み」明治大学経営品質科学研究所編『経営品質科学の研究：企業活動のクォリティを科学する』中央経済社，128-132頁。
田中　彰 [2003a]「総合商社論の回顧と展望─商社の戦略転換とその評価をめぐって─」島田克美・黄孝春・田中彰『総合商社─商権の構造変化と21世紀戦略─』ミネルヴァ書房，21-52頁。
田中　彰 [2003b]「21世紀型総合商社への展望と課題　最近の動向を手掛かりに」『化学経済』第50巻第7号，46-54頁。
田中　彰 [2004]「総合商社の多角化と総合経営─商権論アプローチからみた形成と変革─」『組織科学』第37巻第3号，42-52頁。
田中　彰 [2012]『戦後日本の資源ビジネス』名古屋大学出版会。
田中隆之 [2012]『総合商社の研究』東洋経済新報社。
土井教之 [2006]「総合商社の経済理論　─内部組織と競争─」土井教之・伊藤正一・増田政靖編『現代の総合商社─発展と機能』晃洋書房。
栂井義雄 [1974]『三井物産の経営史的研究─「元」三井物産会社の定着・発展・解散─』東洋経済新報社。

戸谷恵子・栗田康弘 [2002]『カスタマー・セントリックの銀行経営』金融財政事情研究会。
内藤敦之 [2011]『内生的貨幣供給理論の再構築』日本経済評論社。
中岡稲多郎 [2014]『よくわかる商社（第三版）』日本実業出版社。
中川敬一郎 [1967]「日本の工業化過程における『組織化された企業者活動』」,『経営史学』第 2 巻第 3 号, 8-37 頁。
中谷 巖 [1998]「商社は生き残れるか ―グローバル・ビジネス・クリエーターへの道―」中谷巖編著『商社の未来像』東洋経済新報社, 1-32 頁。
中谷 巖編著 [2001]『IT 革命と商社の未来像―e マーケットプレースへの挑戦』東洋経済新報社。
日経ビジネス編 [1983]『商社―冬の時代』日本経済新聞社。
日本貿易会（調査グループ編集・発行）[2014a]『商社ハンドブック』。
日本貿易会（「日本の成長戦略と商社」特別研究会）[2014b]「日本の成長戦略と商社　日本の未来は商社が拓く」東洋経済新報社。
根井雅弘 [2005]「21 世紀の経済学　方法論的多元主義を軸に隣接学問との相互交渉を」『日本経済研究センター会報』第 932 号, 64-66 頁。
野口悠紀雄 [1974]『情報の経済理論』東洋経済新報社。
延岡健太郎・伊藤宗彦・森田弘一 [2006]「コモディティ化による価値獲得の失敗：デジタル家電の事例」『RIETI Discussion Paper』06-J-017, pp.1-21。
橋本寿朗 [1998]「総合商社発生論の再検討―革新的対応としての総合商社はいかにして生まれいでたか―」『社会科学研究』第 50 巻 1 号, 141-169 頁。
橋本介三・中川幾郎・小林伸生 [2000]『日本産業の構造変革』大阪大学出版会。
傅　行聰 [2004]「関係性マーケティングにおける理論研究の方向」『三田商学研究』第 47 巻第 5 号, 129-150 頁。
傅　行聰 [2012]「サービス・ドミナント（S-D）・ロジックの吟味：使用における価値創造の視点を中心に」『愛知淑徳大学論集, ビジネス学部・ビジネス研究科篇』第 8 号, 79-88 頁。
傅　行聰 [2013]「マーケティングにおけるサービス視点議論の再検討」『愛知淑徳大学論集, ビジネス学部・ビジネス研究科篇』第 9 号, 107-117 頁。
深尾光洋 [2008]「世界景気の回復, 来年末に：金融危機インタビュー」『日本経済新聞』10 月 15 日。
藤岡芳郎・山口隆久 [2011]「マーケティングにおける顧客との関係性概念の変遷についての考察」『社会情報研究』第 9 号, 1-11 頁。
藤岡芳郎・山口隆久 [2012]「サービス・ドミナント・ロジックの理論化へ向けての一考察」『社会情報研究』第 10 号, 1-14 頁。
藤川佳則 [2012]「製造業のサービス化：『サービス・ドミナント・ロジック』による考察」『Panasonic Technical Journal』, Vol.58, No.3, pp.4-9。
藤田幸敏 [1989]「貿易商社の経営史的研究について―研究史と研究課題―」『専修大学経営研究所報』第 83 巻, 23-40 頁。
藤山知彦 [2011]「世界の潮流と総合商社の役割」三菱商事株式会社編『現代総合商社論―三菱商事・ビジネスの創造と革新』早稲田大学出版部, 45-71 頁。
藤山知彦 [2013]「経営の仕組みと世界の動向　考え方と行動のしかた」三菱商事株式会社編『新・現代総合商社論―三菱商事・ビジネスの創造と革新 [2]』早稲田大学出版部, 47-72 頁。

増田貴志 [2011]「進む『製造業のサービス化』―今，何が起こっているのか―」東レ経営研究所『TBR 産業経済の論点』No.11-03。

増田貴志 [2012]「ブリヂストンのリトレッド事業に学ぶ『モノからコト』への発想転換―脱コモディティ化戦略としての『製造業のサービス化』―」東レ経営研究所『TBR 産業経済の論点』No.12-08。

増田政靖 [2006]「e-commerce 時代に総合商社は生き残れるのか？―総合商社に対する評価の変遷と今後の方向―」土井教之・伊藤正一・増田政靖編『現代の総合商社―発展と機能』晃洋書房，52-268 頁。

松井 剛 [2004]「購買者行動と流通」宮沢永光・武井寿編著『流通新論』八千代出版，109-123 頁。

松尾洋治 [2005]「マーケティング研究における解釈的アプローチの方法論的背景」『三田商学研究』第 48 巻第 2 号，129-155 頁。

松元 宏 [1979]『三井財閥の研究』吉川弘文館。

美里泰伸 [1984]『総合商社の崩壊』番町書房。

みずほ総合研究所編 [2007]『サブプライム金融危機 21 世紀型経済ショックの深層』日本経済新聞出版社。

御園生等 [1961]「総合商社は斜陽であるか」『週刊エコノミスト』第 39 巻 21 号，6-20 頁。

南知惠子 [2012]「サービスマーケティングにおける『価値共創』とリサーチ」日本マーケティング・リサーチ協会編『マーケティング・リサーチャー』第 118 号，10-15 頁。

宮坂義一 [1985]「総合商社冬の時代とその脱出戦略」『世界経済評論』第 29 巻第 10 号，47-56 頁。

村松潤一 [2009]『コーポレート・マーケティング：市場創造と企業システムの構築』同文舘出版。

村松潤一 [2010]「サービス・ドミナント・ロジックと研究の方向性」井上崇通・村松潤一編著『サービス・ドミナント・ロジック―マーケティング研究への新たな視座―』同文舘出版，229-248 頁。

村松潤一 [2011]「サービス・ドミナント・ロジックのマーケティング理論構築への示唆」明治大学経営品質科学研究所編『経営品質科学の研究―企業活動のクオリティを科学する』中央経済社，143-148 頁。

孟 子敏 [2008]「総合商社におけるコア機能の構造変化によるビジネスモデルの再構築」『イノベーション・マネジメント』No.5，119-139 頁。

森川英正 [1976]「総合商社の成立と論理」宮本又次・栂井義雄・三島康雄編『総合商社の経営史』東洋経済新報社，43-78 頁。

山口隆久 [2012]「地方銀行における顧客志向の効果分析と評価」『消費経済研究』第 33 号 日本消費経済学会，88-99 頁。

山田 隆 [2011]「機関投資家と株式リターン―大口株主の存在と機関投資家の役割―」公益財団法人日本証券経済研究所『証券経済研究』第 76 号，165-184 頁。

山田 隆 [2012]「ミクロ経済学の展開とエージェンシー理論―情報の経済学とガバナンス―」『中央大学経済研究所ワーキングペーパーシリーズ』No.183，1-15 頁。

山崎広明 [1987]「日本商社史の論理」『社会科学研究』第 39 巻 4 号，149-197 頁。

吉田満梨・水越康介 [2012]「消費経験論の新展開に向けて―実践的展開についての考察―」『流通研究』第 12 巻，17-33 頁。

米川伸一 [1983]「総合商社形成の論理と実態―比較経営史からの一試論―」『一橋論叢』第

90巻3号，319-343頁。
和田充夫・恩蔵直人・三浦俊彦 [2006]『マーケティング戦略（第3版）』，有斐閣アルマ。

〔英語文献〕
Akaka, M. A., H. J. Schau and S. L.Vargo [2013] "The Co-Creation of Value in Cultural Context," *Research in Consumer Behavior*, Vol.15, pp.265-284. （Akaka *et al.* [2013a]）
Akaka, M. A., S. L. Vargo and R. F. Lusch [2013] "The Complexity of Context: A Service Ecosystems Approach for International Marketing," *Journal of International Marketing*, Vol.21, No.4, pp.1-10. （Akaka *et al.* [2013b]）
Akaka, M. A., D. Corssaro, C. Kelleher, P. P. Maglio, Y. Seo, R. F. Lusch and S. L. Vargo [2014] "The Role of Symbols in Value Cocreation," *Marketing Theory*, Vol.14, No.3, pp.311-326.
Akerlof, G. A. [1970] "The Market for Lemons: Quality Uncertainty and the Market Mechanism," *Quarterly Journal of Economics*, Vol.84, No.3, pp.488-500.
Akerlof, G. A. [1984] *An Economic Theorist's Book of Tales: Essays that Entertain the Consequences of New Assumptions in Economic Theory*, Cambridge University Press. （幸村千可良・井上桃子訳 [1995]『ある理論経済学者のお話の本』ハーベスト社。）
Alderson, W. [1957] *Marketing Behavior and Exective Action:A Functionalist Approach to Marketing Theory*, Richard D. Irwin. （石原武政・風呂努・光澤滋朗・田村正紀訳 [1984]『マーケティング行動と経営者行為―マーケティング理論への機能主義的接近―』千倉書房。）
Anderson, E. and B. Weitz [1989] "Determinants of Continuity in Conventional Industrial Channel Dyads," *Marketing Science*, Vol.8, No.4, pp.310-323.
Anderson, J. C., and J. A. Narus [1990] "A Model of Distributor Firm and Manufacturer Firm Working Partnerships," *Journal of Marketing*, Vol.54, No.1, pp.42-58.
Arndt, J. [1976] "Reflections on Research in Consumer Behavior," *Advances in Consumer Research*, Vol.3, pp.213-221.
Arndt, J. [1979] "Toward a Concept of Domesticated Markets," *Journal of Marketing*, Vol.43, No.4, pp.69-75.
Arnould, E. J. [2007] "Service Dominant Logic and Consumer Culture Theory: Natural Allies in an Emerging Paradigm," *Research in Consumer Behavior*, Vol.11, pp.57-76.
Arnould, E. J. and C. J. Thompson [2005] "Consumer Culture Theory (CTT): Twenty Years of Research," *Journal of Consumer Research*, Vol.31, pp.868-882.
Arnould, E. J. and C. J. Thompson [2007] "Consumer Culture Theory (and We Really Mean Theorretics): Dilemmas and Opportunities Posed by an Academic Branding Strategy," *Research in Consumer Behavior*, Vol.11, pp.3-22.
Arrow, K. J. [1970] *Essays in the Theory of Risk Bearing*, North-Holland.
Assael, H. [1985] *Marketing Management: Strategy and Action*, Kent.
Aurich, J. C., C. Mannweiler and E. Schweitzer [2010] "How to Design and Offer Services Successfully," *Journal of Manufacturing Science and Technology*, Vol.2, No.3, pp.136-

143.
Bagozzi, R. P. [1995] "Reflections on Relationship Marketing in Consumer Markets," *Journal of the Academy of Marketing Science*, Vol.23, No.4, pp.272-277.

Baines, T. S., H. W. Lightfoot, S. Evans, A. Neely, R. Greenough, J. Peppard, R. Roy, E. Shehab, A. Braganza, A. Tiwari, J. R. Alcock, J. P. Angus, M. Bastl, A. Cousens, P. Irving, M. Johnson, J. Kingston, H. Lockett, V. Martinez, P. Michele, D. Tranfield, I. M. Walton and H. Wilson [2007] "State-of-the-Art in Product-Service Systems," *Journal of Engineering Manufacture*, Vol.221, No.10, pp.1543-1552.

Belk, R. W. [1988] "Possessins and the Extended Self," *Journal of Consumer Research*, Vol.15, No.2, pp.139-168.

Beuren, F. H., M. G. G. Ferreira and P. A. C. Miguel [2013] "Product-Service System: A Literature Review on Integrated Products and Services," *Journal of Cleaner Projection*, Vol.47, pp.222-231.

Bolton, R. N., G. S. Day, J. Deighton, D. Narayandas, E. Gummesson, S. D. Hunt, C. K. Prahalad, R. T. Rust and S. M. Shugan [2004] "Invited Commentaries on 'Evolving to a New Dominant Logic for Marketing'," *Journal of Marketing*, Vol. 68, No.1, pp.18-27.

Bond, P. and Y. Leitner [2009] "Why do Markets Freeze?," *Working Paper 09-24*, Federal Reserve Bank of Philadelphia, pp.1-34.

Brodie, R. J., M. Saren and J. Pel [2011] "Theorizing about the Service Dominant Logic: The Bridging Role of Middle Range Theory," *Marketing Theory*, Vol.11, No.1, pp.75-91.

Buzzell, R. D. [1982] "Marketing Management: Past, Present, and Future," *Proceedings of the Marketing Science Institute 20th Anniversary Conference*, Report No.82-101, MSI.

Cady, J. F. and R. D. Buzzell [1986] *Strategic Marketing*, Little, Brown and Company.

Carlzon, J. [1987] *Moments of Truth*, Ballinger Publishing Company.

Chandler, J. D. and S. L. Vargo [2011] "Contextualization and Value-in-Context: How Context Frames Exchange," *Marketing Theory*, Vol.11, No.1, pp.35-49.

Davidson, P. [1978] *Money and the Real World*, 2nd,ed., Macmillan Press.（原正彦監訳，金子邦彦・渡辺良夫共訳[1980]『貨幣の経済理論』日本経済評論社。）

Dwyer, F. R., P. H. Schrr and S. Oh [1987] "Developing Buyer-Seller Relationships," *Journal of Marketing*, Vol.51, No.2, pp.11-27.

Echeverri, P. and P. Skålen [2011] "Co-Creation and Co-Destruction: A Practice-Theory Based Study of Interactive Value Formation," *Marketing Theory*, Vol.11, No.3, pp.351-373.

Edvardsson, B., B. Tronvoll and T. Gruber [2011] "Expanding Understanding of Service Exchange and Value Co-Creation: A Social Construction Approach," *Journal of the Academy of Marketing Science*, Vol.39, pp.327-339.

Edvardsson, B., P. Skålen and B. Tronvoll [2012] "Service Systems for Resource Integration and Value Co-creation," Vargo, S. L., R. F. Lusch eds., *Special Issue: Toward a Better Understanding of the Role of Value in Markets and Marketing*, Emerald, pp.79-126.

Firat, A. F. and A. Venkatesh [1995] "Liberatory Postmodernism and the Reenchantment of Consumption," *Journal of Consumer Research*, Vol.22, No.3, pp.239–267.

Fisk, R. P., S. J. Grove and J. John [2004] *Interactive Service Marketing, 2th ed.*, Houghton Mifflin Company.（法政大学イノベーション・マネジメント研究所センター監訳 [2005]『サービス・マーケティング入門』法政大学出版局。）
Fisk, R. P., S. W. Brownand and M. J. Bitner [1993] "Tracking the Evolution of the Services Marketing Literature," *Journal of Retailing*, Vol.69, No.1, pp.61-103.
Frazier, G. L. and J. Summers [1984] "Interfirm Influence Strategies and Their Applications within Distribution Channels," *Journal of Marketing*, Vol.48, No.3, pp.43-55.
Frazier, G. L. and R. C. Rody [1991] "The Use of Influence Strategies in Interfirm Relationships in Industrial Product Channels," *Journal of Marketing*, Vol.55, No.1, pp.52-69.
Goedkoop, M. J., C. J. G. van Halenm, H. R. M. te Riele and P. J. M. Rommens [1999] *Product Service Systems: Ecological and Economic Basics, Amersfoort*, The Netherlands: PRé Consultants.
Grönroos, C. [1978] "A Service-Orientated Approach to Marketing of Services," *European Journal of Marketing*, Vo.12, No.8, pp.588-601.
Grönroos, C. [1989] "Defining Marketing: Amarket-Oriented Approach," *European Journal of Marketing*, Vol.23, No.1, pp.52-60.
Grönroos, C. [2000] *Service Management and Marketing: A Customer Relationship Approach*, Wiley.
Grönroos, C. [2006] "Adopting a Service Logic for Marketing," *Marketing Theory*, Vol.6, No.4, pp.317-333.
Grönroos, C. [2007a] *Service Management and Marketing:Customer Management in Service Competition, 3rd ed.*, John Wiley&Sons.（近藤宏一監訳 [2013]『北欧型サービス志向のマネジメント─競争を生き抜くマーケティングの新潮流─』ミネルヴァ書房。）
Grönroos, C. [2007b] *In Serch of a New Logic for Marketing;Foundations of Contemporary Theory*, John Wiley&Sons.
Grönroos, C. [2008] "Service Logic Revisited: Who Creates Value? And Who Co-creates?," *European Business Review*, Vol.20, No.4, pp. 298-314.
Grönroos, C. [2011] "Value Co-Creation in Service Logic: A Critical Analysis," *Marketing Theory*, Vol.11, No.3, pp.279-301.
Grönroos, C. [2013] "Critical Service Logic: Making Sense of Value Creation and Co-Creation," *Journal of the Academy of Marketing Science*, Vol.41, No.2, pp.133-150.
Grönroos, C. [2014] "The Service Revolution and Its Marketing Implications: Service Logic vs Service-Dominant Logic," *Marketing Service Quality*, Vol.24, No.3, pp.206-229.
Grönroos, C. and A. Ravald [2011] "Service as Business Logic: Implications for Value Creation and Marketing," *Journal of Service Management*, Vol.22, No.1, pp.5-22.
Grönroos, C. and E. Gummesson [1985] "The Nordic School of Service Marketing：An Introduction," Grönroos, C. and E. Gummesson [1985] *Service Marketing: Nordic School Perspectives*, University of Stockholm.
Gummesson, E. [1985] "Applying Service Concepts in the Industrial Sector：Towards a New Concept of Marketing," Grönroos, C. and E. Gummesson [1985] *Service Marketing: Nordic School Perspectives*, University of Stockholm.

Gummesson, E. [1997] "Comment on Nordic Perspectives on Relationship Marketing," *European Journal of Marketing*, Vol.31, No.1, pp.10-16.

Gummesson, E. [1998] "Implementation Requires a Relationship Marketing Pradigm," *Journal of the Academy of Marketing Science*, Vol.26, No.3, pp.242-49.

Hamel, G. and C. K. Prahalad [1994] *Competing for the Future*, Harvard Business School Press.（一條和生訳 [1995]『コア・コンピタンス経営―未来への競争戦略―』日本経済新聞社。）

Heinonen, K., T. Stranduik, K. J. Mickelsson, B. Eduardsson, E. Sundström, and P. Andersson [2010] "A Customer-Dominant Logic of Service," *Journal of Service Management*, Vol.21, No.4, pp.531-548.

Heskett, J. L., T. O. Jones, G. W. Loveman, W. E. Sasser, Jr. and L. A. Schiesinger [1994] "Putting the Service-Profit Chain to Work," *Harvard Business Review*, Vol.72, No.2, pp.164-174.

Heskett, J. L., W. E. Sasser, Jr. and L. A. Schlesinger [1997] *The Service Proffit Chain*, The Free Press.（島田陽介訳 [1998]『カスタマー・ロイヤルティの経営』日本経済新聞社。）

Heskett, J. L., W. E. Sasser, Jr. and L. A. Schlesinger [2003] *The Value Profit Chain: Treat Employees Like Customer and Customers Like Employees*, The Free Press.（山本昭二・小野譲司訳 [2004]『バリュー・プロフィット・チェーン―顧客・従業員満足を「利益」と連鎖させる』日本経済新聞社。）

Heskett, J. L., W. E. Sasser and J. Wheeler [2008] *The Owenership Quotient: Putting the Service Profit Chain to Work for Unbeatable Competitive Advantage*, Harvard Business School Press.（川又啓子・諏澤吉彦・福冨言・黒岩健一郎訳 [2010]『オーナーシップ指数～サービス・プロフィット・チェーンによる競争優位の構築』同友館。）

Hirschman, E. C. and M. B. Holbrook [1982] "Hedonic Consumption: Emerging Concepts, Method and Propositions," *Journal of Marketing*, Vol.46, No.3, pp.98-101.

Holbrook, M. B. [1980] "Some Preliminary Notes on Research in Consumer Esthetics," *Advances in Consumer Research*, Vol.7, pp.104-108.

Holbrook, M. B. [1987] "What is Consumer Research," *Journal of Consumer Research*, Vol.14, No.1, pp.128-132.

Holbrook, M. B. [1999] *Consumer Value: A Framework for Analysis and Research*, Roufledge.

Holbrook, M. B. and E. C. Hirschman [1982] "The Experiential Aspects of Consumption: Consumer Fantasies, Feelings, and Fun," *Journal of Consumer Research*, Vol.9, No.2, pp.132-140.

Howard, J. A. [1957] *Marketing Management: Analysis and Decision*, Richard D. Irwin.（田島義博訳 [1960]『経営者のためのマーケティング・マネジメント―その分析と決定』建帛社。）

Howard, J. A. [1973] *Marketing Management: Operating, Strategic, and Administrative*, 3rd ed., Richard D. Irwin.

Hughes, A. M. [2000] *Strategic Database Marketing: The Masterplan for Starting and Managing a Profitable Customer-Based Marketing Program*, McGraw-Hill Companies.（秋山耕・小西圭介訳 [2001]『顧客生涯価値のデータベース・マーケティング』ダイヤ

モンド社。)
Jacoby, J. [1978] "Consumer Research: A State of the Art Review," *Journal of Marketing*, Vol.42, No.2, pp.87-96.
Judd, R. C. [1964] "The Case for Redefining Services," *Journal of Marketing*, Vol.28, No.1, pp.58-59.
Keith, R. J. [1960] "The Marketing Revolution," *Journal of Marketing*, Vol.24, No.3, pp.35-38.
Kelly, E. J. [1965] *Marketing: Strategy and Function*, Prentice-Hall, Inc.. (村田昭治訳 [1973]『マーケティング―戦略と機能』ダイヤモンド社。)
Kelly, E. J. [1969] "From the Editor," *Journal of Marketing,* Vol.33, No.1, pp.1-2.
Kelly, E. J. and W. Lazer, eds. [1958] *Managerial Marketing: Perspectives and Viewpoints*, Richard D. Irwin.
Keynes, J. M. [1923] *A Tract on Monetary Reform*, (The Collected Writings of John Maynard Keynes Vol. Ⅳ) The Macmillan Press 1971. (中内恒夫訳 [1978]『貨幣改革論』(ケインズ全集第4巻) 東洋経済新報社。)
Kohli, A. K. and B. J. Jaworski [1993] "Market Orientation: The Construct, Resrarch Propositions, and Managerial Implications," *Journal of Marketing*, Vol.54, No.2, pp.1-18.
Korkman, O. [2006] "Customer Value Formation in Practice : A Practice-Theoretical Approach, " *Publications of the Swedish School of Economics and Business Administration*, No. 155, Swedish School of Economics and Business Administration Helsinki.
Kotler, P. [1967] *Marketing Management: Analysis, Planning, and Control*, Prentice-Hall, Inc.. (稲川和男・竹内一樹・中村元一・野々口格三共訳 [1971]『マーケティング・マネジメント (上)』鹿島出版会。)
Kotler, P. [1980] *Principles of Marketing*, Prentice-Hall,Inc.. (村田昭治監修 [1981]『マーケティング原理』ダイヤモンド社。)
Kotler, P. [2000] *Marketing Management, 10th ed.*, Prentice-Hall. (恩蔵直人監修・月谷真紀訳 [2002]『コトラーのマーケティング・マネジメント』ピアソン・エデュケーション。)
Kotler, P. and G. Armstrong [2003] *Principles of marketing, 9th ed.*, Upper Saddle River, NJ Prentice Hall. (和田充夫訳 [2003]『マーケティング原理 (第9版)』ダイヤモンド社。)
Kotler, P. and K. L. Keller [2008] *Marketing Management*, 13th ed., Peason Printice-Hall.
Kotler, P., H. Kartajaya and I. Setiawan [2010] *Marketing 3.0: From Products to Customers to the Human Spirit*, Wiley and Sons, Inc.. (恩蔵直人監訳・藤井清美訳 [2010]『コトラーのマーケティング3.0―ソーシャル・メディア時代の新法則―』朝日新聞出版。)
Kotler, P. and S. J. Levy [1969] "Broadening the Concept of Marketing," *Journal of Marketing*, Vol.33, No.1, pp.10-15.
Kryvinska, N., R. Olexova, P. Dohmen and C. Strauss [2013] "The S-D Logic Phenomenon-Conceptualization and Systematization by Reviewing the Literature of a Decade (2004-2013)," *Journal of Service Science Research*, Vol.5, pp.35-94.
Lazer, W. [1969] "Marketing Changing Social Relationships," *Journal of Marketing*, Vol.33,

No.1, pp.3-9.
Le Meunier-FitzHugh, K., J. Baumann, R. Palmer and H. Wilson [2011] "The Implications of Service-Dominant Logic and Integrated Solutions on The Sales Function," *Journal of Marketing Theory and Practice*, Vol.19, No.4, pp.423-440.
Levitt, T. [1960] "Marketing Myopia," *Harvard Business Review*, Vol.38, No.4, pp.45-56.
Luck, D. J. [1969] "Brodining the Concept of Marketing-Too Far," *Journal of Marketing*, Vol.33, No.3, pp.53-55.
Luigi, Z. [2012] *Capitalism for the People: Recapturing the Lost Genius of American Prosperity*, Basic Books. (若田部昌澄・栗原百代訳 [2013]『人びとのための資本主義 市場と自由を取り戻す』NTT 出版。)
Lusch, R. F. and F. E. Webster, Jr. [2011] "A Stakeholder-Unifying Cocreation Philosophy for Marketing," *Journal of Macromarketing*, Vol.31, No.2, pp.129-134.
Lusch, R. F. and S. L. Vargo [2014] *Service-Dominant Logic: Premises, Perspectives, Possibilities*, Cambridge University Press.
Lusch, R. L., S. L. Vargo and M. O'Brien [2007] "Competing Through Service: Insights from Service-Dominant Logic," *Journal of Retailing*, Vol.83, No.1, pp.5-18.
Lusch, R. F., S. L. Vargo and M. Tanniru [2010] "Service Value Networks and Learning," *Journal of the Academy of Marketing Science*, Vol.38, pp.19-31.
Maussang, N., P. Zwolinski and D. Brissaud [2009] "Product-Service System Design Methodology: From the PSS Architecture Design to the Products Specifications," *Journal of Engineering Design*, Vol.20, No.4, pp.449-469.
McCarthy, E. J. [1960] *Basic Marketing : A Managerial Approach*, Richard D. Irwin.
McLannahan, B. [2014] "Trading Houses Seek Fresh Markets," *Financial Times*, February 11, p.17.
McColl-Kenedy, J. R., S. L. Vargo, T. S. Dagger, J. C. Sweeney and van Y. Kasteren [2012] "Health Care Customer Value Cocreation Practice Styles," *Journal of Service Research*, Vol.15, No.4, pp.370-389.
Michel, S., S. W. Brown and A. S. Gallan [2008] "An Expanded and Strategic View of Discontinuous Innovations Deploying a Service-Dominant Logic," *Journal of the Academy of Marketing Science*, Vol.36, No.1, pp.54-66.
Miller, M. and F. Modigliani [1958] "The Cost of Capital, Corporation Finance and the Theory of Investment," *The American Economic Review*, Vol.48, No.3, pp.261-297.
Möller, K. and A. Halinen [2000] "Relationship Marketing Theory: Its Roots and Direction," *Journal of Marketing Management*, Vol.16, pp.29-54. (久保田進彦訳 [2001]『リレーションシップ・マーケティングの理論：そのルーツと方向性（1）』『流通情報』382, 26-35 頁。久保田進彦訳 [2001]「リレーションシップ・マーケティングの理論：そのルーツと方向性（2）」『流通情報』383, 20-28 頁。)
Morgan, R. M. and S. D. Hunt [1994] "The Commitment-Trust Theory of Relationship Marketing," *Journal of Marketing*, Vol.58, No.3, pp.20-38.
Morelli, N. [2006] "Developing New Product Service Systems: Methodologies and Operational Tols," *Journal of Cleaner Production*, Vol.14, No.17, pp.1495-1501.
Mowen, J. C. [1988] "Beyond Consumer Decision Making," *Journal of Consumer Marketing*, Vol.5, No.1, pp.15-25.

Narver, J. C. and S. F. Slater [1990] "The Effect of Market Orientation on Business Profitability," *Journal of Marketing*, Vol.54, No.4, pp.20-35.
Normann, R. [1991] *Service Management: Strategy and Leadership in Service Business*, 2nd ed., John Wiley&Sons. (近藤隆雄訳 [1993]『サービス・マネジメント』NTT出版。)
Oxenfeldt, A. R. [1958] "The Formulation of a Market Strategy," Kelley E. J. and W. Lazer, eds., *Managerial Marketing:Perspectives and Viewpoints*, Richard D. Irwin.
Parasuraman, A., V. A. Zeithaml and L. L. Berry [1985] "A Conceptual Model of Service Quality and Its Implications for Future Research," *Journal of Marketing*, Vol.49, No.4, pp.41-50.
Parasuraman, A., V. A. Zeithaml and L. L. Berry [1988] "SERVQUAL: A Multiple-Item Scale for Measuring Consumer Perceptions of Service Quality," *Journal of Retailing*, Vol.64, No.1, pp.12-37.
Payne, A. F., K. Storbacka and P. Frow [2008] "Managing the Co-Creation of Value," *Journal of the Academy of Marketing Science*, Vol.36, pp.83-96.
Peppers, D. and M. Rogers [1997] *Enterprise One to One*, Crown Publishing Group. (井関利明監訳・ワン・トゥ・ワン マーケティング協議会 [1998]『One one to One 企業戦略』ダイヤモンド・グラフィック社。)
Peterson, R. A. [1995] "Relationship Marketing and the Consumer," *Journal of the Academy of Marketing Science*, Vol.23, No.4, pp.278-281.
Ping, W. L. and F. Jia [2010] "Analysis on Supply Chain of Manufacturing Enterprise Product Service System," *International Conference on Emergency Management and Management Sciences, ICEMMS2010*, Beijing, pp.160-172.
Porter, M. E. [1985] *Competitive Advantage*, The Free Press. (土岐坤・中辻萬治・小野寺武夫訳 [1985]『競争優位の戦略―いかに好業績を持続させるか―』ダイヤモンド社。)
Prahalad, C. K. and G. Hamel [1990] "The Core Competence of the Corporation," *Harvard Business Review*, Vol.68, No.3, pp.79-91.
Prahalad, C. K. and V. Ramaswamy [2000] "Co-opting Customer Competence," *Harvard Business Review*, Vol.78, No.1, pp.79-87. (中島由利訳 [2000]「顧客と共に競争優位を築くカスタマー・コンピタンス経営」『ダイヤモンドハーバードビジネスレビュー』Vol.25, No.6, 116-128頁。)
Prahalad, C. K. and V. Ramaswamy [2002] "The Co-Creation Connection," *Strategy plus Business*, Vol.27, No.2, pp.1-12.
Prahalad, C. K. and V. Ramaswamy [2004] *The Future of Competition*, Harvard Business School Press. (有賀裕子訳 [2004]『価値共創の未来へ』ランダムハウス講談社。)
Ramaswamy, V. [2005] "Co-creating Experiences with Customers: New Paradigm of Value Creation," *The TMTC Journal of Management*, Vol.8, pp.6-14.
Ramaswamy, V. [2009] "Co-Creation of Value: Towards an Expanded Paradigm of Value Creation," *Marketing Review St. Gallen*, Vol.26, No.6, pp.11-17.
Ramaswamy, V. and F. Gouillart [2010] *The Power of Co-Creation*, The Free Press. (尾崎正弘・田畑萬監修・山田美明訳 [2011]『生き残る企業のコ・クリエーション戦略―ビジネスを成長させる「共同創造」とは何か―』徳間書店。)
Rathmell, J. M. [1966] "What is Meant by Services?," *Journal of Marketing*, Vol.30, No.4,

pp.32-36.

Rexfelt, O. and V. H. Omäs [2009] "Consumer Acceptance of Product-Service Systems: Designing for Relative Advantages and Uncertainty Reductions," *Journal of Manufacturing Technology Management*, Vol.20, No.5, pp.674-699.

Richins, M. L. [1999] "Possessions, Materialism, and Other-Directedness in the Expression of Self," M. B. Holbrook ed., *Consumer Value : A Framework for Analysis and Research*, Routledge, pp.85-104.

Rumelt, R. [1994] "Foreword," Hamel, G. and A. Heene eds., *Competence-Based Competition*, Willy New York, pp.15-19.

Rust, R. T., V. A. Zeithaml and K. N. Lemon [2000] "Driving Customer Equity: How Customer Lifetime Value Is Reshaping Corporate Strategy," The Free Press. (近藤隆雄訳[2001]『カスタマー・エクイティ』ダイヤモンド社。)

Sanchez, F. and B. Iniesta [2007] "The Concept of Perceived Value: A Systematic Review of the Research," *Marketing Theory*, Vol.7, No.4, pp.427-451.

Sandström, S., B. Edvardsson and P. Kristensson [2008] "Value in Use through Service Experience," *Managing Service Quality*, Vol.18, No.2, pp.112-126.

Shaw, A. W. [1915] *Some Problems in Market Distribution*, Harvard University Press. (伊藤康雄・水野裕正訳[1975]『市場配給の若干の問題点』文眞堂。丹下博文訳[1992]『市場流通に関する諸問題』白桃書房。)

Shostack, G. L. [1977] "Breaking Free from Product Marketing," *Journal of Marketing*, Vol.41, No.2, pp.73-80.

Solomon, M. R. [2006] *Consumer Behavior: Buying, Having, and Being*, 7th ed., Upper SaddleRiver, NJ:Prentice-Hall.

Stanton, W. [1981] *Fundamentals of Marketing*, 6th ed., McGraw-Hill.

Stiglitz, J. E. [1985] "Credit Markets and the Control of Capital," *Journal of Money, Credit and Banking*, May17, No.2, pp.133-152.

Sundin, E. [2009] "Life-Cycle Perspectives of Product/Service-Systems: In Design Teory," Sakao,T., M. Lindahl eds., *Introduction to Product/Service-System Design*, Springer, London, pp. 31-49.

Sundin, E., G. O. Sandström, M. Lindahl and A. O. Rönnbäck [2009] "Using Company-Academia Networks for Improving Product/service Systems at Large Companies," Sakao, T. and M. Lindahl eds., *Introduction to Product/Service System Design*, Springer, London, pp.31-49.

Tadajewski, M. [2006] "Remenbering Motivation Research: Toward an Alternative Genealogy of Interactive Consumer Research," *Marketing theory*, Vol.6, No4, pp.429-466.

Taylor, F. W. [1911] *The Principles of Scientific Management*, Harper & Brothers Publishers. (上野陽一訳・編[1969]『科学的管理法〈新版〉』産業能率短期大学出版部。)

Tukker, A. [2004] "Eight Types of Product-Service System: Eight Ways to Sustainability?, Experiences from SusProNet," *Business Strategy and the Environment*, Vol.13, No.4, pp.246-260.

Tukker, A. and U. Tischner [2006] *New Business for Old Europe: Product Service Developent, Competitiveness and Sustainability*, Greenleaf Publishing, Sheffield, UK.

Vargo, S. L. [2008] "Customer Integration and Value Creation:Paradigmatic Traps and

Perspectives," *Journal of Service Research*, Vol.11, No.2, pp.211-215.
Vargo, S. L., P. P. Maglio and M. A. Akaka [2008] "On Value and Value Co-Creation: A Service Systems and Service Logic Perspective," *European Management Journal*, Vol.26, pp.145-152.
Vargo, S. L. and M. A. Akaka [2009] "Service-Dominant Logic as a Foundation for Service Science: Clarifications," *Service Science*, Vol.1, No.1, pp.32-41.
Vargo, S. L. and M. A. Akaka [2012] "Value Co-creation and Service Systems (Re) formation: A Service Ecosystems View," *Service Science*, Vol.4, No.3, pp.207-217.
Vargo, S. L. and R. F. Lusch [2004] "Evolving to a New Dominant Logic for Marketing," *Journal of Marketing*, Vol.68, No.1, pp.1-17.
Vargo, S. L. and R. F. Lusch [2006] "Service-Dominant Logic: What It Is, What It Is Not, What It might Be," Lusch, R. F. and S. L. Vargo eds., *The Service-Dominant Logic of Marketing: Dialog, Debate, and Directions*, Armonk, M. E. Sharpe, pp.43-56.
Vargo, S. L. and R. F. Lusch [2008] "Service-Dominant Logic: Continuing the Evolution," *Journal of the Academy of Marketing Science*, Vol.36, pp.1-10.
Vargo, S. L. and R. F. Lusch [2011] "It's All B2B...and Beyond: Toward a Systems Perspective of the Market," *Industrial Marketing Management*, Vol.40, pp.181-187.
Vargo, S. L. and R. F. Lusch [2012] "The Nature and Understanding of Value: A Service-Dominant Logic Perspective," *Review of Marketing Research*, Vol.9, pp.1-12.
Verdoorn, P. J. [1956] "Marketing from the Producer's Point of View," *Journal of Marketing*, Vol.20, No.3, pp.221-235.
Voima, P., K. Heinonen and T. Strandvik [2010] "Exploring Customer Value Formation: A Customer Dominant Logic Perspective," *Hanken School of Economics Working Papers*, No.552, pp.1-17.
Waterschoot van, W., C. van den Bulte [1992] "The 4P Classification of the Marketing Mix Revisited," *Journal of Marketing*, Vol.56, No.4, pp.83-93.
Webster, Jr. F. E. [1988] "The Rediscovery of the Marketing Concept," *Busuness Horizons*, Vol.31, No.3, pp.29-39.
Wells, W. D. [1993] "Discovery-Oriented Consumer Research," *Journal of Consumer Research*, Vol.19, No.4, pp.489-504.
Williams, A. [2006] "Product-Service Systems in the Automotive Industry: The Case of Micro-Factory Retailing," *Journal of Cleaner Production*, Vol.14, No.2, pp.172-184.
Wind, Y. and T. S. Robertson [1983] "Marketing Strategy: New Directions for Theory and Research," *Journal of Markting*, Vol.47, No.2, pp.12-25.
Yoshino, M. Y. and T. B. Lifson [1986] *The Invisible Link-Japan's Sogo Shosha and the Organization of Trade*, MIT Press.
Young, A. K. [1979] *The Sogo Shosha: Japan's Multinational Trading Companies*, Westview Press Inc..（中央大学企業研究所訳 [1980]『総合商社―日本の多国籍商社―』中央大学出版部。）
Zeithaml, V. A. [1981] "How Consumer Evaluation Process Differ Between Goods and Services," Donnelly, J. H. and W. R. George ends., *Marketing for Services*, AMA, pp.186-190.

〔サイト〕

公正取引委員会 [2001]『企業集団の実態調査―第七次調査―』,〈http://www.jftc.go.jp/info/nenpou/h13/13kakuron00002-8.htm〉(2014年10月19日アクセス)。

日本貿易会ホームページ〈http://www.jftc.or.jp/shosha/function/index.htm〉(2014年10月19日アクセス)。

三菱商事株式会社 [2013a]「中国でヘルスケア事業を拡大―北京市で2社目となる医薬品卸会社への出資―」,『プレスルーム』7月26日〈http://www.mitsubishicorp.com/jp/ja/pr/archive/2013/html/0000022086.html〉(2014年10月19日アクセス)。

三菱商事株式会社 [2013b]「上海で医療材料流通会社を設立」,『プレスルーム』11月14日〈http://www.mitsubishicorp.com/jp/ja/pr/archive/2013/html/0000022761.html〉(2014年10月19日アクセス)。

あとがき

　本書出版の経緯は，以下の通りである。
　マーケティングの視点から価値共創について取り上げるわれわれの研究グループにとって，これまでのS-Dロジックを中心とした価値共創論議に少なからず疑問を持っていた。そうしたなか，月1回の研究会を通じてSロジックを知るに至り，早速，それが主張する「ロジック」に対する詳細な検討を開始した。その結果，Sロジックはマーケティング研究，理論，実践の立場から価値共創を捉えようとしていることが明らかとなった。
　一方，2012年には日本マーケティング学会が設立され，われわれ研究グループも学会内にリサーチプロジェクトを設置することを許された。この学会は，研究者のみならず，多くの実務家が会員となっており，新しいマーケティング領域で理論と実践を結び付けた研究を志向するわれわれグループにとって最適な場となった。リサーチプロジェクト「価値共創型マーケティング研究会」は，これまで7回の研究会を開催し，2回のカンファレンスに参加した。また，研究グループのメンバーは，関連する諸学会で価値共創およびマーケティングに関して積極的に報告を行ってきた。それらは，すべて価値共創とマーケティング研究の接続を図るという目的のためであった。
　そして，これまでの研究成果を纏めることを思い立ち，書籍として換算したところ優に600頁を超えるものになることがわかった。そこで執筆者一同による協議の結果，二分冊として出版することにした。この第一分冊については，これまで数回の打ち合わせと読み合わせの会議を経て，このたびの出版に至ったが，すでに第二分冊の出版に向けた打ち合わせを行っており，こちらの方も多くの読者からの期待に応えたいと考えている。

編　者

和文索引

【あ行】

アフターサービス …………………… 137, 208
アメリカ・マーケティング協会 ………… 6, 89

異業種 ……………………………………… 219
意志 ………………………………………… 138
維持 ………………………………………… 49
意志と能力 ……………………………… 197
維持のメカニズム ………………………… 49
一手販売権 ……………………………… 173
一般社団法人日本貿易会 ……………… 171
医薬品 …………………………… 186, 188
医療材料 ………………………………… 188
────・機器 …………………………… 186
医療材料流通効率化 …………………… 186
医療材料流通の効率化市場 …………… 186
インターナル ……………………………… 33
────・マーケティング ……………… 26–29, 31
インターネット …………………… 180, 212
インタラクション ………………………… 38
インタラクティブ ………………………… 33
────・マーケティング ……………… 26–29, 31
インプリケーション ……………………… 85

受取配当金 ……………………… 188, 189

営利組織 ………………………………… 10
エコロジカル・マーケティング ………… 92
エム・シー・ヘルスケア社 …………… 186
エレクトロニクス ……………………… 185
遠隔操作機能 …………………………… 219

大阪店社員 ……………………………… 184
オーダーメイド・システム …………… 229
オルガナイザー ………………………… 172
卸売業 …………………………………… 172

【か行】

ガーシェンクロン・モデル …………… 176
海運 ……………………………………… 176
外国為替取引 …………………………… 176
解釈アプローチ ………………… 93, 97, 99
海上保険 ………………………………… 176

開発 ……………………………………… 185
外部統合 …… 168, 169, 184–186, 192, 201, 224, 231
価格システム …………………………… 234
革新性 …………………………………… 176
革新的な営業活動 ……………………… 177
革新的行動 ……………………………… 178
拡張された消費概念 …………………… 74
獲得 ………………………… 89, 91, 93, 98, 99
カスタマー・コンピタンス ……… 105, 109, 110
カスタマー・ドミナント・ロジック ……… 78
仮想実験 ………………………………… 219
課題解決 ………………………………… 176
価値 …………………………………… 89, 99
────の共創者 ……………………… 81
────判断 …………………………… 122
────領域 …………………………… 82
価値共創 …………… 36, 54, 57, 63, 65, 66–68, 70, 71, 77, 80, 81, 83, 84, 116, 121, 133, 135, 173, 174, 183, 184, 188, 195, 197, 199, 202, 203, 205, 206, 220, 221, 228
────の場 …………………………… 210
────の4Cアプローチ ……………… 164
価値共創システム ……………………… 188
価値共創者 ……………………………… 207
価値共創プロセス ………………………… 63
価値共創型企業システム …… 160, 173, 174, 185, 186, 188, 189, 191, 192, 201, 221, 222, 224, 225, 231, 236
────と成果 ………………………… 235
────の源流 ………………… 171, 172, 183
────の枠組み ……………………… 187
価値共創マーケティング …… 148, 154, 159, 190, 198
────活動 …………………………… 193
価値所与マーケティング ……… 154, 156, 161
価値生成プロセス ………………………… 76
価値創造 ………………… 65, 77, 79, 81, 83, 85
────の連鎖 ………………………… 178
価値創造者 ……………………… 135, 207
価値創造プロセス ……………… 78, 80, 82, 85
価値創造領域 …………………………… 143
鐘淵紡績会社 …………………………… 184
川下部門 ………………………………… 180

関係性 178
　　——パラダイム 38
　　——マーケティング 36, 72, 177
間接的な相互作用 79, 83
間接的な方策 47
カントリーリスク 180
管理・操作の対象 7, 159

機会収益の逸失 139, 140, 143
機会主義的行動（の回避） 44
機会損失の転嫁 139, 140, 143
企業家活動 177
企業間 163
　　——関係 184
企業サイドで認識される価値 53
企業システム 149, 159, 160, 172, 174, 183, 188, 199
　　——構築 173, 183, 188
企業集団論 176
企業成果 169, 203
企業の社会的責任論 9
企業のナレッジとスキルの拡張性の問題 210
企業文化 165, 202, 233, 235
企業理念 202
企業連合 39
技術導入 185
起点論 154, 159
機能 172
　　——拡張 213
　　——的コンフリクト 44
　　——統合 232
基本的前提 56
逆選択 123
共創 80, 132, 167
　　——するための資源 214
　　——のコミュニティづくり 220
　　——の場 218
共創行為 149, 160, 175, 236
共創志向 220
共創プロセス 148
共創領域 134, 163
競争優位 176, 206
　　——の戦略 211
協働型マーケティング 157
共同関与 144, 166
協働性 46, 47
共同生産 58, 144, 230, 232
議論の精緻化 216
銀行業 176

近代的経営管理システム 173
近代的産業 180
金融資本分析 175

グッズ 55, 131
　　——・ドミナント・ロジック 55, 205
　　——・マーケティング 71
グローバル・ビジネス・クリエーター 181
グローバル化 181

経営コンサルティング業 176
経営史的アプローチ 176
経営諸機能 163, 168
経営の零細さ 175
経営文化 165, 170, 202
経営理念 225, 233, 235
景気停滞期 180
経験 77, 87, 89, 95
経済学 116
経済行為 9
経済構造の特異性 175
形成 49
継続的取引関係 45
軽薄短小化 180
顕在市場 163
原料棉花 184

コア・コンピタンス 102, 103, 110-112, 114
コア機能 173, 178
交換 57, 88, 205
交換価値 59, 75, 134, 158, 206
交換志向 220
交換（取引） 37, 129, 136, 139, 142
交換 37
交換（取引）リスク 141
交換の不存在 41
交換パラダイム 38
工業化初期 176
貢献利益額 50
公正取引委員会 176
口銭収益 188, 189
口銭なし 184
構造化 183
行動修正アプローチ 92
高度経済成長期 185
購入以降 213
購買 9
　　——行動 88, 89
公理 56

小売業 190
効率化 186
顧客
　——との直接的な接点 209
　——の消費プロセス 221, 228
　——のナレッジとスキルの把握 215
　——のナレッジとスキルの把握の問題 210
　——の能動性 76
顧客価値の増大 216
顧客関係性管理 50
顧客関係の長期継続化 52
顧客企業 183
顧客参加型製品開発 134, 137, 144, 157, 158
顧客シェアの拡大 50
顧客志向 15, 157
顧客生涯価値 50
顧客接点 72, 190, 193, 194, 197, 228, 229
顧客認知 74
顧客領域 83, 134
顧客ロジック 149
国際交通システム 177
国内総代理店形式 185
国薬控股股份有限公司（国薬） 186
国薬控股菱商医院管理服務（上海） 186
国薬菱商 186
コト 231
コペルニクス的転回 156
コマツのKOMTRAX 212
コミッション・ビジネス 177
コミッション・マーチャント 180
　——化 180
コミットメント 43
コミュニケーション 195, 196
コミュニティ 215
コモディティ化 211
コラボレーション 215

【さ行】

サービスシーズ 55, 131
サービス 55, 70
　——の与え手と受け手 135
　——のマーケティング 143
サービス・エンカウンター 192, 195, 196, 201, 234
サービス・ドミナント・ロジック 54, 55, 60, 129, 130, 205
サービス・プロセス 74, 84, 228
サービス・マーケティング 19, 20, 21, 25, 27, 29, 30, 31, 32, 34, 72, 130, 157, 158
サービス・ロジック 70, 129, 132, 197, 207
サービス・エコシステム 60, 61, 68
サービス企業 84
サービス機能 232
サービス交換 56, 57
サービス品質 21, 22, 23, 24, 29
サービス業 190, 222
　——と小売業の事業展開 201
在庫 185
最終市場 40
財閥金融資本 175
財閥商社 171
財務収益 180
財務情報 173
財務分析 179
サプライチェーン構築 186
サプライヤー 168, 169
　——領域 82
差別化 211
差別的マーケティング 157
産業資本 175
産業組織論 176
　——的アプローチ 176
飼育された市場モデル 39
ジェネラル・マーチャント 176
事業多角化 201
事業投資 173, 179, 188, 189
　——型ビジネス 178
　——機能 178
事業投融資 178
資源 71
　——の束 207
資源需給ひっ迫 179
資源統合 59
志向論 154, 156, 161
自己志向価値 95
市場 116
　——の成熟化 36
市場開拓活動 184
市場概念 116
市場経済 117
市場細分化 156
市場システム 142
市場創造 134, 162, 173, 175, 183-185, 188, 224, 228
市場取引 116
市場志向 5, 157
　——研究 4, 16

市場メカニズム	116	消費者行動研究	87
質的研究法	94	消費者志向	5
自前主義	176	消費者の行動プロセス	90
島村楽器	222, 224-226	消費と生産の同時性	217
社会関係	9	消費の意味	93
社会行為	9	消費プロセス	72-74, 78, 79, 81, 133, 134, 136, 147, 159-161, 167, 194, 199
社会的規制の制度	9		
社会の構造	62	商標	184
社会の文脈価値	62	使用プロセス	73
弱体化	181	情報格差	122, 136
社風	234	情報革命	181
上海市	186	情報処理アプローチ	90, 93, 98
上海支店	184	情報の逆非対称性	137, 199
収益回収のプロセス	183	情報の非対称性	120, 136
収益源	189	新規事業	180
収益モデル	179, 182	清国	184
従業員教育	230	──綿糸輸出ビジネス	184
従業員満足	201	人材フル稼働説	177
集団内仕入比率	176	新事業領域	177
集中的マーケティング	157	人的なネットワーク	212
柔軟性	175, 183	新聞発表	183
主体間の関係性	36	信頼	43
受動的な価値	96		
受動的適応	162, 163	垂直的顧客関係	165, 193, 223, 236
ジョイント領域	82, 134	垂直的顧客システム	165, 223
使用価値	74-76, 80, 134	垂直的マーケティング・システム	162, 164
──の拡大	216	水平的(な)顧客関係	230, 236
商業資本	175	スキル	55, 174
商権	177, 178, 185, 186	──とナレッジの把握	214
──回復	177	ストアブランド	227
──の仕組み	182		
──ビジネス	178	成果	234
商社金融	185	──システム	168
商社斜陽論	180	生産	185
商社の未来像	181	──志向	156
商社否定論	176, 180, 181, 188, 189	──プロセス	136, 161
商社一冬の時代	180	製造業	205
商社不要論	180	──における価値共創の適用	217
成就	89, 90	──のサービス化	211
使用段階	206	──への適用	209
商取引	188, 189	製造販売小売業	227
──機能	178, 181	制度	62
消費・使用段階	9	製品サービス・システム	102
消費概念の拡張	133, 166	製品ポートフォリオ・マネジメント	102
消費経験	90, 94, 95	石炭業	177
──論	93	石油ショック	180
消費行動	88, 89	積極的な相互作用	208, 218
消費財部門	178	潜在市場	163
消費者価値の8類型	96	全社戦略的	186

全社マーケティング ……………… 162, 166, 201
全体構造 …………………………………… 188
先端分野 …………………………………… 180
戦略的事業単位 …………………………… 102
戦略的マーケティング ………………… 4, 12-14
戦略レベル ………………………… 163, 168
全量買取 …………………………………… 185

相互依存度 ………………………………… 42
総合化体質 ………………………………… 176
総合事業運営・事業投資会社 …… 179, 182
総合商社 …………………………………… 171
── とは ………………………………… 172
── の機能の本質 ……………………… 171
── の崩壊 ……………………………… 180
総合商社機能の通説 ……………………… 181
総合商社再論 ……………………………… 172
総合商社鉄鋼部門 ………………………… 180
相互作用 ………………… 21, 22, 26, 35, 71-73,
　　　　　　　　　　75, 77, 78, 83, 160, 195
── プロセス …………………………… 194
相互制御関係 ……………………………… 157
操作型マーケティング …………………… 158
創造的適応 ………………………… 162, 163, 177
総代理店 …………………………………… 185
双方向交互作用 …………………………… 38
双務的なコミットメント ………………… 46
ソーシャル・マーケティング ……… 5, 91, 92
ソーシャルネットワーク ………………… 218
組織化された企業者活動 ………………… 176
組織的革新 ………………………………… 177
組織文化 ………………………… 165, 170, 202
ソリューション …………………………… 212
── ・サービス ………………………… 176
── ・プロバイダー …………………… 182
存在意義 …………………………………… 183

【た行】

ダイアディックモデル …………………… 39
対価 ………………………………………… 178
大企業取引 ………………………………… 186
第二のコペルニクス的転回 ……………… 160
代理商化 …………………………………… 180
代理店 ……………………………………… 185
代理店会 …………………………………… 185
代理店網 …………………………………… 185
対話的プロセス …………………………… 208
他者志向価値 ……………………………… 95
タスクフォース …………………………… 186

多属性態度モデル ………………………… 93
他の経営諸機能 …………………………… 162
段階的発展 ………………………………… 42
担当営業組織 ……………………………… 185
単発的交換 ………………………………… 41

中国の医療材料流通効率化 ……………… 186
調剤薬局事業 ……………………………… 186
直接対話 …………………………………… 214
直接的相互作用 …………………………… 176
直接的なサービス ………………………… 133
直接的(な)相互作用 ……… 73, 79, 81, 82, 85,
　　　　　133, 190, 191, 195, 197, 198, 216, 228-230
── の場 ………………………………… 217

ディーラー ………………………… 168, 169
データベース・マーケティング ………… 52
鉄鋼総合商社 ……………………………… 180
電気自動車 ………………………………… 182
伝達手段 …………………………………… 207
伝統的マーケティングモデル …………… 39

等価交換 …………………………………… 140
統合 …………………………… 162, 163, 173, 174
── 的関与 ……………………………… 169
投資会社 …………………………………… 179
統制可能要素 ……………………………… 6
統制不可能要素 …………………………… 6, 7
独自営業力 ………………………………… 186
独自(の)市場 …………………………… 175, 186
独自商標 …………………………………… 184
独占段階 …………………………………… 175
独占理論 ………………………… 175, 176, 180
独立採算制 ………………………………… 180
トップ・マネジメント ………………… 5, 7, 8
取引先変更コスト ………………………… 177
取引特定的投資 …………………………… 49
取引費用説 ………………………………… 176
取引リスク ………………………… 155, 156
トレーディング収益 ……………………… 182
トレード ………………………… 173, 178, 179

【な行】

内部化 ……………………………… 176, 177
内部統合 …… 168, 169, 184-186, 192, 199, 224,
　　　　　　　　　　　　　　　　　230
中川・森川論争 …………………………… 177
中抜き ……………………………………… 180
ナショナル・ストア・ブランド ………… 227

ナレッジ ……………………………… 55, 174
ナレッジとスキル ……… 131, 137, 138, 161, 197
　——の拡張 ……………………………… 215

ニーズの多様性 ……………………………… 218
日商岩井 ……………………………………… 180
日本資本主義自身の特質 …………………… 175
日本の貿易依存度 …………………………… 175
日本標準産業分類 …………………………… 172
日本貿易会 ………………… 173, 178, 181, 188
　——「総合商社原論特別研究会事業」…… 179

ネスレのアンバサダー ……………………… 214
ネットワーク ………………………………… 60, 61
　——外部性 ……………………………… 177

能動的価値 …………………………………… 96
能動的適応 ……………………… 162, 163, 191
能力 …………………………………… 138, 183

【は行】

パートタイム・マーケター ………… 29, 33, 34
媒介変数 ……………………………………… 43
廃棄 ……………………………… 87, 90, 91, 98, 99
配当収益 ……………………………………… 182
はじめに関係ありき …………………………… 39
派生的に体系化 ………………………………… 51
バリューチェーン ………… 106, 109, 110, 114, 173, 178, 180, 182
販売志向 ……………………………………… 156

非営利組織 …………………………………… 10
比較経営史 …………………………………… 177
悲観論 ………………………………………… 180
非強制的な方策 ……………………………… 47
ビジネス創造 ……… 173, 175, 182-184, 188, 189
ビジネスの創造者 ……………………… 182, 183
ビジネスモデル …………………………… 178, 182
紐付き取引 …………………………………… 180
病院顧客網 …………………………………… 186
病院支援事業 ………………………………… 186

フィードバック ……………………………… 219
付加価値 ……………………………………… 189
不確実性 ……………………………………… 39
複合企業 ……………………………………… 182
付帯的価値 …………………………………… 95
物理的な距離の問題 ………………………… 210
物流管理業務 ………………………………… 186

部門別の子会社 ……………………………… 180
プラクティス理論 …………………………… 78
プラットフォーム …………………………… 208
フランチャイジング ………………………… 39
ブランド選択 ………………………… 88, 90, 99
ブリヂストンのリトレッド ………………… 213
フルタイム・マーケター …………… 28, 33, 34
プロセス ……………………………… 131, 132, 172
プロバイダー領域 …………………………… 134
プロミス ……………………………… 28, 29, 33, 34
プロモーション ……………………………… 185
文脈概念 …………………………………… 61, 62
文脈価値 … 59, 66, 132, 134, 158, 167, 198, 203
　——(の)生成 …………………………… 195, 197

ベンチマーク ………………………………… 211
ベンチャーキャピタル ……………………… 178

貿易会社 ……………………………………… 182
貿易商社 ……………………………………… 177
包括提携 ……………………………………… 186
包括的意思決定モデル ……………………… 92
報酬 ……………………………………… 42, 140, 147
報酬システム ……………………… 166, 170, 189
　——の欠如 ……………………………… 188
報酬授受システム ……… 143, 144, 147, 203, 234
紡績機械 ……………………………………… 184
補完関係 ……………………………………… 14
北欧学派 ……………………………………… 70
補助的な業務 ………………………………… 176
本質的価値 …………………………………… 95
本質的機能 …………………………………… 175

【ま行】

マーケット・セグメンテーション ………… 88
マーケットリサーチ ………………………… 206
マーケティング・コンセプト …………… 12, 15
　——の拡張 ……………………………… 91
マーケティング・システム ……………… 159, 160
マーケティング・マインド ………………… 164
マーケティング・マネジメント
　…………………………… 4, 8, 14, 19, 35, 158
　——の体系化 …………………………… 6
　——のモデル …………………………… 34
マーケティング・マネジャー ……………… 7
マーケティング・ミックス …… 4, 6, 20, 25, 156
マーケティング概念拡張論議 ……………… 11
マーケティング活動 ………………………… 186
マーケティング近視眼 ……………………… 156

マーケティング研究	65,67,116		143
マーケティング行為	134,147	**【や行】**	
マーケティング志向	5,156	役割の本質	183
マーケティング諸手段	162		
マーケティング戦略	156	輸入品代替	185
マーケティング努力	156	輸入綿糸市場	184
──の焦点	6,9,163		
マーケティングの機会	209	良い交換（取引）	130
マス・マーケティング	51	与信管理	185
マネジメント・プロセス	163,168	より良い交換（取引）	136,139
マネジリアル・マーケティング	4,8	4C アプローチ	145,168,169,191,194
マルクス主義経済学	175,180	4Ps	4,7,130,162,163
		──モデル	163
見えざる手	117		
見込み商売	177	**【ら行】**	
三井発售	184	ライフスタイル研究	89
三井物産	175,180,184		
密接な関係	183	離散的な取引	42
三菱商事	180,186,188	リスク管理組織	177
未等価交換	140	流通システム	185
ミドル・マネジメント	5,7,8	流通独占	175
		量的および距離的な課題	215
無差別的マーケティング	157	量と距離の制約	217
		量の問題	209
メタ交換	38	リレーショナルな絆	46
メタルワン設立	180	リレーショナルな交換	40
メディパルホールディングス	186	リレーションシップ	36,41,45
綿業	177,184	理論的枠組み	183
──会社	184		
綿糸布輸出	184	レトリック	46
		レモン市場	122
模擬的な対話	218	レモンの原理	122
持株会社	173	レント（利得）	178
持分法投資損益	188,189		
モノのマーケティング	130,132,140,141,		

欧文索引

AMA	6,10,11	CRM	50
amoebas	182	Customer Logic	149
B to B	38	Customer Relationship Management	50
Bettman モデル	93	Financial Times	182
CCT	94,98	G-D ロジック	58,66,67
co-creation	145,164,169,191,193	HCR	236
communication	145,164,169,191,193	Horizontal Customer Relationship	236
consummation	89	IT の活用	212
contact	145,164,169,191,193	IT 技術	218

Key Mediating Variable	43	SBU	102,103
KMV	43	S-D ロジック	58,65-68,98,99,129, 130-132
KMV モデル	43	Service Dominant Logic	129
Life Time Value	50	Service Logic	129
LTV	50	SPA	227
M&A	213,214	SPI	12
MIPS	107	Strategic Planning Institute	12
PIMS	12,154	SusProNet	107
place（channel）	4	ubiquitous business enabler	182
PPM	12,102,154	value-in-context	145,164,169,191,193
price	4	VCS	165
product	4	Vertical Customer Relationship	165,193
promotion	4	Vertical Customer System	165
PSS	102,107-109	Vertical Marketing System	164
S ロジック	76,84,129,132-134,197	VMS	164
SB	227		

人名索引

Akaka, M. A.	131	Morelli, N.	113
Akerlof, G. A	122	村松潤一	137,162,198
荒川祐吉	8	Narver, J. C.	16,157
Assael, H.	13	Oxenfeldt, A. R.	6,156
Borden, N. H.	6	Porter, M. E.	106
Buzzell, R. D.	13	Prahalad, C. K.	102,103,105,109,111, 112,114
Cady, J. F.	13		
Grönroos, C.	133,134,194,197,235	Ramaswamy, V.	102,103,105,109,111, 112,114
Hamel, G.	102,111		
Howard, J. A.	6,7,14,156,159	Robertson, T. S.	12
Jaworski, B. J.	16,157	Rumelt, R.	103
Keith, R. J.	156	Shaw, A. W.	155
Keller, K. L.	16	Slater, S. F.	16,157
Kelly, E. J.	7,9	Smith, A.	117
Kohli, A.	16,157	Stanton, W.	15
Kotler, P.	7-10,14,16,156,164,165	シュンペーター	177
久保村隆祐	8	Taylor, F. W.	155
Lazer, W.	7,10	Tukker, A.	108,109
Levitt, T.	156	上原征彦	157
Levy, S. J.	9,10	梅澤正	165
Luck, D. J.	10	Vargo, S. L.	103,131
Lusch, R. F.	103,131	Verdoorn, P. J.	6
Maglio, P. P.	131	Wind, Y.	12
McCarthy, E. J.	6,14,156		

〈編著者紹介〉

村松　潤一（むらまつ・じゅんいち）

岐阜聖徳学園大学経済情報学部教授。博士（経営学，東北大学）
広島大学大学院社会科学研究科教授等を経て，2022年4月より現職。

主な研究業績：『北欧学派のマーケティング研究―市場を超えたサービス関係からのアプローチ』（共編著，白桃書房，2021年），『ケースで学ぶ 価値共創マーケティングの展開―新たなビジネス領域への挑戦―』（共編著，同文舘出版，2020年），『サービス社会のマネジメント』（共編著，同文舘出版，2018年），『ケースブック 価値共創とマーケティング論』（編著，同文舘出版，2016年），『経営品質科学の研究―企業活動のクオリティを科学する』（分担執筆，中央経済社，2011年），『サービス・ドミナント・ロジック―マーケティング研究への新たな視座―』（共編著，同文舘出版，2010年），『顧客起点のマーケティング・システム』（編著，同文舘出版，2010年），『コーポレート・マーケティング―市場創造と企業システムの構築』（単著，同文舘出版，2009年），『スマート・シンクロナイゼーション―eビジネスとSCMによる二重の情報共有』（分担執筆，同文舘出版，2006年）

| 平成27年3月30日　初 版 発 行 | 《検印省略》 |
| 令和5年3月25日　初版5刷発行 | 略称：価値マーケ |

価値共創とマーケティング論

編著者　Ⓒ　村　松　潤　一
発行者　　　中　島　豊　彦

発行所　**同文舘出版株式会社**
東京都千代田区神田神保町1-41　〒101-0051
電話 営業 (03)3294-1801　編集 (03)3294-1803
振替 00100-8-42935　http://www.dobunkan.co.jp

Printed in Japan 2015　　印刷：萩原印刷
　　　　　　　　　　　　製本：萩原印刷

ISBN 978-4-495-64741-4

JCOPY〈出版者著作権管理機構 委託出版物〉
本書の無断複製は著作権法上での例外を除き禁じられています。複製される場合は，そのつど事前に，出版者著作権管理機構（電話 03-5244-5088，FAX 03-5244-5089，e-mail: info@jcopy.or.jp）の許諾を得てください。